我的思想自传

我思故我道

赵敦华 著

江苏人民出版社

图书在版编目（CIP）数据

我思故我道：我的思想自传 / 赵敦华著. -- 南京：
江苏人民出版社, 2020.4
ISBN 978-7-214-24513-7

Ⅰ. ①我… Ⅱ. ①赵… Ⅲ. ①哲学 – 文集 Ⅳ.
①B-53

中国版本图书馆CIP数据核字（2020）第014763号

书　　　　名	我思故我道：我的思想自传	
著　　　　者	赵敦华	
责 任 编 辑	汪意云	
装 帧 设 计	刘葶葶	
责 任 监 制	王　娟	
出 版 发 行	江苏人民出版社	
地　　　　址	南京市湖南路1号A楼，邮编：210009	
照　　　　排	江苏凤凰制版有限公司	
印　　　　刷	江苏凤凰新华印务集团有限公司	
开　　　　本	718毫米×1000毫米　1/16	
印　　　　张	18　插页2	
字　　　　数	250千字	
版　　　　次	2020年6月第1版	
印　　　　次	2020年6月第1次印刷　2023年1月第3次印刷	
标 准 书 号	ISBN 978-7-214-24513-7	
定　　　　价	88.00元	

（江苏人民出版社图书凡印装错误可向承印厂调换）

目　录

岁月如梭

12 岁　　　　13 岁　　　　14 岁　　　　15 岁　　　　16 岁　　　　17 岁

自 序

子曰：

"吾十有五，而志于学。三十而立。

四十而不惑。五十而知天命。

六十而耳顺。七十而从心所欲不逾矩。"

30 岁　　　　40 岁　　　　50 岁　　　　60 岁　　　　70 岁

　　我非孔门弟子，亦有读书人如此这般履历。我自童蒙有志于学，束发而后，耽误十余年。丁巳之年，始上大学，后出国留学；年已三十九，方学成而立。四十至五十余间，在人杰地灵之北大度"不惑"及"知命"之年。年逾甲子，学术主见渐进，遂不惮争鸣，可谓"耳顺"。"耳顺"者，意见不同而心平气和也。"论时事不留面子，砭锢弊常取类型"，争鸣有理性，悉可"从心所欲而不逾矩"焉。"从心所欲"者，曰"思无邪"，曰"敏于事而慎于言，就有道而正焉"，或曰笛卡尔之"我思"；"不逾矩"者，"吾道一以贯之"也；道者，言也，思有所言而道之，我之道也，康德谓之"思想通则", 其有三律, 始于"勇敢底使用你的理智", 是谓启蒙; 进而置身于他人立场思维, 是谓同感共识; 终究一以贯之思维, 此为思维者最难行, 非老年不逮也。由此观之, "从心所欲而不逾矩"即为"我思故我道"。我言我之思, 我思我之道, 力有不逮, 抛砖引玉, 祈望同道中人共勉之, 相为谋, 不吝指教也。

二〇一九年八月十八日

北京大学外国哲学研究所

第一篇 志于学

一、"我去上学"

1949年8月18日，我生于浙江金华。母亲说，出生那天凌晨，她梦见一个桌面大的"典"字，早晨9点就生下了我。母亲领悟："典"预示"共"产党顶替"国"民党。我现在想，"典"是否也预示着我和典籍打交道的人生呢？

8个月到一周岁的我

1950年初，父亲受聘于芜湖的安徽大学农学院，全家搬进芜湖赭山的大学宿舍，父亲抱着8个月零19天的我照了张相。1954年长江发大水，现在依稀记得在家门口看到山下滚滚洪水一望无边的场景。洪水退去，妈妈带我去集市，我吵着要一只小书包，买回家后天天挎着小书包，雄赳赳踏

左边是两个姐姐

步做上学状。有一天，家人发觉我走失了，四处寻觅不见，妈妈万分焦急，到派出所报案。刚进大门，她就看到我坐在桌子上啜警察叔叔买的棒棒糖。民警说，看到这么小孩子挎着书包在路上游逛，问我从哪里来，要到哪里去。

后怕

我理直气壮地说:"我去上学!"民警生疑:附近没有小学。于是领我到派出所。妈妈千谢万谢,把我领回家。

后来读《理想国》,读到社会分工的原则是"按其天赋安排职业,弃其所短用其所长,让他们集中精力专攻一门,精益求精,不失时机"(354c),不禁哑然失笑。柏拉图论及职业分工的理想状况,但在现实生活中,人的职业往往不是被他们的天赋所安排的,还有人经过了多年的蹉跎岁月之后,才能集中精力专攻与天赋相一致的职业。所幸的是,我属于后一种人。

多年之后,妈妈经常讲这个故事,感谢好人和菩萨,也夸奖我从小爱学习。1982年,我考上哲学专业的出国研究生,妈妈重提这件事,不无自豪地说,早就看出我有爱学习的天分。她不知道柏拉图说"爱学习和爱智慧说一回事"(376b),而相信我最终走上哲学道路,是冥冥的命运安排。

二、天赋和遗传

母亲吴慧良,字周南(1916.12.9—2002.3.4),是个佛教徒。父亲去美国留学期间,母亲留在重庆沙坪坝的中央大学宿舍,摅度艰难岁月,好不容易熬到抗战胜利,急于回到南通故乡与父母公婆重逢。当时客船一票难求,只得带着两个女儿,冒险乘坐被禁止航行的小木船。开始还算顺利,小木船队渡过三峡险境。不料到鄱阳湖,遇到狂风暴雨,船篷被吹跑,舢板漏水。母亲紧抱两个

母亲带两个女儿回乡还愿

女儿,不停念诵"大慈大悲南无阿弥陀佛",许愿如蒙生还,终生供奉菩萨。俄而风停浪静,四周全是结伴而行小木船的残骸,母亲乘坐的破船漂流上岸,辗转到九江,再换乘大船平安回乡。从此之后,母亲成为佛教徒,床头五

斗柜上摆着一尊佛像，每天定时焚香念经。我从小就被告知，这是不能打扰的安静时刻，久而久之，对虔诚祈祷的情境不禁有了一种神秘感。

我的父亲是一个遗传学家，对哲学也感兴趣，1957年第2期《自然辩证法通讯》开辟"关于科学方法论的笔谈"专栏，父亲发表《农业科学中的方法论问题》，东北工学院陈昌曙先生也写了《要注意技术中的方法论问题》，这两篇言简意赅的论文开我国技术哲学的先河。父亲晚年开研究生新课，其中一门是"现代遗传学中的哲学问题"，涉及生物哲学深奥问题。我虽然研究哲学多年，也没有完全弄懂父亲编写的这门课的讲义。

父亲没有宗教信仰，但从不对母亲烧香拜佛说三道四。我的命运，也许有父母的遗传：假如像父亲，我会成为科学家；假如像母亲，我会成为宗教信徒。按照罗素说法，哲学是宗教与科学之间的无主领域，我最终踏入哲学领域，大概与父母遗传的既理性也神秘的禀赋有关。我的哲学思辨有科学和宗教双重根源，既充满着对科学探索的好奇，也保持着对宗教信仰的同情尊重。这当然是"五十而知天命"的后话了，童年和少年"志于学"，主要受父亲言传身教的影响。

父母和7岁的我

三、开卷有益

父亲忙于工作，很少教我识文断字，而由着我翻书，他经常说开卷有益，可谓他的经验之谈。父亲除了读书之外没有其他业余嗜好，他是遗传学家，读书兴趣却很广泛。1955年，安徽大学农学院迁到合肥，新建安徽农学院。我家搬进公家新盖的楼房，配备了新家具，最

1955年底摄于合肥安农第一宿舍

大件是三门书柜，父亲把专业书和英文书放在下部的木门柜里，把新购的书放在上部玻璃门柜里。父亲喜欢中国古代文艺作品，他过去买的很多书在40年代颠簸流离中遗失，50到60年代出版的古代小说，如《三国演义》

《西游记》《水浒》都被重购，
《中华活页文选》每期必买。
书架上另一类书是理论著作，
《毛泽东选集》（四卷本）《马
克思恩格斯文选》（两卷本）
和《列宁选集》（四卷本），
以及工会发的时政读物和学
习材料。另外还有为姐姐和我
买的书，如《趣味数学》《十万

幸福童年消失的前夕

个为什么》《唐诗一百首》。小学三年级之前我认字不多，新书上架都要
翻翻满足好奇心，记得有一次把《水浒》念成"水许"，父亲告诉我"浒"
的读音和意思。这个书柜伴我度过少年时光，其中的书是我早期的精神食粮。
即便只留下《马克思恩格斯文选》和《列宁选集》，也能伴随我度过艰难岁月，
此事容待后叙。

四、厄运

1957 年之后，家里接连遭厄运，祸起父亲被打成右派，由此引起连锁
反应。分别在小学、初中和高中上学的我和两个姐姐，在学校里都遭到老师

7 岁时和大姐合影

的歧视和同学的白眼。才上小学的我，被班主任拎
到讲台前，"交代"父亲的罪行，使我体验到从未
有过的耻辱感；同学们唱"社会主义好"这首流行
歌，唱到"右派分子想反也反不了"，唱得格外响亮，
一面唱一面斜眼讥笑我。我们默默忍受歧视和压抑。
不堪忍受的是，我的大姐姐赵家玲为此付出生命代
价！1959 年"大炼钢铁"余焰仍炽热，她被分配和
积极分子一起干工地上最重的活——装卸"铁矿石"
和拉大车。大车组只有大姐姐一个女生，组里的男
生个个身强力壮，人人奋勇当先，大姐姐跟不上胶
皮车轮飞快的速度，被纤绳绊倒，满载石头的大车

从她的胸部轧过，当即死亡，卒年17岁。4月25日中午，噩耗传来，全家如同五雷轰顶，陷入无穷悲伤，长久难以复原。

长姐赵家玲

我悲伤过度，竟被传染上肺结核，开始被误诊为感冒，及至胸积水时已是奄奄一息了。母亲把我背到合肥市第一人民医院三楼住院，每天都要实施胸腔抽水手术，但抽而复生，西医几近无策。我的外祖父精通中医，母亲也笃信中医，她要求请中医会诊。一个鹤发童颜的老者在我床头开了一剂草药，喝下去胸水就被排泄出来，几次就泄干净了。中医药救命之恩难忘！我一直认为中医药是一门科学，需要另辟蹊径对其理论和药理做更深入探索。

五、驽马跬步

我于1959年8月份出院，但要等到结核钙化才算痊愈，所以9月开学时办了休学手续。休学期间我找到一个消遣的好去处，那就是到书摊上看连环画。在合肥长江路的结核病防治所和安医门诊部之间，开了好几家租看小人书的书摊，一分钱看一二本，一角钱包看半天。每次复查看病之后，我坐在书摊的小板凳上，把成套的《三国》《水浒》《西游》，连同现代小说的连环画，一扫而净看了个遍。

看连环画的收获是无师自通，多识了词汇成语，熟悉了故事情节。回家再翻《三国演义》《西游记》《水浒》和《中华活页文选》，居然多半能看懂了。父亲要我背诵《唐诗一百首》，说是"熟读唐诗一百首，不会作诗也会诌"。我小时确实能背诵唐诗一百首，但直到现在还不会诌古诗，究其原因，对平仄对仗押韵无兴趣。有道是，兴趣是最好的老师，兴趣是成功之母。看小人书唤起了我对古典小说的兴趣，古典小说又唤起了我对书籍的阅读兴趣。

1960年春季，我病愈后申请复学，学校要我留级到三年级。母亲说我一直在家里看书，可以跟上四

年级的课,学校遂让我在四年级试读。但算术第一次测验我就出了纰漏,老师把我带到教导主任面前愤愤地说,连先乘除后加减都不会,快让他回三年级吧。幸亏我的语文测验成绩优秀,班主任又是语文老师,保我继续跟班试读。算术老师的责怪,意外地让我知道四则运算规则是先乘除后加减。掌握了这个法则,我做算术题所向披靡,成绩总是名列前茅。我心中窃喜,原来三年级下学期算术课只教了这个"六字诀"呀。至于高年级的应用题,无非是四则运算的文字化,只要正确理解题意,就能迎刃而解。1962年考合肥一中初中最难的一道:一根5米长的树干,平均锯成5段,每锯1段需要10分钟,共需要多少分钟?我分析题意:锯成5段只要锯4次。大多数考生在这题上都失分了,而我得了满分。

1959—1962年,我正在长身体阶段,饥饿感形影相伴。说起来有点奇怪,只要我沉浸在书本里,就可以忘怀饥饿,似乎精神的满足可以填补物质的缺乏。在这些年,合肥四牌楼的省新华书店成了我的精神寄托所,只要不上课就去那里翻书,找到一本有兴趣的书,就坐在台阶上或书架角落里浏览,有的书看得忍俊不禁、欲罢不能,就倾其所有零花钱,买回家反复看。《三侠五义》和儒勒·凡尔纳的《海底两万里》《格兰特船长的儿女》等书就这样摆在家里的书橱上。

祖父给我起的名字是"赵敦骅","敦"按家谱"明伦敦本"的辈分,"骅骝"是骏马。自知虽有爱学习天赋,但学习的能力实属愚钝。俗话说,"骅骝一跃,不能十步;驽马十驾,功在不舍"。童年和少年的读书,犹如驽马跬步,点滴收获汇成思想溪流;凭借不舍之功,方可致千里。不知何时,父亲或者我自己把"敦骅"改为"敦华",取"敦实而华"之意。

六、转知成智

教育学家曾曰,小学、中学、大学学习的知识量成几何级数增长。就量变质变的关系而言,知识量的增长一定会起质的变化,此谓"转识成智"。如果说我在小学阶段学识字断文,那么中学四年(1962—1966)智力大大提高。所谓智力,一不是重复的机械力,而是触类旁通的自动扩展;二是有自学的习惯和方法。学习方法不是能打开知识大门钥匙那样的现成在手东西，也无可以传授的秘诀。我的学习方法是在学习语文数理功课过程中潜移默化的能力。初中有几门课的老师的教诲，给予我深刻印象和长久影响。

语文老师唐永年先生，讲课有声有色，批改作文一丝不苟，他要求很高，很少打80分以上的成绩。有一次破例给我打了90分，还把我的作文当做范文，给全班学生朗诵一遍。他评点说，这篇作文的优点是干净利落，该讲到的都讲了，增一字则嫌多，减一字则嫌少。老师的表扬是对学生的极大鼓励，我对写作文有了浓厚兴趣。我很幸运，开始写作时就遇到好老师的指点。合肥一中有个校友回忆，1995年去看望唐老师，"老师酒后畅谈语文教学最佳标准是写好作文，写出景有情韵、言浅意深的议论文。怎么达到？熟读深思经典诗文。要多写啊，老师饮干杯中酒，一声长叹"。"言浅意深"作文之道，在哲学上可谓"奥康的剃刀"（如无必要，勿增实体），又称"经济思维原则"和"简单性原则"。总而言之，论述议论的文字宁简勿繁，能用较少语词讲清楚的，就不要用冗长的表达；再者，"简单性"不等于容易、意浅，而是要求化繁为简，"由简入繁易，由繁入易难"。如果说我后来做哲学有什么经验，无非是言浅意深：哲学不能说不清事理，最难的事莫过于把错综复杂的思想加以简明扼要地表述。

简单性原则不只适用于作文，更适用于数学和逻辑思维。初中最能锻炼智力的课程莫过于几何，几何最难的练习莫过于做习题，最难的习题莫过于找到步骤最少的证明。教几何的老师是以严格著称的刘兴邦先生，他开始要求背定义、公理，一个字也不能错，每堂课开始抽查，背不出或背错的同学就站着，直到有人背出来才坐下。教到做习题阶段，他不时布置几道难题，下堂课叫同学在黑板上演算，有的同学虽然算出来了，但步骤过多也算错。他接着用作辅助线的方法，讲解最简最佳答案。这样的智力挑战对我们充满魅力，喜欢几何的同学经常交流解题之斩获，还从教辅材料中找出更难的题目，相互考问，如同比赛。

这样的智力游戏比我小时看的《趣味数学》有意思多了，我乐此不疲，解出一道难题，高兴好半天，比吃一包花生米（那是当时能够得到的最好吃的食物了）还要高兴。现在哲学家说，精神快乐高于物质享受，不满足的苏格拉底比满意的猪快乐，很多人不同意，因为他们从没体验过精神的快乐。而我从饥荒时期的阅读到初中解几何题，都亲身体验到精神的快乐。

在柏拉图的学园门楣上，刻着"不懂几何者，莫入此门"几个字。几何是最好的逻辑训练，学好几何就能理解满纸比喻和神话的柏拉图对话中的条理和论证；反之，即使学过三段式的规则，也不能把枯燥抽象而冗繁的论述归结为简明扼要的道理。现在人们常说，理科生比文科生聪明，我认为是中学文理分科的弊病：中学把逻辑当做语文分支，而学习数学公式主要靠做习题。无论逻辑规则还是数学题训练都不能应用于千变万化的语言表达。数学推演、逻辑思维、简约表达，都是相通的能力，思想清晰的作文和数学题解的训练缺一不可。

地理是我在初中喜欢的另外一门课程，这个兴趣主要是由授课老师钱野泉先生唤起的。和其他同学一样，我原来只对世界和中国地图册感兴趣，上地理课时做小动作，和同桌比赛谁能找到散布在地图上的注释数字，恰巧与经线相重合的"1"尤其难找。钱老师有一次讲到，回归线季风带气候温湿，但有个例外，撒哈拉地区虽处北回归线，却常年受副热带高气压控制，降水量很少，加上从亚洲吹来干热信风，由此形成了世界上最大的沙漠。钱老师强调，他在课堂上讲的这些课本上没有，让我们注意。我偶然听到这几句，在课本上把这几点记下来。期中考试时恰恰有道题：撒哈拉靠近海洋，为什么是世界上最大沙漠？全班只有我一人答出这道题。钱老师在课堂大加夸奖，指定我当地理课代表。

生平第一次当了课代表，我对地理格外上心，回家翻出父亲从美国带回的大厚本世界地图册，看到不同于两个半球的三分和四分地图，看到古大陆变迁图，父亲把地球投影法和魏斯曼的大地漂移说翻译给我听。想到天上的天空在转动，地下的大陆在漂流，我惊奇不已。

1964年初三时，我在合肥一中图书馆找到名叫《西方名著提要》的奇书，分成自然科学和哲学社会科学两个部分。自然科学部分是哈维、伽利略、牛顿、拉马克、居维叶、达尔文、法拉第、洪堡、孟德尔等人代表作的介绍；哲学社会科学部分从柏拉图的《申辩篇》《理想国》《会饮篇》和亚里士多德的《伦理学》《政治学》开始，直到尼采的《查拉图斯特拉如是说》，几乎囊括了所有西方哲学经典。后来知道，这两本书选自汉默顿（ J. A. Hammerton ）主编的美国畅销书《100 本伟大著作》（ 100 Great Books ）的"提要"（ outline ）部分。原编者的书目选得好，每本书的提要写得好，署名为"何宁"的译者翻译得好。在百花凋零的环境里，介绍西方思想的书籍尤为珍贵。这两本书在我心中就是知识宝库，我在新华书店找不到这两本书，续借多次到期，不得不归还了图书馆。几个月时间里，我天天迷醉于这两本书，自然科学部分多数看懂了，读不懂的地方，就询问父亲，再靠着《十万个为什么》的补充，我的科学世界观和生命观有了雏形。而哲学社会科学部分多数看不懂，又无人请教，留下大量疑团，但它激发起我对哲学的无限兴趣，说是我的第一本哲学启蒙书，一点不为过。及至知天命之年，想不到这些哲学经典成为我在北京大学讲课的书目，命运使然乎，天道酬勤乎？

我初一时就戴了眼镜，高一时已经涨到 600 度，还看不清远处；我的个头高，坐在最后一排，看不清老师的板书，无奈只得事先预习，做习题。坏事变好学，我学会了自学。高一数学上解析几何和三角，我自己全看懂了。高一的物理是门新课，老师喜欢叫同学上黑板演算，我上课埋头看书，老师以为我不听课，点我到黑板演算，没想到三下五除二，就解开了其他同学做不出来的题目。几次下来，同学以为我聪明，其实"凡事预则立"而已。我对自己的自学能力自信满满，什么书都敢看，都能看，一鼓作气，自学了姐姐留下的高二和高三的数学和物理课本，唯独面对书橱上的《马克思恩格斯文选》和《列宁选集》，望而生畏。

我是一个不关心政治的人，小学老师要我关心时事，初中时，团干部要我向组织靠拢，因为要和家庭划清界限，心里有反感。升高中前夕，初中班主任章正良老师特地找我话别，他告诫我说：你很有才，中考全市总

初中毕业照，后排左六，16 岁

分第一，到了高中一定要又红又专，这样才有政治前途。之后的十几年之中，我感到这个"政治前途"之重难以承受。

　　政治对我来说是一个令人畏惧的东西，记得《西方名著提要》中对霍布斯的《利维坦》书名有个解释："利维坦原来是圣经中一个大怪物。他就用这个象征性的名字来称呼国家。"读到这里不禁拍案叫绝。《提要》进一步解释：人群团结起来像一个人的时候，便叫做国家，这便是利维坦或在永生之神下面的人间之神产生的过程；体现这个人的人就是"统治者"，所有其他的人都是"臣民"。我当时想，永生之神象征过世的革命导师马恩列斯，毛主席是活在世上的神；不过，我又想，在毛主席领导下，人民不是臣民，臣民是封建社会的产物，我们社会主义国家怎能有臣民呢？对这个自我理解，当时颇感得意。

附：我的父亲赵伦彝

父亲从未和我细说自己经历。无论是本性还是个人成长过程，我受父亲很多影响，有义务为他撰写传记，而且现在拥有撰写传记所需要的文本材料。父亲在 1966—1972 年反复交代自己历史，这些交代材料后来退还本人，共 23 份。这些材料流传给我，使我得以比父亲在世时更加近距离地阅读父亲的人生，了解到很多从不知道的人和事的细节。根据父亲亲笔材料和著作目录，撰写如下传记。

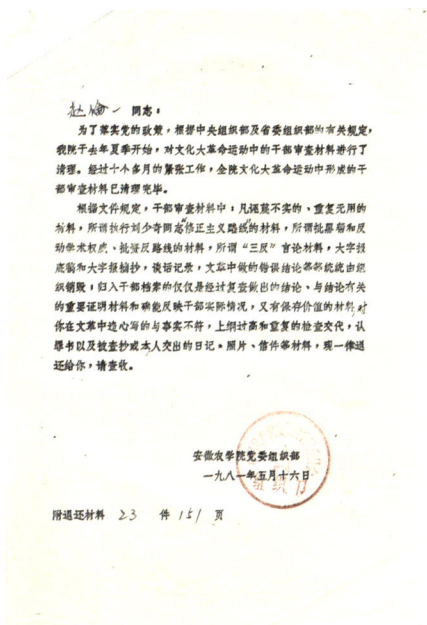

父亲亲笔写的家世材料

一、家世

家父赵伦彝（1916.4.29—1994.11.19），又名赵伦一，生于江苏如皋东乡（现如东县）的一个书香家庭。曾祖父赵梅荪（字四聪）先生是前清秀才，受新学影响，在本乡顾家桥办了一所小学，这所学校后来改为公立完小。祖父赵性之（字明诚），南通师范毕业后在该校任教员和校长。据《南通日报》2016 年 3 月 28 日刊登《赵四聪办学顾家桥》一文记载，赵梅荪和赵明诚先生主持顾家桥小学共有二十多年，远近子弟，乃至南通市都有家

顾家桥小学创办人首任校长赵梅荪先生（1870—1935）

顾家桥小学第二任校长赵性之先生（1894—1962）

顾家桥小学遗址

18 岁入学照

22 岁毕业照

长送子女来入学，为本乡和远近地区培养了大批人才。

家父于 1928 年在顾家桥小学毕业，考入江苏省第七中学（南通中学）。1934 年高中毕业，第七中学在省会考中名列第一，家父在全省高中毕业生中名列第八，连续收到清华大学外文系、北京师范大学生物系、中央大学地质系的录取通知书。考虑能就近入学，他选择了南京的中央大学地质系，1934 年秋入学，次年转入农学院农艺系。

二、农学教育

1937 年抗日战争爆发，中央大学迁至重庆。家父 1938 年 7 月从中央大学农艺系毕业，千里迢迢到云南边陲开远任农校技师。开远古称阿迷州，是烟瘴之地，外地人都裹足不前。家父去开远有个目的：抗战后方棉产极少，而开远系云南木棉产区中心，唐代诗人皇甫松诗曰："槟榔花发鹧鸪啼，雄飞烟瘴雌亦飞。木棉花尽荔支垂，千花万花待郎归。" 李商隐也有"蜀魂寂寞有伴未，几夜瘴花开木棉"的诗句。家父在开远教学之余，从事木棉习性和经济价值等方面的观察和研究，1940 年 8 月 6 日在《大公报》上

开远天堑

家父（后排右一）和开远同事

发表了《再论木棉》的论文，这是继大公报记者徐盈发表的《论云南木棉》后写的，引起社会重视，后经中国银行投资，云南木棉有了较大发展。

1940 年 1 月，家父被调回中央大学农艺系，任助教兼读研究生，担任遗传学、生物统计学实验课，代管棉花研究室工作，1944 年获硕士学位，晋升为讲师。

1940 年父母在重庆沙坪坝结婚照

1944 年家父（右二）和重庆中央大学教研室同事合影

三、留学美国

抗战期间，美国国会通过租借法案（Lend-Lease Act），美国为中国培养工业、交通、农林、卫生等方面技术人员，共七八百人，分批出国，农业方面招收 108 人。家父参加国民政府农林部和教育部联合选拔出国技术人员的考试，通过严格笔试和英语口试，被录取为第一批出国人员。1945 年 4 月 21 日，第一批赴美的农业技术人员 39 人，从重庆乘飞机到印度汀江，转火车到加尔各答，6 月初搭乘美国 "戈登将军号" 运输舰，经印度洋、苏伊士运河、红海、大西洋。航行一个多月，7 月抵达美国东海岸纽福克（Norfork）。

家父在康奈尔大学注册为特别研究生，选修了作物育种、遗传学、统计学、细胞学等课程，读了 20 多学分，获得优异成绩，在先进的

康奈尔大学留影

考察留影

遗传和细胞实验室里的收获尤其丰硕。

康奈尔大学规定读满36学分，通过一篇论文，即可获得硕士学位。这批留学生或者继续攻读学位，或者参加田野旅行（Field trip）项目。家父在国内已有硕士学位，"读万卷书，不如行万里路"，于是谢绝了育种系主任 H. H. Love 教授希望他留下读完硕士并继续读博士的好意，在1946年春暖花开季节到美国南方棉区参观考察，考察了北卡罗来纳州、南卡罗来纳州、田纳西州、密西西比州、德克萨斯州、阿拉巴马州、新墨西哥州、亚利桑那和加利福尼亚州。沿途遍历美国大部棉区，访问科研机构、大学和种子公司。Burpee 公司设宴招待，想从这批留学生中招聘代理人。其时抗战取得最后胜利，父母妻女翘首盼望，家父归心似箭，6月底在旧金山乘船回国，航行两周后抵达上海。

三叔、四叔、爷爷、六姑、五姑到南京迎接

四、五易其位

家父回国后到南京，在中央大学农学院任副教授，担任遗传学、生物统计学和棉作学等课程的教学。按照中央大学规定，教师任职七年后可休假或外出兼职一年。1947年，台湾省农业试验所来中

家父（右一）和同事1945年在南京中央大学

1947年在台湾

央大学物色人员，盖因台湾光复后，日籍人员被解雇回国，亟需补充人员。家父从1947年秋季开始休学术假一年，携妻女赴台北。在台农所期间，从事经济作物研究，在台湾《农报》上发表两篇研究结果：一篇是《大荣行株距及肥效试验》（大荣即一种台湾绿肥），另一篇是《洋蔴试验研究成果综述》，并去台南、嘉义、凤山等台农所支行视察，了解日本在台的农业科研工作。

1948年秋，一年工作期满。家父唯恐两岸交通断绝，不能回故乡，暗地买好船票，携妻女与"大江大河"的人潮逆行，10月抵达宁波。好友丁振麟教授（后任浙江农业大学校长，浙江农科院长）推荐家父到金华的英士大学农学院担任教授。家父在谣言四起、人心惶惶的环境里安心职守，讲授作物栽培学、棉作学、遗传学等课程。

1948年在金华

1949年在中山陵"天下为公门"

1949 年 10 月在南京中山陵

1949 年 5 月，解放军南下大军进入金华，随即解散英士大学。恰遇时任浙江农科所副所长的留美同学过兴先，他引荐家父到位于杭州拱宸桥的浙农所工作。

与此同时，家父写信给老师金善宝先生，托他物色工作。金先生在新中国成立后任南京市副市长，当时安徽大学在芜湖，由南京军管会代管，许杰先生（后任地质部长）任校务委员会主任。金先生向许先生推荐，许先生聘请家父任安徽大学农学院农艺系主任；与此同时，原英士大学的同事徐季丹教授担任了北京农业大学农学系主任，邀请家父去北农大工作。如同以往的选择一样，家父出于重土守家的观念，没有北上，选择去安大，从此定居在安徽。

五、七年农学系主任

1950 年家父在芜湖任安徽大学农学院农艺系主任，安大农学院设农艺、园艺、森林三个系，农艺系最大，开设农学院大部分课程。

二排左十一为家父

1955 年安徽大学农学院迁至合肥,成立独立建制的安徽农学院。家父任农学系主任,除开课外,每年暑假带学生在省内和山东的农场进行生产实习。这几年的工作得到院领导的肯定,安徽农学院第一任院长干仲儒先生长期听他的课,约请他一起参加在北京召开的农林院校教育会议和在哈尔滨召开的农业教育经验座谈会。

1956 年全家福

六、受到冲击

1957 年初,共产党整风时请民主党派提意见。家父作为安徽省九三学社的负责人,组织了几次征求意见活动,在指定参加和发言的座谈会上,转达党外专家的意见。为此,在反右运动中他被划为右派,被撤销安徽农学院农学系主任、遗传选种教研室主任、院务委员会委员等职务,以及安徽省政协委员、合肥市人民代表、中国农学会理事、中国农学会合肥分会筹委会主任、省农业科技委员会副主委、九三学社合肥分社筹委会副主委等职,由教授降为副教授。家父后来写道:"虽一再口头和书面申明更正都无效。当时感到很委屈,也很不理解,但以后知道被批判、被划为右派的很多,

1967 年"全家愁",后排左为二姐赵家莉

1979 年复出

民主党派头面人物几乎无一幸免,我知道像我这样的人被划为右派也是不可幸免的。自己检查,解放前我从未参加反动党团组织,又未从事任何反动活动,解放后从未做过对不起党、对不起人民的事,因此也就泰然处之了,批判斗争会过后,我仍然照样吃饭睡眠。我认为平生未做亏心事,受一点委屈,将来终会澄清的。"1957—1966 年间,他在农学院承担遗传育种等专业课程,做田间试验,翻译国外农业技术资料。"文革"期间受到

旧书网剪影

更大冲击。在农学院整体下放到宿县紫芦湖期间，为工农兵学员开设《遗传学》《作物育种学》和田间实验课，讲课用的油印讲义在全国广泛流行至今，一本薄薄的油印本，网上售价高达8000元，足见其学术和历史价值。家父在宿县紫芦湖农场做科研的成果，相继发表于《遗传学报》1974年复刊暨创刊号和1977、1978年该刊。

安徽农学院八六届硕士研究生毕业留念

1988年10月1日与农学系1958届系友合影

七、焕发生机

1979年4月28日，安徽省委组织部发文，对家父错划右派予以改正，恢复其省政协委员职务，并担任第四五届省政协常委，兼任安徽省遗传学会理事长和一系列评审委员会委员。在改革开放的时代，家父以更大精力投入繁忙的教学科研，开设多门新课，其中有一门是"现代遗传学中的哲学问题"；培养研究生；开展四项科研项目，出版多部（编）译著、教材和论文，获得农牧渔业部一等奖、安徽省科研成果奖和全国科研协作奖等奖项。

家父从1952年开始患高血压，在长期磨难和紧张工作中，在辛勤的田间试验中，高血压病越来越重，1989年1月患脑梗死，瘫痪在床，1994年11月19日逝世。

2018年，安徽农业大学在图书馆广场竖立了雕像，纪念创校的三位领导和包括家父之内的教授。

八、著述目录

（一）论文、专著、译文

再谈木棉 重庆《大公报》1940年8月6日，《农报》5卷20—28期（1940年10月）转载

重庆气候下宿根棉之研究 《中央大学科学季刊》第1卷第1期

棉属之来源及其各种之关系 《世界科学》第13卷第1期

美国棉区行 《纺织周刊》第1卷第8—11期（1946年12月）

教学科研会议，培养研究生，写文章

父母送我最后一张照片（正反面）

碑中右下是父亲，我和父亲的研究生程备久（右）、林毅（左）

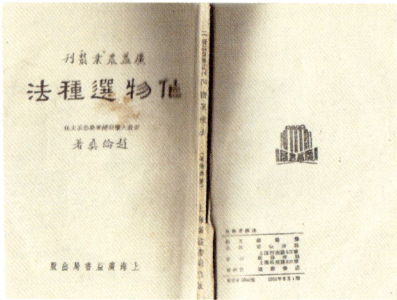

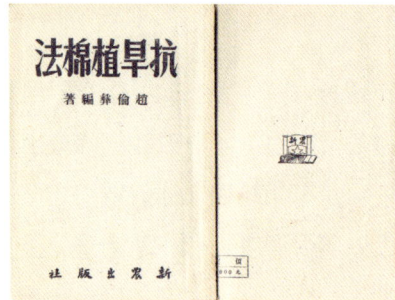

介绍美国三大棉种公司 《中农月刊》第 1 卷第 7 期（1947 年 7 月）

国立中央大学之棉作改事业 《中国棉讯》第 1 卷第 6 期（1947 年 9 月）

美国植棉所遇困难及棉产改进之目标 《中国棉讯》第 1 卷 9 期（1947 年 9 月）

近代田间试验方法之演进 《农报》（台湾）第 1 卷第 6 期（1947 年 12 月）

美国之棉产改进机构 《中国棉讯》第 2 卷第 3 期（1948 年 2 月）

美国原棉改进与推广近貌 《中农月刊》第 9 卷第 3 期（1948 年 3 月）

大荣行株距及肥效试验 《农报》（台湾）第 2 卷第 11—12 期（1948 年 12 月）

印度棉种在台湾试验之初步研究 《中华农学会报》（1948 年 8 月）

洋蔴光照期试验 《农报》（台湾）1949 年 3 月

《遗传与变异》 译自苏联莱森柯（现译作李森科）原著之英译本，1949 年 8 月

《作物选种法》 上海广益书局 1951 年 1 月

《抗旱植棉法》 新农出版社 1951 年 10 月初版，1952 年 8 月再版

伟大的自然改造者——米丘林 《安徽日报》1955 年 10 月 27 日

杂种玉米 《安徽农业通讯》1956 年第 4 期

农业科学中的方法论问题 《自然辩证法通讯》1957 年第 1 期

遗传学中开展百家争鸣问题 《安徽农业科学》1962 年第 3 期

再论遗传与育种 《安徽农业科学》1962 年第 4 期

应用随机区组法中的几个问题 《安徽农业科学》1964 年第 11 期

陆地棉早熟性的指示性的遗传力估计（合著，第一署名人） 《遗传

学报》第 1 卷第 1 期

陆地棉丰产性状的遗传力及遗传进度的估测 《遗传学报》第 4 卷第 2 期

陆地棉 16 种经济性状在不同选择强度下的遗传进度 《遗传学报》第 5 卷第 4 期

遗传力及其在棉花育种中的应用 《中国棉花学会成立大会论文选编》，1979 年，上海

遗传学教学中急待解决的几个问题 《遗传》1980 年

棉花经济性状遗传力的研究和应用 《安徽农学院学报》1980 年第 2 期

基因重组的分子基础 《高等农林院校植物遗传学研讨会论文选辑》，1981 年，泰安

水稻数量性状的遗传距离测定及其在预测杂交优势上的应用（合著，第一署名人）《安徽农业科学·水稻数量遗传学论文专辑》（1981 年 12 月）

作物群体中的狭义遗传力及其与广义遗传力的关系（合著，第一署名人）《安徽农业科学》（1981 年 12 月）

近交系数公式的改进和应用电子计算机程序建立的近交系数表（合著，第一署名人）《安徽农学院学报》1982 年第 1 期

棉花遗传力和遗传进度研究（合著，第一署名人）《安徽农学院学报》1983 年第 1 期）

棉花纤维长度的遗传力研究 《中国遗传学会"二大"论文汇编》，1983 年，福州

《第十五届国际遗传学会植物遗传学摘要》（合译，主持人） 《农业译文》特刊，安徽农学院科研处，1984 年

行为遗传学 《农业译文》1984 年第 1 期，安农科研处编

遗传侵蚀——现代文明的又一隐患 《中国遗传学会通讯》第 4 期

纪念孟德尔，发展遗传学：纪念孟德尔逝世一百周年 《生物学杂志》1984 年第 1 期

陆地棉纤维品质性状的遗传力和显性度：1980—1985 年估测结果综述

父亲在田间考察棉花

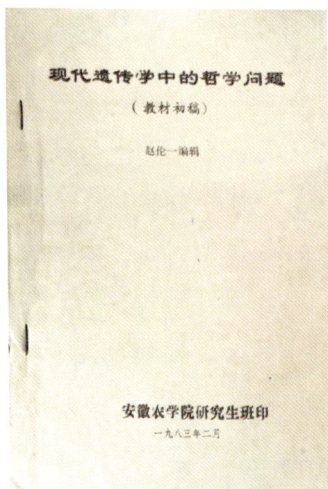

父亲作品

《安徽农学院学报》1987年第4期

（二）教材

《田间技术十六讲》 台湾训练团油印本，1947年12月

《田间试验及统计分析讲义》（农学专业） 安徽农学院，1961年

《遗传学讲义》（农学植保专业合用），安徽农学院，1964年

《遗传力》 中国农学会安徽阜阳分会翻印，1979年

《普通细胞遗传学》（根据 J. Sybenga, General Cytogenetics 翻译） 安徽农学院，1980年

《数量遗传学基础》 安徽农学院，1980，1982，1984年

《现代遗传学中的哲学问题》 安徽农学院，1983年

《遗传学》（函授教材） 安徽农学院，1985年

《作物育种》（第二主编） 安徽科学技术出版社，1987年

第二篇　艰难探索

一、至暗时刻

父亲遗留的材料里，我看到有一段话特别扎眼，抄录如下：

在这十年中损失的是十年宝贵时光和精力，隔断了十年国外科学情报资料，推迟了十年的科研工作，此外还被抄走和损失了一些物资，这些都是身外之物，且最近已做了一部分清理，但是我还有1945—1946年两本留美日记中间有不少专业资料，至今杳无下落，十分可惜。作为一个被迫害者来说，我们也要向前看，对过去的一切，不能耿耿于怀，以大局为重，努力工作，努力追回十年失去的时光。我想过去的只好让它过去，努力争取未来，对于十年动乱，只好如斯观。巴尔扎克说："苦难对人生是块垫脚石……对能干的人是一笔财富，对于弱者是个万丈深渊。"

我们父子在1966—1976年这10年中相逢时间很短，但心有灵犀一点通。1966年8月份生日那天，我记了一则寓言激励自己这个属牛的人：

蜗牛对水牛说："聪明的家族，你

1971年到宿县紫芦湖（秦朝的大泽乡）探视父亲

为什么跑得比我快？"水牛说："因为我背上背的是一架犁田的犁耙"；"那我为什么走不快呢？""因为你背上背的是自己的小天地。"困难是人的教科书，自卑是引自我灭亡入关的"吴三桂"。不怕路难，只怕志短！

凝视深渊

"看到深渊，却以鹰的眼光看它的人，以鹰的利爪抓住它的人，这种人才有勇气。"很多年以后第一次读到尼采的这句名言，但我一点不感陌生。人生的至暗时刻和人格成长成正比，越是成熟，与那遥不可知的黑暗深渊相望的几率就越大，当你凝视深渊的时候，深渊也在凝视你。每一次的对望都会让你变得更强大一些，你永远不必背对它掩耳盗铃地自欺欺人，那样只会让自己背后发凉，因为你知道它在看着你，你却不敢正视它的存在，它就会越发嚣张，毫不遏制地开始向你蔓延、扩散，直至将你吞噬。"天下大事，必作于细；天下难事，必作于易。"人生很多难题，其实都不难，为什么很多人依然熬不过去，因为他们没有熬过那个临界点，因为今天很痛苦，明天很痛苦，于是很多人就死在了明早之前，殊不知后天变得很美好。物胜而衰，时极而转，如果厄运连连，就要坚持一下，等待否极泰来。

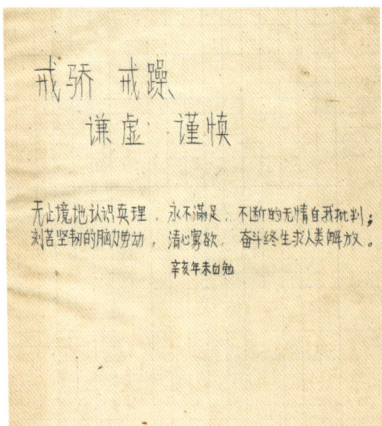

1966 年笔记首页

二、初读马恩

在艰难岁月，生活变得十分拮据。我知道无知比贫穷更可怕，我在贫困中没有消沉，而是逍遥自在地读书。虽然家徒四壁，即使手头仅存《马克思恩格斯文选》二卷本，也能从中得到思想慰藉。马恩著作中首先吸引我的是关于西方哲学社会科学名著作者和著作的注释。其次，正文中的博学引证和雄辩文风，

18 岁成人照

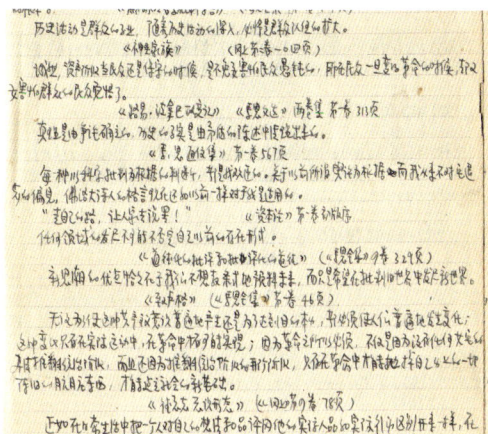
马恩语录摘抄

让我耳目一新。我不满足于《马克思恩格斯文选》的两卷本，又溜进安农阅览室浏览其他马恩著作。我在学习笔记里抄录了这样一些语录[1]：

批判的武器当然不能代替武器的批判，物质的力量只能用物质力量来摧毁；但是理论一经掌握群众，也会变成物质力量。理论只要彻底，就能说服人。所谓彻底，就是抓住事物的本质，但人的本质就是人本身。（《马克思恩格斯全集》第一卷 464 页）

真理是由争论确立的，历史的事实是由矛盾的陈述中清理出来的。（《马克思恩格斯通信集》第一卷 567 页）

每一种以科学为根据的判断，都是我欢迎的。关于以所谓舆论为根据而我从来不对它退步的偏见，佛洛大诗人的格言现在还和以前一样对我是适用的。

"走自己的路，让人家去说罢！"（《资本论》第一卷初版序）

任何领域的发展都不可能否定自己以前的形式。（《马克思恩格斯全集》

1　以下马恩语录，摘自 1960 年代人民出版社的版本，为保存历史原貌，照笔记抄录。

第四卷 329 页）

新思潮的优点恰恰在于我们不想教条式地预测未来，只是希望在批判旧世界中发展新世界。（《马克思恩格斯全集》第一卷 46 页）

正如在日常生活中把一个人对自己的想法和评价同他实际人品和实际行动区别开来，在历史的战斗中更应该把各个党派的言辞和幻想同他们真实的本质区别开来。（《马克思恩格斯全集》第八卷 150 页）

科学绝不是一种自私自利的寡头。有幸能够致力于科学研究的人，首先应该拿出自己的学识为人类服务。（《回忆马克思恩格斯》第 65 页）

科学中的江湖骗术和政治上随机应变是不可分割地联系在一起的。在这类人那里，只剩下一个动机——他们的虚荣心；就像一切爱虚荣的人一样，他们关心的仅仅是获得短暂的成功，即耸人听闻。同时就背面要失去简单的道德品性。（《马克思恩格斯文选》第一卷 374 页）

一切事物开头总是困难的。这一句话，在一切科学上都可以适用。（《资本论》第一卷 1 页）

……

现在看来，这些话是老生常谈，但是，在没有知识、思想僵化年代，从革命导师之口说出的这些话，对一个追求真理、渴望学习、热爱科学的自由粒子，似乎具有磁铁般的强力。

三、知青岁月

1968 年底，除了少数人参军、招工，绝大多数同学一锅端下放农村。1968 年 11 月底的一个阴雨天，满载同学的六七辆大卡车，凄凄切切、悲悲惨惨地驰出合肥一中门口杨巷。我突然想起李白一句诗歌："仰天大笑出门去，我辈岂是蓬蒿人。"

　　我来到皖南石台县丁香公社插队落户，知青档案都被封存在石台县里，基层干部不知道知青的家庭出身，以为都是省里来的干部子女。石台县民风淳朴，合肥知青得到农民和干部善待。我在农闲时被抽到学习班做记录，会议最后发言人的话音刚落，一篇报道同时被我炮制出笼。笔头快的名声在外，我被抽调到县通讯组，为县广播站和池州报社供稿。这些稿件有固定的套路和术语口号，写一篇文章比做一道习题容易多了，只要把数学公式换成文字游戏即可。通常，开头引一句毛主席诗词，或诌一句"红旗招展斗志昂，继续革命向前方"之类的顺口溜，然后根据宣传口径，"一学"（掀起学习毛泽东思想新高潮），"二联系"（联系思想和实际，举几个xx、xx提高认识或克服不正确想法的例子），"三落实"（思想、组织、监督等三个方面落实，举几个各级领导讲话或会议通知的例子），"四贯彻"（干部群众在阶级斗争、生产斗争、科学实验和日常生活等四个方面例子），总结（最好用革命群众的豪言壮语或顺口溜），文从字顺，一挥而就。

　　下放一年多，插队劳动、下乡采访和闲暇读书的生活，好似高尔基式的"我的大学"。1970年招收工农兵学员，大队、公社和县三级推荐我上安徽大学外语系，

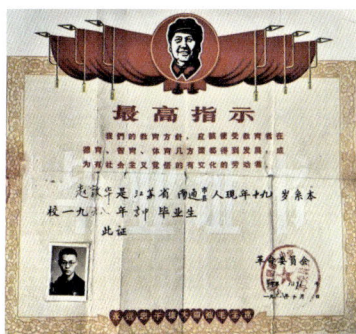

1968年高中毕业证书

山区跋涉

摆出烈士就义状

29

上报池州专区。省招生组来人中有从安农来的，他一看到我的表格，马上揭露我父亲是正在被群众专政的右派分子，我一下就被刷了下来。我原想混过政审关，结果露了马脚，县里和公社全知道我是右派子弟。县里留不住了，我回到插队小组，同屋的两个同学第一批招工走了，只剩我一人，在生产队长赵济昌家里搭伙。白天劳动，晚上看书，翻看皖南大学物理系姐姐留下的樊映川《高等数学》，看得似懂非懂，没有习题做，也不知道是否真看懂了。

冬闲时候，我随大队长来合肥采购手扶拖拉机，在龙泉大队"革委会"开了一张给安徽省图书馆的介绍信，回到合肥天天泡在省图书馆期刊阅览室，每天早上从家里带一壶水和几个馒头，中午闭馆时就到后面的包河公园，等到下午开馆，连除夕初三都不例外。我专门借 1966 年以前的理论和时政期刊的合订本，如《哲学研究》《新观察》《读书》《学术月刊》《历史研究》《历史教学》《经济研究》。管理员是个忧郁的中年人，看了我索要的书单，好奇地打量我一眼，不声不响到书库里找出期刊的合订本，放在我的面前。可惜好景不长，十来天之后，换了一个板着面孔的妇人，一看就知道是阶级斗争觉悟特别高的那种人，她拿到我的介绍信说："大队公章对内不对外，这张介绍信我没收了。"我争辩了几句，她严厉训斥："你为什么专借毒草看？你说供批判用，你要批判什么？想和无产阶级大批判对着干吧！

告别石台县城

前几天借给你就是错误的，老实讲，如果不是看你是一个知青，我们早就把你交给群众专政指挥部了。"听她这一说，我知道自己被盯上了，借书给我的好心人也受到连累，鉴于过去批斗挨打的教训，我连忙逃之夭夭。

不过，这段时间我收获真丰硕，很多好文章让我醍醐灌顶，从马恩著作学到的词句一下变得充实具体，体会到理论联系实际是什么境界。特别是了解到五六十年代各种争论和不同观点，我学会了在比较中分析是非。比如，以前只知道"合二而一"的反动，看了才知道辩解方颇有理。回想这段经历，不禁想起茨威格的话："在一个毫无权利的时代，阅读是有教养人唯一的特权，而一个喜欢自由而独立阅读的人，是最难征服的，这才是阅读的真正意义——精神自治。"

1971年初，第二批招工开始，大队、公社和县又一次推荐了我，但合肥来的带工的政工干部以政审不合格为由拒绝接受。好在天无绝人之路，人间自有温情。我与县通讯组的程绪武共事时无话不谈，他经历过大灾荒，对我父亲和我深感同情，他的中专同学小季是县"五七办公室"干事，小季据理仗义，为我力争，最后拍桌子说：赵敦华能当好农民，怎么就不能当工人，你们工人就比农民高人一等吗？告诉你们，如果不把他带走，这一批一百多个合肥知青，一个也别想带走。

上山下乡的经历，使我体验到世界三件东西最可贵：知识、粮食和友谊。感谢那些给予我与深渊对望的勇气的你们，我的亲人、朋友、乡亲，那默默无闻的图书管理员……他们都是我生命中温柔的存在。我也要感谢那个曾让我毛骨悚然的"深渊"，它会是我日后面临各种困境的前车之鉴，是一种无形的底气，有了这样的底气，以后的每一步我都会走得更加大胆、笃定。

中学朋友重聚

四、我注马恩

我于 1971 年 3 月上调到合肥探矿机械厂当工人。在工厂的 8 年，一直没有放弃阅读的精神特权。

我在笔记本里写了 16 字目标和 3 条自律：

目标明确　信心坚定　精神饱满　思想集中
苦练操作技术，积极主动工作，埋头苦干八小时
专心读书学习，创造性地思维，多熬夜节睡眠
仔细观察社会，常与朋友谈心，少交际避女人

我以产业工人自居，一心一意要在马恩著作中寻求人类解放的真理。在马恩著作中，人类历史发展次序是从奴隶制度、封建制度到资本主义，最后到社会主义和共产主义，社会制度变更的根本标志在于所有制，用共产主义公有制代替资本主义私有制是社会发展的最高阶段。但是，社会主义就一定是公有制吗？封建主义和资本主义的私有制有何不同？社会封建主义究竟是公有制还是私有制？它的物质生产和所有制原因是什么？这些涉及社会发展规律的根本问题。我学习《共产党宣言》《路易·波拿巴的雾月十八日》《政治经济学批判》（序言）《法兰西内战》《哥达纲领批判》的笔记，留下了当时思考的问题。现按问题条目整理。笔记摘抄的是《马克思恩格斯文选》（两卷本）人民出版社 1961 年版的译文，数字是该版本的页码。评注是当时所写，解释是保留在记忆中、当时未写的现在的解释。

1. 什么是共产主义的公有制？

共产主义的特征并不是要废除一般的财产所有权，而是要废除资产阶级的财产所有权；在这个意义上，共产党人可以把自己的理论用一句话来表示：消灭私有财产权（I. 22）。在发展进程中，阶级差别归于消灭，而全部生产都集中于各个分子组成的一个协会手中时（现译为"联合起来的

个人"），公众的权力就失去其政治的性质。（I.29）

评注：阶级斗争是长期的、复杂的、激烈的＝为共产主义而奋斗？公众权力的政治性质＝"政治第一"？

现在解释： 问号是这样的质疑，阶级差别被固定为家庭出身，阶级斗争扩大化，政治第一，是与共产主义理想背道而驰的。

2. 真正的共产主义理想是什么？

代替那存在有阶级以及阶级对立状态的资产阶级旧社会而起的，将是一个以各个人自由发展为大家自由发展条件的协会。（I.30）

评注：全部生产都集中于各个分子组成的协会＝大家自由发展条件的协会，以各个人的自由发展为条件，这才是真正的共产主义。

现在解释： 不讲个人自由发展、只讲生产集中的公有制是假共产主义。

3. 什么是社会主义公有制？

我们这里所说的不是已经在自身基础上发展的共产主义社会，而是刚刚从资本主义社会中产生出来，因此在各方面，即在经济、道德和智慧方面等还保留其所由脱胎出来的那个旧社会痕迹的共产主义社会。所以，每一个别的生产者，在作了各项扣除之后，从社会中正好领回他基于社会的一切。（II.21）

"各项扣除"＝"从每一个生产者私人身上扣除的一切，又会直接或间接用来为他这个社会成员谋福利"（II.20）

评注：直接＝"一种经济上的必要"，间接＝"作为消费品用的那一部分"，"一般的不属于生产的管理费用"如何分配？巴黎公社的榜样。

现在解释： 马克思说，全部社会产品在分配给每个劳动者之前应扣除六项，前三项用于生产、保险，直接为社会成员谋利益；后三项中教育医疗和救济基金教育两项间接地返还社会成员。问题在于，"一般不属于生产的管理费用"是分配个人的劳动所得之前的分配，私有制社会的剥削者，在分配给劳动者低廉工资之前，把大部分财富用于统治阶级内部私有财产的分配。

"巴黎公社的榜样"是《法兰西内战》中的一段引文：

从公社委员起，自上至下所有一切公务人员，都只应领得相对于工人工资的薪水。高级国家官吏所享有的一切特权和办公费，都随着这些官职的消灭而消灭了。社会公职已不再是中央政府走卒们的私有物。（I. 498-9）

评注：真正的巴黎公社原则，现实中做不到！

现在解释：1967年大谈巴黎公社原则，实际上，当时窃据高位者，恰恰是以权谋私的人。

4. 社会主义分配需要资产阶级法权吗？

说到消费品在各个生产者中间的分配，那么这里通行着在商品等价物的交换里也通行的那个原则，即一种形态的一定劳动可以与另一种形态的同量劳动交换。所以，这里平等的权利在原则上依然是资产阶级式的法权。（II. 21-22）

评注：破除资产阶级法权？

现在解释：这个问号针对张春桥的《破除资产阶级的法权思想》，我怀疑根本不可行，有违马克思规定的社会主义分配原则。

5. 法权与经济制度和社会文化发展水平有何联系？

法权永不能超过社会经济制度以及由此经济制度所决定的社会文化发展水平。（II. 22）

评注：法权＝法律规定的权利，历史进步的产物。封建阶级没有法权，皇权＝法权。资产阶级法权＝商品等价物的交换，社会主义法权＝多劳多得＝没有阶级差别的资产阶级法权。

现在解释：我在农村和工厂看到的劳动者都处于赤贫和贫困地位，而以权谋私的人支配共有财产，多吃多拿多占。

6. 为什么资本主义比封建主义更加高级和进步？

资产阶级所靠着形成起来的生产和交换工具，是在封建社会里面造成的这种生产和交换工具发展到一定程度时，封建社会的生产和交换在其中进行的那种关系，封建制的农业和工业组织，一句话，封建的所有制关系，就不复适合于业已发展的生产力了。这种关系已不是促进生产而是阻碍生产。它们已变成了束缚生产的桎梏，它们不免要被打破，而它们果然被打破了。（I. 13-4）

评注：物质生产力的发展水平是划分封建主义和资本主义的标准。

现在解释：中国长期处于封建社会，根本原因是生产力落后，资本主义生产和交换关系从来没有占统治地位，何谈资本主义复辟的问题。记得当年父亲书柜里摆放的《八大文献》里有几位领导人发言，谈到新民主主义革命不彻底，肃清封建思想余毒是长期任务，彼时没有感觉，此时才有了悟解。

7. 社会制度可以超越生产力发展水平吗？

社会的物质生产力发展到一定程度时，便和它们向来在其中发展的那些现存生产关系，或不过是现存生产关系在法律上的表现的财产关系发生矛盾。于是这些关系便由生产力发展的形式变成了束缚生产力的桎梏。那时社会革命的时代就到来了。随着经济基础的变更，在全部庞大的上层建筑中也会或迟或速地发生变革。（I. 341）

无论哪一个社会形态，当它所给以充分发展余地的那一切生产力还没有展开以前，是决不会灭亡的；而新的更高的生产关系，当它所借以存在的那些物质条件还没有在旧社会胞胎里成熟之前，是决不会出现的。（I. 341）

评注：没有成熟就要催生新的生产关系是左倾冒险主义；已经成熟而不变革是修正主义。

现在解释：中国和西方老牌资本主义国家不同，在中国，只有提高生产力发展水平才能改变落后的生产关系，而不能把修正主义的唯生产力论当做主要危险。

8. 上层建筑可以反过来决定生产关系，生产关系可以反过来决定生产力吗？

恩格斯书信里三段话与这个问题相关。

（1）虽然物质生活条件是个基本起因，然而这并不否定思想领域也对这些物质条件起着相反的、不过是第二性的影响。（Ⅱ.486）

评注：基本起因和第二性的影响是不是决定和被决定的关系？第二性的影响能不能是决定性的作用呢？

现在解释：我看到的哲学书上都写着：物质第一性，精神第二性，物质决定精神，精神有反作用，可以转化为物质，云云，当时流行的观点却是精神的反作用头等重要，对物质存在有决定性作用。从直觉上我觉得这些流行观点有违马克思主义的唯物主义前提。但想不到恩格斯的话在这个问题上也含糊，我被弄糊涂了。

（2）根据唯物史观，在历史过程中的决定因素归根到底是现实生活的生产和再生产。无论我和马克思从来不过是如此断定而已。倘若有人把这个原理加以歪曲，说仿佛经济因素是唯一决定的因素，那么他就是把这个断语变成毫无意思的、抽象的、荒诞无稽的空话。经济是基础，但对历史斗争过程发生影响的，并且在许多场合主要是决定这一斗争形式的，还有上层建筑的各种因素……这里表现出这一切因素间的交互作用，而在这种交互作用中归根到底是经济运动作为必然的东西透过无穷无尽的偶然情况向前进展。（Ⅱ.488-9）

注释：归根到底的决定因素不等于唯一决定的因素？上层建筑也决定历史斗争形式？经济因素和上层建筑，双方都是决定因素吗？必然规律和偶然情况都是决定性作用吗？

现在解释：以上的疑问以经济基础和上层建筑关系的问题又被提出来。我看到的哲学书上都写着：唯物史观解释的规律是生产力决定生产关系，生产力和生产关系构成生产方式，生产方式是社会的经济基础，社会的政治、法律、宗教、哲学的意识形态是上层建筑，经济基础决定上层建筑，正如辩证唯物主义物质决定意识的基本原理。但是，《矛盾论》中说："（有人认为）生产力和生产关系的矛盾，生产力是主要的；理论和实践的矛盾，实践是主要的；经济基础和上层建筑的矛盾，经济基础是主要的；它们的地位并不互相转化。这是机械唯物论的见解，不是辩证唯物论的见解。诚然，生产力、实践、经济基础，一般地表现为主要的决定的作用，谁不承认这一点，谁就不是唯物论者。然而，生产关系、理论、上层建筑这些方面，在一定条件下，又转过来表现其为主要的决定的作用，这也是必须承认的。" 恩格斯也说经济因素和上层建筑这两者是交互关系，似乎承认双方面都起决定作用，一个是归根到底的决定因素，一个决定历史斗争的形式。这又是一个含糊的说法，我对此甚感困惑。

（3）这是两个不均衡的力量的交互作用：一方面是经济运动，另一方面是追求尽量大的独立性的新政治权力，既然已经产生也就具有独立运动的政治权力。一般和整个说来，经济运动定会为自己开辟道路，但是它自己也必定要经受它自己造成的并具有相对独立性的政治运动的反作用。

国家权力对于经济发展的反作用可能有三种：国家权力可能沿着同一方向起作用——那时事情就会发展得比较快；国家权力可能逆着经济发展方向起作用——那么它在现代每个大民族那里经过一定时期就都要遭到崩溃；或者是国家权力可能阻碍经济发展进程沿着某些方向走，而推动它沿着另一种方向走。……但是很显然，在第二和第三种场合，政治权力能给经济发展造成极大的损害，并能引起大量的人力和物质的浪费。（II. 493-4）

评注：批判唯生产力论？

现在解释：抄录那些，是为了对批判"修正主义唯生产力"进行反批判。恩格斯说国家权力对经济发展反作用的三种可能，每一种都不是决定性作用：第一种是顺应经济发展的助推力，起决定作用的是生产力自身的发展；第二种、第三种起着破坏生产力发展的作用，如果说它是决定性的，那是破坏性的，而不是决定经济发展的决定力量。结论：与国家权力相比，生产力确实是经济发展唯一的决定性力量。

五、持续探讨，杂乱思考

虽然我自认为找到了为唯生产力论辩护的根据，而在物质与意识、生产力与生产关系、经济基础和上层建筑的关系问题上，却发现了不一致的说法。在事关马克思主义哲学基本问题和唯物史观基本原理的问题上，我总想搞一个究竟。

但是，马恩相关的话只有几条，又苦于没有其他书看，只好硬着头皮想，全凭脑袋想，拿着笔头想，长久反复想。在笔记本上想了就写，写了再想，想了又改写，这样想想写写，涂涂改改，留下了思想的历史痕迹，现在看起来，既为七八年时间的执着顽梗感到可笑，也惊诧于当时无情的自我批判。

比如，我写道：

原始人是经过生存斗争和自然选择而保留、发展起来的人，生来就具备自己的生存的天赋能力：劳动的能力，联系他人的能力，更好生活的能力，人天生是有思想的。人在本能思想支配下，他的生存能力与动物相比有着根本的区别：（1）工具，（2）计划，目的性，（3）语言。

但很快被否定：迂腐之论。

再如，我写道：

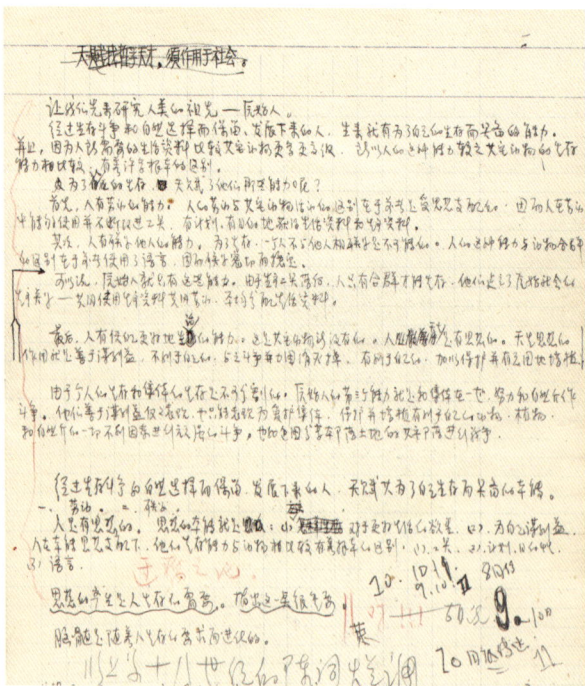

涂鸦笔记

知者乐水

仁者乐山

思想的产生是人生存的需要。指出这一点很重要。脑髓是随着人的要求而进化的。

自我否定的评论：以上系十八世纪的陈词滥调。

页眉写的"天赋我哲学天才，须作用于社会"，也被我涂掉。

还比如，我写道：

原理：人思想意识的本能的特点是取得更多、更好生活方式的 目的性和计划性。因此，人与自然界的关系：制造和改进工具，通过生产，取得生活资料。人与人的关系：奴役、控制、利用他人创造财富。

我的评论：自私论。

后面写的被涂涂改改。另一页开始写着：

什么是精神生活？人们在与他人的关系中谋取生存利益的过程就叫精神生活。什么叫物质生活？人与他人在一起向自然

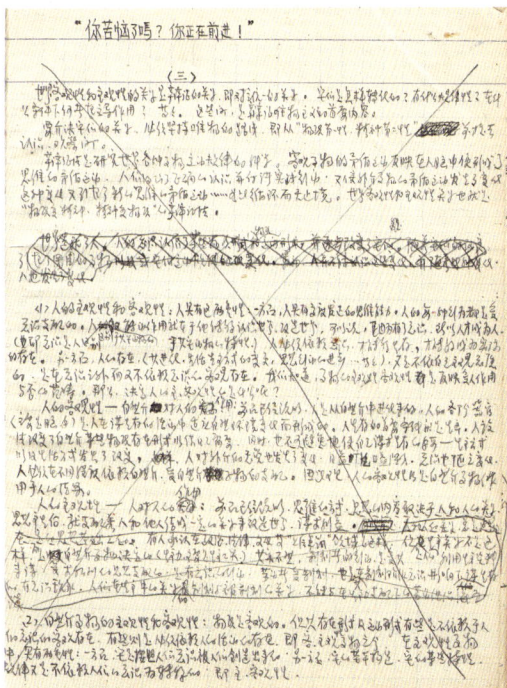

自我否定

39

界谋求生存和利益的过程就叫物质生活。

结论：1. 精神和物质关系实质是人和世界的关系。

2. 世界是由自然界和人所构成。

3. 因此，人和世界的关系又可以划分为（1）人和自然界的关系，（2）人和人的关系。

4.（1）中的"人"系指人类整体；（2）中第一个"人"系指社会中的单个体，第二个"人"系指社会整体。

5. 人在与自然界的关系中，产生了人的物质性，人在与社会的关系中，决定了人的思想性。

6. 人的物质性系指（1）。

评论：前面全系胡说八道   1972年元月23日晚

还如，另一篇学习笔记从头开始，涂改多处。

最后评论：以上所论不经一驳，系肤浅之论，直观理解。世界上所有现象都归结到"物质"及"精神"这两个概念中是否完全和妥当？是否可以用"物质""精神"两个概念来归纳？不能！

下面两段话下面画了红线：

物质的组成形式是可以相互转化的，这便引起了各种实体或现象的消亡与产生。

在认识论中，是在"何者第一性"的意义上给"物质"下定义的，因此把物质理解为实体和现象，指出它们存在于人的意识之外而不依赖人的意识存在。在这个范围内，物质和物质存在形式可以当做同一个概念。但在这个范围之外，这种不精确性不能把人和其他物质形式（自然界）正确区分开来，不能正确评价人改造世界的主观能动作用。2/14上午

后面很多地方被涂改、删除，接连两大页都被打了大叉。页眉写着： 你苦恼了吗？你正在前进！

但是，迟迟不能前进。现在看起来，原因是学识不够。试想，如果当年我能够读到马克思《1844年哲学经济学手稿》，我还会在人与自然、生存与思想、劳动与物质的关系问题上苦思冥想而不得其解吗？

六、第一篇习作

1971年之后，号召学马列，学一点哲学史，我很高兴，因为我可以写点东西，借机提出我对"生产力决定生产关系、经济基础决定上层建筑"的论证。我的论证要反驳教条的和折中的观点，因此写成一篇"小肖同小田、小南的对话"的文章，开头写道：

小肖、小田和小南是中学时代的同学，他们都爱好哲学，但各有特点：小南广学博记，对经典著作熟背如流；小田思想敏捷，对报刊上的新问题理解接受得快；小肖呢，酷爱钻研，对问题喜欢"打破砂锅问到底"，还能联系实际。三个朋友多年未遇，今年春天的某一天重逢了，大家都很高兴，谈了很多。当然啰，谈论的主题是他们所喜爱的哲学问题，有时争论得还很厉害。

肖：这几年，我总是在想这样一些问题……

田：什么问题？

肖：我问你们：哲学基本问题——物质与精神关系问题究竟如何？

南：哈，这还不简单。"哲学常识"那种通俗书都有：（背诵）辩证唯物主义的基本前提是物质第一性，精神第二性，物质决定精神。在这个前提下，必须同时承认精神的能动反作用。

田：稍息吧，你背的这些过时了。这几年报刊书籍中是这样讲的：物质与精神关系有两个方面：一方面，物质第一性，精神第二性；另一方面，精神

孜孜不倦学马列

41

天南海北侃大山

巨大的反作用。

南：你讲的和我讲的差别不大嘛！

田：不，有原则性的分歧。虽然现在也讲物质第一性，精神第二性，但并没有说这是"辩证唯物主义的基本前提"，"物质决定精神"也很少提甚至不讲。按照你的讲法，是强调哲学基本问题的第一个方面；而现在论述重点是第二个方面，强调精神的巨大反作用，不少文章都说：在一定条件下思想起决定作用。按照你的讲法，这能理解吗？

肖：小田的分析是客观的。这几年我想的就是这些分歧所暴露出来的问题。第一，物质第一性，精神第二性，究竟算不算辩证唯物主义的基本前提？第二，辩证唯物主义所承认的精神的能动作用，同"物质第一性、精神第二性、物质决定精神"的原理有何联系？精神、思想究竟能不能起决定性作用？这是关于辩证唯物主义基本原理的大是大非问题，值得严肃对待，认真探讨。

经过好几轮讨论，最后有个总结：

田：嗬，看来我们三人是一种观点，小南主张按照以前编写的哲学教科书来阐述哲学基本问题，我赞成这几年报刊上的新提法，小肖你呢，不同意我的看法，和小南也有分歧。

肖：是的。小南注重马列著作中已经阐明了的道理，而忽视了现在遇到的新问题，适应不了新形势，理论跟在现实后面。而小田呢？很注重毛主席在哲学上的新发展，但没有真正理解这种发展的实质和意义，理论太超前了，就会脱离实际，可能被打着毛泽东思想旗号的人迷惑。至于我的

第一篇习作草稿

态度，很简单，实践才是检验思想的试金石。实践已经无情地把假马克思主义的骗子扫进历史的垃圾堆。但是，他们宣扬的"精神万能论"荒谬观点，还没有被陈列到历史博物馆，还在兴风作浪。为了利用这个反面教材，我们要按照毛主席"我的一点意见"的指示，"继续研究"，"不要上号称懂得马克思而实际上根本不懂马克思人的当"。

小南，小田：很好。我们的讨论很有意义，以后有机会继续研究吧。

七、我的第一次失败教训

文章写完之后，我到安徽农学院马列教研室主任郭月争老师家里请教，郭老师是我唯一认识的哲学工作者，他在1958年发表在《哲学研究》上论思维与存在同一性的论文引起大讨论，在全国很有名气。他看了我的文章，摇摇头劝我说："我们搞理论工作的动辄挨批，我自己在哲学基本问题上发表新观点，就挨了批。你好好当工人，就不要趟这个浑水了，何必自找苦吃。"

听了他的话，我狠狠心扔掉花费多年心血写出的文章，底稿藏之箧笥。现在翻出来看，实在是幼稚可笑。但想不到我的第一篇理论文章是用对话体写的，而且在我写过的文章中，无论发表或没有发表，第一篇是唯一的对话体文章。现在拿出来可以当面镜子，映照出青涩的面貌。对话三人中，小肖当然就是我，但小南和小田也有我的身影。我和小南一样是个"小教条"，在马恩著作里，在哲学基本问题的条条框框中，寻找物质和精神何者第一性、何者起决定作用问题的答案，还想把生产力和生产关系、经济基础和上层建筑关系问题一并解决。我和小田一样，其实也是紧跟形势、顺从时髦观点的。我的失败教训是思想简单狭隘，想从马恩几句话推导出哲学和唯物史观的基本原理，忘记了恩格斯的一句话："把理论应用于任何历史时期，就会比演算一个最简单的一次方程式更为容易了。"（Ⅱ.489）

我虽然看到"精神万能论"这股风的现实危害性，但没有大胆点出它的要害。如果当时敢于和它正面博弈，就会看清它到底是怎样的一种存在，心里的恐惧就会抽离一点，直到将它全部照亮，最后发现原来里面根本没有人们臆想的牛鬼蛇神，它只是一段透明玻璃铺过的路，只要大胆地走过去就好。

八、成熟的希望

第一次论文写作的失败没有让我消沉、放弃学习。我从来不指望一鸣惊人的成功，对我来说，坚持的意义不在成功，而在于坚持本身，成功只是副产品。我的失败原因在于学习不够，学识单薄，在只有马恩文选可看、只有少数文章可参考的情况下，就只能使用"最简单的一次方程式"来演算社会政治生活了。

1972年后，情况稍有好转。我从新华书店购得四卷本的《马克思恩格斯选集》、普列汉诺夫的《论一元论历史观之发展》

論一元論历史观
之发展

普列汉诺夫著

博　古譯

生活·读书·新知三联书店
一九六五年·北京

良书益友

和《欧洲哲学史简编》等书，经常夜读到深夜。读了《论一元论历史观之发展》，豁然开朗，我多年来困惑于人和自然界、思想和生存、精神生活和物质生活等谜团茅塞顿开。我的读书笔记对这些在西方哲学史中早已有之的纠缠做了概括。18世纪法国唯物论的体系中有个悖论："正命题：环境决定意见，反命题：意见决定环境"，后来的法国历史学家、空想社会主义者在利益与意见、社会与宗教、道德习俗与政治制度、财产关系与法权制度、社会制度与人的天性等问题上，也陷入类似的循环。法国唯物主义在自然界和历史发展的问题上，每次都暴露他们惊人的薄弱，这个学说是"枯燥、阴暗、悲惨的"。唯心主义者黑格尔却揭示出万事万物生机勃勃的发展规律："一切流转着，一切变动着，没有力量能够阻滞这个经常的流转，停止这个永远的运动，没有力量能够抵抗现象的辩证法。"黑格尔的辩证法解决了自由和必然的循环关系：自由以必然为前提，在自由中应该有必然，必然全部转化为自由。但黑格尔没有找到必然和自由相互转化的规律。马克思的唯物主义发现了人类社会从必然到自由发展的规律，在环境与思想中找到了第三个因素：生产力。生产力一方面以自然界和社会环境为前提，另一方面用思想自觉地制造和改进生产工具，生产力在改变环境的同时也改变了人和社会本身，从而是决定环境和思想的最终决定性力量。

　　普列汉诺夫的书给了我不少启迪。首先，他适合我的一元决定论的思维禀性，我赞赏这句话："最彻底的和最深刻的思想家永远倾向一元论，即借助于某个基本原则去解释现象。任何彻底的唯心主义者，正如任何唯物主义者一样是同等程度的一元论。"其次，他的书让我看到，唯物主义和唯心主义不是真理和错误的对立，唯物主义并不比唯心主义更接近真理，唯物史观从黑格尔那里比从法国唯物主义吸收到更多的真理。更重要的是，这本书对18—19世纪哲学史的梳理，触动了少年时起一直蛰伏的对西方哲学的兴趣。我细读《欧洲哲学史简编》（汪子嵩、张世英、任华编写，1972年），这本书是古希腊哲学、中世纪经院哲学、17—18世纪哲学、德国古典哲学的纲要，还附有现代哲学流派的简介。我在感到意犹未尽之处一一做了注释。虽然这本书仍然以唯物主义和唯心主义、辩证法和形而上学的斗争为纲，但我已经不相信这"两个对子"的重要性了，重要的是哲学史的框架和知识。

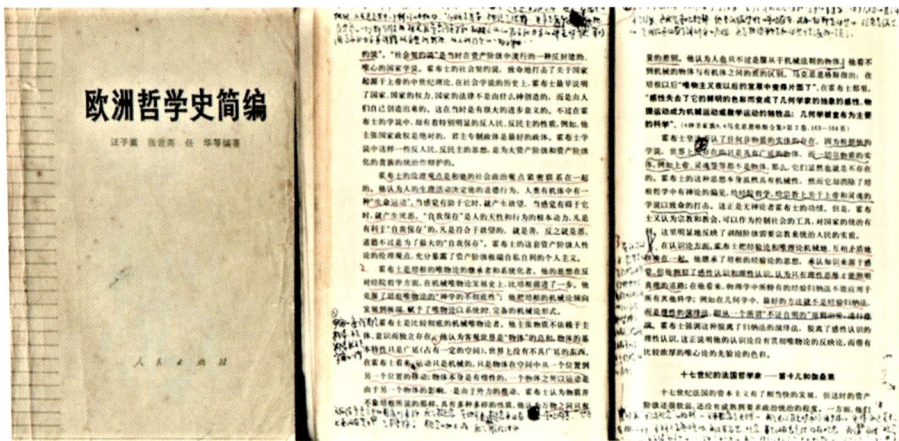

每页都有书边涂鸦

不过，和《西方名著提要》相比，《欧洲哲学史简编》里的知识显得太单薄，满足不了我的心灵渴望。

除了这些公开发行的书，在我们中学同学中间，还流传着"文革"前出版的文学作品，以及当时内部发行的供批判用的灰皮书、蓝皮书，读后很多问题茅塞顿开。读了雨果的《悲惨世界》，不禁潸然泪下，主人公冉阿让在遇到道德困境的那个夜晚思绪翻滚，至今记得书中有段话："世界上最宽阔的是大海，比大海更宽阔的是天空，比天空更宽阔的是人的心灵。"

读着读着，"四人帮"就垮台了，批判林彪、"四人帮"的"精神万能论""唯意志论"文章理直气壮，有的直指其封建专制主义实质。但我此时对这些失去了兴趣，感到这些文章不过是我的思想中的沉淀物，我不愿把啃剩的馍拿来再嚼一次。我把目光转向从依稀可见的知识宝库大门里一点一点溢出的春天气息。

九、七七年高考

经历了十一载风雨，经历了肃瑟的秋天，经历了严寒的冬季，花红似火的春天来临了，真可谓"满眼生机转化钧，天工人巧日争新"。1977年10月21日6点半，我正在合肥长江路上骑车到工厂上班，忽然听到大喇叭播放新闻联播里恢复高考制度的通知，连忙停车在路边听，听到可以招收

1966届以后的中学毕业生，心里美滋滋的。

　　不久，等到报纸公布考生报名规定，兴冲冲到厂办公室开介绍信，却被告知：没有接到正式通知，没有下达招生名额，不能越级给市招办开介绍信。我不死心，周末到设在合肥市第一人民医院的报名兼体检站询问。这次又碰到一个好心人，一个长得高大帅气的小伙子，他是被抽调来工作的安徽大学刚留校的毕业生，他对我说，文件上没有规定要经过单位批准，单位介绍信不是必需的，你只要有一份材料，证明你在厂里有发明或者革新的成果，就符合文件中大龄考生需要"实践经验比较丰富并钻研有成绩或确有专长"的规定了。同班组的俞师傅的丈夫郑技术员在绘图室，班组里的磨具由他设计绘图。他们一听我说，二话不说把二套磨具的设计和制作都归于我的技术革新，在证明上盖了"合肥探矿机械厂技术资料室"的蓝色菱形印章。按1970年省图书馆那个富有警惕性的女同志的话，这样的印章对外无效，在正常情况下确实不能用于对外的证明，但在1977年宽松的条件下，这张纸顺利地换成准考证，改变了我的人生轨迹。

　　从报名到考试，不到一个月，我翻出姐姐1962年高考留下的数学、物理和化学的复习资料。开始打算报理科，数学题大多会做，物理力学题也会做，但电学没有自学过，化学没有学过，

充满希望

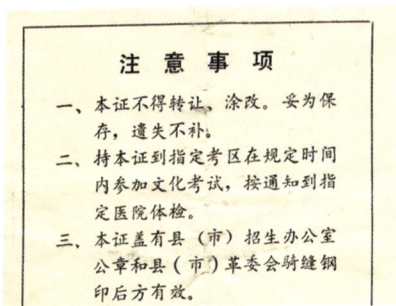

部分的实验题也不会做，没有把握；考文科基本稳操胜券，也符合我对哲学的爱好。于是把理科复习资料转交给一个中学同学（他考上合肥师范学校物理系），我拿了 10 天的调休假，突击复习考文科的课程。12 月 10—11 日考试，考场设在合肥二中。第一天上午考语文，下午考史地；第二天上午考数学，下午考政治。语文考试的作文，我选的是第二题，考题出自叶剑英诗词里摘出的"科学有险阻，苦战能过关"。我引用了马克思的名言："在科学上面是没有平坦的大路可走的，只有那些在崎岖小路的攀登上不畏劳苦的人，才有希望达到光辉的顶点。"还在括号内注明引自《资本论》法文版序言和跋。我估计只有这一个亮点，其余无非类似农村写通讯报道的套话，为实现四个现代化攻克学习的难关，攀登科学高峰，云云。史地考试无非是填充、问答，关于某次农民起义原因的历史题答得不好，地理有道填充题：澳大利亚的首都是——，竭力搜索记忆的痕迹，终于想出"堪培拉"这三个字。数学考试不难，最后也是最难的一道题颇费周折，先解一个二元二次方程，然后把这个方程的几何图形画在试题的方格纸上，我在方格纸上画了一个近乎圆的椭圆。铃声响了，我第一个交卷，监考老师看了我的答案指指点点，好像很诧异。政治考试也很容易，时事部分答案都在天天听的大喇叭里，理论部分用马列毛语录回答。

考完之后，感觉不错，填了三个志愿：1. 北京大学哲学系；2. 安徽大学哲学专业；3. 安徽劳动大学哲学专业，我有信心总有一个能录取。谁知收到的是安徽师范大学阜阳分校中文系的录取书。我以为自己只是 68 届的，考生中 66、67 届高手如云，考分不如他们也很正常，只要有大学可上就好，管它是哪里的哪个专业。四年后毕业时班主任告知我真情：77 年高考报名不政审，录取却要政审，我因右派家庭出身，报名的三个哲学系不予录取；而在那一年，阜阳师专升级为安徽师范大学阜阳分校的本科，为了保证生源质量，语文教研室主任陈老师带队到省招办，从达到录取分数线的被刷下来考生中挑选分数较高的予以录取；我在被挑选出来的合肥考生中是最高分。77 年高考分数不公布，最近为了写这本书，我请北大哲学系束书记到学校档案室查得高考成绩如下：

政治：82.5，语文：91.5，数学：90.5，史地：70.5，总分：335。

　　我不知道这个分数在全省的名次，但不禁要庆幸又一次遇到公正的好人，从招工到招生一路磕磕碰碰的坎坷人生，再次说明了一个哲学道理：个人主观能动性不是决定因素和必然原因，如果没有偶然的机遇，再大努力也会无用，再好的结果也能毁于一旦。我从心底感激阜阳师范学院招生老师的"不杀（刷）之恩"，他们从被政审制度淘汰的废料中，挑选出我这个有用之材。如果没有他们，我就要把李白的诗改为"天生我材没有用，纵使金樽空对月"了。

开怀痛饮

第三篇　文史哲知识训练

一、我的大学生活

阜阳师范学院的前身是阜阳师范专科学校，1977 年升为本科，改名安徽师范大学阜阳分院，其实与位于芜湖的安徽师范大学毫无关系，我们毕业的前一年被正名为阜阳师范学院。此前三年，中文系被安排到离校本部三里远的地方（现阜阳职业技术学院）。此处原来是军马场，学生的宿舍、教室和食堂原来是马棚，几间瓦房是教师宿舍和办公室。中文系分两个班，每班三十几个男生，各住一间散发马粪味的马棚里，我睡在中排双人床上铺，头顶横梁上挂着一百多瓦的灯泡，利于

三里桥畔好读书

晚上看书，虽夏天烤得冒汗，也不妨碍我看书，只是妨碍同学睡眠，才不得不熄灯。

物质条件不好，读书却是好地方。阜阳师专原有一批名校毕业、学术功底扎实、教学经验丰富的老师，在课堂上能学到不少东西。学校的图书馆保藏了 50 年代以来的主要期刊和文史哲的著作，可在资料室里借阅。1979年之后，过去的文史哲书籍解禁了，其中以西方文学名著最为热销，我托在合肥的同学在省新华书店里采购一批，自己通过邮购方式，从各地出版社购买文史教材和《词源》等工具书。阜阳师院中文系老师一般没有自编

教材，而指定使用全国著名教材作为教材或参考书，王力的《古代汉语》、游国恩的《中国文学史》、郭绍虞的《中国历代文论选》，都是我们的必读书。

77级学生上进心很强，当时流行"把被'四人帮'耽搁的时间夺回来"的口号，大家憋着一股劲要弥补失去了10年的宝贵学习时光。我们班上年纪大的同学多，来自全省各地，以本地和合肥为多，我们社会阅历丰富，自学能力强，抓紧时间学习，课外不是在教室自习，就是到系里报刊阅览室和校本部的资料室看书，心无旁骛，勤奋紧张。回到宿舍，人多聊天很热烈，主要是交流新书信息，讨论读书体会，时而发生争论，一笑了之。这样相对隔绝的生活环境里却是"春风得意任剪裁"，我在知识的处女地上纵横驰骋，在精神开放的空间自由翱翔。

二、自学西方哲学

1. 初学

1978年第一学期暑假，我先陪被平反的父亲游黄山，后到上海看亲戚。逛南汇县新华书店，看到北京大学哲学系编绿皮本《欧洲哲学史》，如获至宝。绿皮书和此前看过的《欧洲哲学史简编》框架和评论差不多，但厚很多，资料更丰富。看到引文注释里有北京大学外国哲学教研室主编的《西方古典哲学原著选辑》，开学后到校本部资料室查，果然有这套书，心中大喜，只要有空，我就到几里地外的资料室借阅《西方古典哲学原著选辑》这套书。这套书分《古希腊罗马哲学》《十六—十八世纪西欧各国哲学》《十八世纪法国哲学》《十八世纪末—十九世纪初德国哲学》四本，选材精当，知识丰富，译文流畅，注释恰到好处，没有累赘和冗言。

父子逍遥游

绿皮书和我前后看到的西方哲学教科书，都是按照这套书的分期、主要人物和观点，确定框架和基本内容写的，再加上一些背景知识，以及带有时代政治痕迹的批判评论。通览了绿皮书和《西方古典哲学原著选辑》四本书，我对学好西方哲学充满信心，决定毕业后报考西方哲学史专业研究生。三年多大半时间都花费在自学西方哲学上，留下14本学习笔记。

我的自学教材以《西方古典哲学原著选辑》为主，办法是"新瓶装旧酒"：以绿皮书为框架和思想线索，把《选辑》陈年老窖的内容装进去。由于书不能借出，我就把《选辑》中绿皮本里没有引用而又感到重要的部分，分门别类抄录，带回去后慢慢体味。1979.11—1980.6.15的学习笔记是四本《选辑》的通览，后来又摘录了《十六—十八世纪西欧各国哲学》和《十八世纪末—十九世纪初德国古典哲学》的难懂部分，每本各两本抄录本。抄录著作的大小标题用红笔，每个标题下摘抄要点。比如，《历史哲学讲演录》（1837）绪论，抄录5个部分：[1. 世界历史是一种合理过程][2. 世界历史属于精神领域][3. 实现历史原则的手段][4. 历史

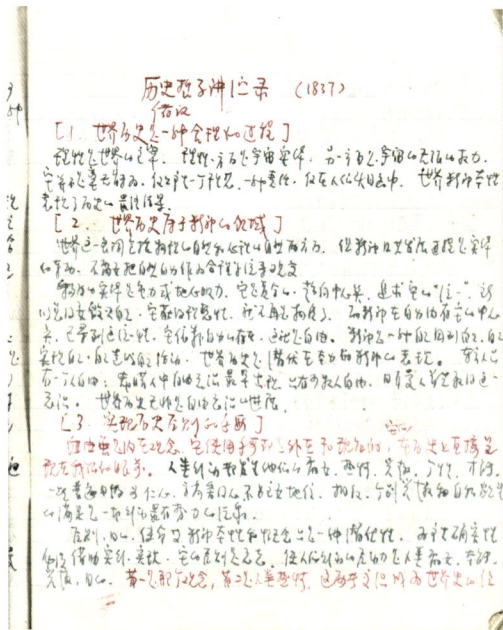

笔记抄录本

上的伟大人物〕〔5.世界精神的目的〕。每部分抄录二三百字，名言用红字标出。比如，部分〔3〕红笔抄写的词句有："自由虽是内在观念，它使用的手段却是外在和现象的，它们在历史上直接呈现在我们的眼前。第一是那个观念，第二是人类热情，这两者交织成为世界史的经纬线"；部分〔4〕的红字有："世界历史人物魁梧的身材，在他迈步的途中，不免要践踏许多无辜的花草，蹂躏好些东西。"

2.解惑

我的笔记不只是抄录，有时也写下我的意见。有一段较长，比较绿皮书和《西方古典哲学原著选辑》中段引文的不同：

《古希腊罗马哲学》"留基波和德谟克里特"部分有这样一段话：德谟克里特在说了"颜色是从俗约定的，甜是从

陋室沉思

俗约定的，苦是从俗约定的，实际上只有原子和虚空"，从而抑低了现象的地位之后，又使感官以下面的语言来反对理性："可怜的理性，在把你的论证给予我们之后，你又想打击我们！你的胜利就是你的失败。"（105—106）绿皮本引用了感官讲的这段话，并注明引自《古希腊罗马哲学》1957年三联书店，但把"在把你的论证给予我们之后"改为"在从我们这里取得你的证明之后"（77），意思完全相反。敦尼克等人主编的《哲学史·欧洲哲学史部分》，《哲学史》中的引文是"你从我们这里得到证明以后"（33），与绿皮本同。翻译的是非，不能用2∶1来决胜负，应该根据德谟克里特思想的一贯性来判断是非。德谟克里特的原子论认为，存在的唯有原子和虚空，人的感觉和思想不过是原子或原子组成的"影像"，原子论的真理和显现在感觉中的东西毫无区别，他借感觉之口说不能重理性而贬感觉，感觉和理性休戚相关，感觉如果不真实，也就是原子组成的影像不真实，

感性的失败也就是理性的失败。《古希腊罗马哲学》中的引文强调感觉和理性的一致性，并无理性来自感觉的意思。虽然如此，一方面说感觉是"从俗约定"，可能失败，另一方面强调感觉与真理一致性，毕竟有矛盾。为了圆满解决这一矛盾，德谟克里特提出三种标准："（一）现象是对可见事物的了解的标准……（二）概念是研究的标准……（三）感情应当是选择者和逃避者的标准。"根据（一），感觉和真理是一致的；根据（二），唯有理性能研究原子，而感觉不能；根据（三），处理利害关系要依靠感情。而这里所说感情，似乎主要指感觉，因为他在另一个地方说："快乐和不适构成了那应该做或不应该做的事的标准（107）。总之，我的意见是，虽然德谟克里特重视感觉，但他把理性和感觉看作同等重要，在不同的问题上有不同的重要性：感觉的客观来源是原子运动，主观证明来自理性即原子论的真理，而感觉决定行为选择的取舍。他没有理性来自感觉的意思，因此，《古希腊罗马哲学》翻译的意思与德谟克里特这些思想是一致的，而后来的改动则与这些思想不符。

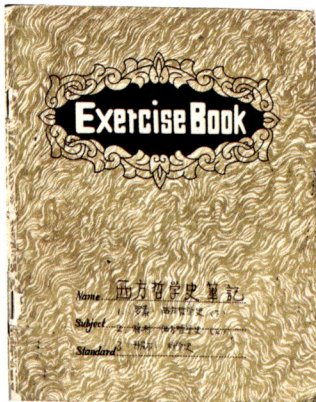

哲学史中译本笔记

3. 外译哲学史笔记

我还熟读了罗素的《西方哲学史》、梯利的《西方哲学史》和敦尼克等人的《哲学史·欧洲哲学史部分》。这些外译的哲学史教材与本国教材风格迥异，语言、资料和分析使人耳目一新。我做了详细笔记，不见于国内教材的新奇内容一一摘录。比如，在罗素《西方哲学史》下卷中摘抄了罗诺尔·纳克斯的五行打油诗，惟妙惟肖地阐述贝克莱的物质理论。

曾有个年轻人开言道：
"上帝
一定要认为太稀奇，

假如他发觉这棵树

存在如故，

那时却连谁也没在中庭里。"

答

"敬启者：

你的惊讶真稀奇

咱时时总在中庭里。

这就是为何那棵树

会存在如故，

因为注视着它的是

您的忠实的

上帝。

再如，从梯利的《西方哲学史》上册抄录了"柏拉图在历史上的地位"：

他认为知识来源于理性，是唯理主义，但肯定经验是激发先验观念的手段，是实在主义；认为世界是精神世界，是唯心、唯灵主义，认为感官世界是现象，是现象主义，极端反唯物主义；他把一切看作宇宙秩序表现，引进一个宇宙灵魂，是泛神论；他承认造物主，是有神论，他断言理想世界超越经验世界，是超验论，他把一切置于善理念之下，是反机械主义的目的论；他根据精神、物质两要素来解释，是二元论；他宣称整个世界原因是善，在根本方面有伦理色彩；他反对快乐主义，他的政治理论是贵族主义和社会主义。

还如，摘录了敦尼克等人的《哲学史·欧洲哲学史部分》第一卷第三章第三节的六点"小结"：

封建社会的主导地位是宗教，宗教和科学根本不相容，经院哲学特别是托马斯理论是官方哲学。

具有唯物论倾向的进步思想家发展了天文、地理、数学、医学和其它自然科学。在东方各国做得尤为出色，但没有彻底地反对唯心论，对神学作了让步，在宗教形式下反宗教。

唯心论内部，特别在东方，产生了矛盾，出现不同派别，有一些依靠理性、运用科学成果、逻辑来研究问题。

先进思想家提出几个问题：世界的永恒性，灵魂消亡，死后无报应，对东西方哲学具有积极意义。唯名论与唯实论斗争在西方哲学中起了重大作用。

人民运动通常在异教中获得自己思想的反映。

中世纪不是历史"中断"，这一时期哲学史是复杂、矛盾过程。

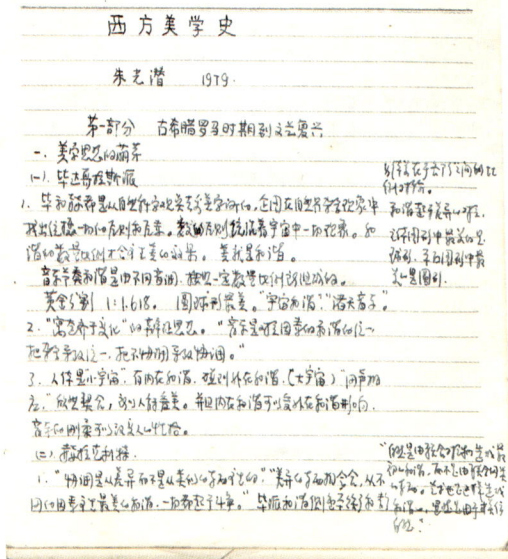

《西方美学史》笔记

4. 触类旁通

（1）科学史和西方哲学史相互交叉，我做了两本科学史著作的笔记：一本是丹尼尔的《科学史》，一本是梅森的《自然科学史》，两者对科学理论的发明过程与哲学的互动做了充分阐述。1979.1.24—2.20做的《自然科学史》笔记比较详细，最后摘抄了科学史的两个特点：

科学的长期发展会导致一些为人们料想不到的结果，如产生科学的时代认为人生价值在于个人奋斗和个性解放，这种动力使科学得到发展，但科学应用范围扩大却使个人奋斗、个人发展受到越来越大的限制。科学的另一个特点如萨尔顿所说："科学总是革命的和非正统的；这是它的本性，除非科学在睡大觉才不如此。"

（2）结合美学课程，我自学了朱光潜的《西方美学史》，做了详细摘录，对重要西方哲学家的美学思想特别关注，扩展了我的西方哲学史知识。笔记最后还附录了朱光潜"给青年十三封信"，从中体验何谓美文美感。

（3）为了增加西方哲学史的相关知识和背景知识。我读了海斯的《世界史》三卷和周一良、吴于廑主编的《世界通史》四卷本。虽然购买在手，也做了笔记，分上古史、中古史、近代史和现代史四部分，共 161 页。

（4）自学中国哲学史，我下了不少功夫，以任继愈主编的《中国哲学史》四卷本为教材，以中国科学院编的八册《中国哲学史参考资料》为原典选辑，用学西哲"新瓶装旧酒"的办法，把教材中的水分挤去，压缩成 282 页的"中国哲学史笔记"的干货。

5.阅读专业论著

我的读书笔记里摘录了当时和过去期刊发表的哲学专著和论文。包括：张世英：《黑格尔〈精神现象学〉述评》；李泽厚：《批判哲学的批判——康德述评》；王若水：《关于"异化"的概念》；贺麟：《黑格尔的时代》；陈元晖：《论康德的哥白尼式的革命——康德哲学的特点及其在哲学史中的地位》，以及《论冯特》；陈启伟：《康德关于认识对象的学说》；黄楠森：《马克思主义哲学的重大发展》；叶秀山：《费希特早期政治思想及

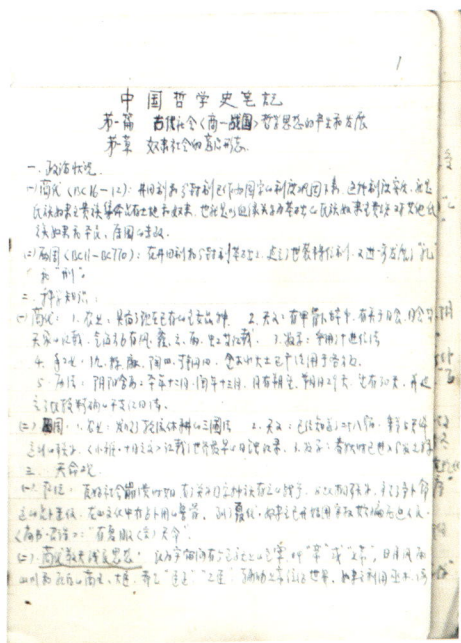

《中国哲学史》笔记

其哲学体系的建立》；余丽嫦：《关于费尔巴哈的认识论》；丕之、汝信：《黑格尔范畴论批判》；［苏］奥甫相尼科夫：《黑格尔哲学》；［苏］奥则尔曼：《现代资产阶级哲学的基本特点》；［美］盖莫夫：《物理世界奇遇记》；《资产阶级哲学资料选辑》（《哲学研究》编辑部）第一、二、五辑的译文和译著。

摘录的哲学论文有：郑昕：《康德哲学批判》；汪子嵩：《哲学史研究的对象和目的》（《哲学研究》1980 年第 1 期）；张世英：《黑格尔论真理的特点》（《新建设》1964 年底 10—11 期）；冒从虎：《关于休谟哲学的历史地位，以及康德批判封建神学的历史作用》；车铭洲：《西欧中世纪唯名论反对唯实论的斗争》；张庆荣：《论笛卡尔怀疑论的历史意义》；李质明：《笛卡尔的二元论》；陈修斋：《从莱布尼兹与狄德罗的哲学看对立统一规律在哲学发展史上的表现》；杨祖陶：《康德范畴先验演绎初探》；谭鑫田：《斯宾诺莎的真理观》；［南］彼特诺维奇：《论异化》；［东德］劳克斯·布尔：《何谓异化》；胡适：《杜威在中国》；［日］许万元：《斯大林哲学中的问题》；［日］岩渊庆一：《东欧的新马克思主义》，等等。

6. 自学英语

我深知外语对深造西方哲学的重要性，于是花费大量的时间学英语。我在中学学过三年英语，只记得 26 个字母和几个简单句子了，30 岁后重新开始学，非下苦功夫不可。我的英语也是自学的，买来许国璋的大学英

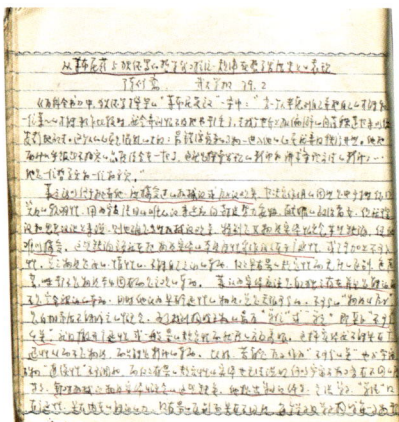

第一次读到陈修斋先生论文

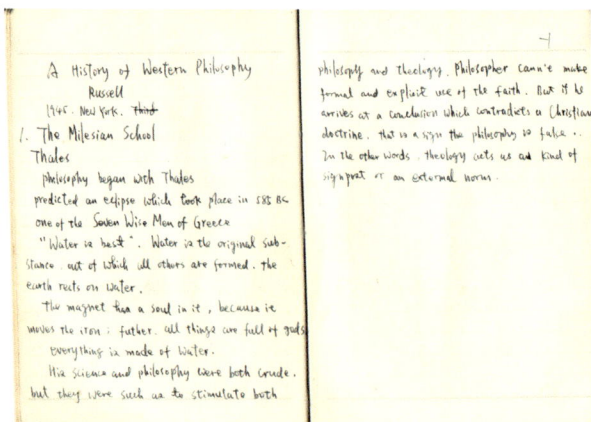

自学哲学英语笔记

语和《英语九百句》《新概念英语》当教材，看了狄更斯的 *A Tale of Two Cities* 当课外读物。为了学哲学专业英语，我用父亲的借书卡在省图书馆借出罗素的 *A History of Western Philosophy*（1945，New York），做了一本笔记，掌握哲学专用英语基本词汇。为了扩大词汇量，我硬背《英汉小词典》，背了近 8000 的单词。后来同学传说我看一页撕一页，撕完英语就过关了。那些当然是笑谈，不过我小词典不离身，小字典被翻得散了架，这倒不假。由于我学的是"哑巴英语"，虽然出国后天天要听说，但口语一直不好，算是短期突击的后遗症吧。

三、专业文史知识

我的专业毕竟是汉语言文学，不能不顾专业偏科哲学，何况汉语言文学的课程也很有趣。我在现存的四本读书笔记里，在报刊上摘录了一些有哲理的书评和作品梗概，包括：魏晋玄学的社会意义；读《商君书·更法·农战》；克劳塞维兹的《论战争》；费正清的《美国与中国》；〔苏〕塔尔列的《拿破仑传》；〔英〕贝弗里奇的《科学研究的艺术》；赵毅衡在《读书》1980 年第 12 期发表的《是谈设立比较文学学科的时候了》；《新华日报》1951.7—1952 连载吕叔湘、朱德熙的《语法、修辞讲话》；王梓坤的《科学发现纵横谈》；《人民文学》1957 年第 7 期刊登的小说《改造》；丰村的《美丽》；莫泊桑的《一个诱惑者的抗议》，等等。

现存大学笔记共 12 本，可分为两类：一类是课堂笔记，包括《现代文学》《马克思主义文艺简论》《外国文学》《美学》《现代汉语》《古汉语》《中国历史》等 8 本，一类是自学中国哲学史、简明世界史、《西方美学史》、《辩证唯物主义与历史唯物主义》等 4 本笔记。

1. 现代文学

以鲁迅为主，分三期评述鲁迅作品。前期以这样问题为线索：鲁迅如何接触进化论思想？如

父亲藏书

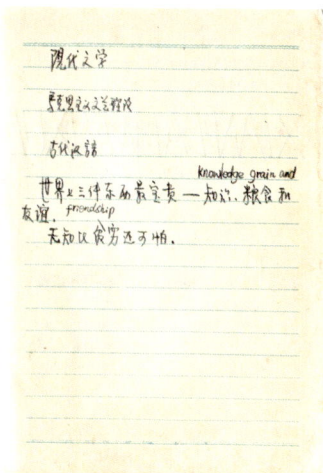

课堂笔记合订本

何理解鲁迅前期思想中的进化论实质？中期在"五四"前后，第一篇白话文小说《狂人日记》用忧愤深广笔触，"意在揭露家族制度和礼教的弊害"，嗣后塑造了社会不幸人们的形象：孔乙己，阿Q，祥林嫂，单四嫂，华小栓。老师对《阿Q正传》评价最高：鲁迅小说中最优秀作品，在我国现代文学史上享有世界声誉的作品，继《红楼梦》之后伟大的政治历史小说，有无与伦比的价值，是旧民主主义革命的形象历史和百科全书。在杂文中重点评讲《呐喊》《彷徨》，要唤起"自觉的声音"，惊醒"铁屋子里熟睡的人们"，把封建腐朽社会"病根暴露出来""催人留的，设法加以治疗"，而痛感失望："弄文罹文网，抗世违世情，积毁可销骨，空留纸上声。"

2. 马克思主义文艺简论

把马克思主义哲学原理应用于文艺理论和实践。文艺与社会生活和政治关系涉及经济基础决定上层建筑，文艺的反作用相当于孔子所说"诗，可以兴，可以观，可以群，可以怨。迩之事父，远之事君；多识于鸟兽草木之名"。文艺创造的形象和典型涉及个性与共性关系，文艺的认识作用涉及形象思维和逻辑思维关系。课程最后理论联系实际，分析卢新华的小说《伤痕》，讨论《伤痕》择取的题材是否重大题材？王晓华形象的社会生活基础何在？王晓华是不是"典型环境里的典型人物"？王晓华与好好之间的感情变化应如何理解？《伤痕》是否可以以喜剧结局，写作悲剧的这种艺术构思对表现作品的思想内容有什么作用？粉碎"四人帮"之后，王晓华对周围社会生活的变化，感情上反响不强烈，应如何理解？苏小林这个人物的作用应如何评价？不少同学都以自己伤痕累累的切身经历畅所欲言，讨论的范围和深度超越了老师指定的阅读1978年8—10月《文汇报》的讨论文章。

3. 外国文学

使用杨周翰、吴达元、赵萝蕤主编的《欧洲文学史》为教材，课堂笔记分古希腊罗马文学、中世纪文学、文艺复兴、17世纪古典主义文学和18世纪启蒙主义文学共五章，有详有略地把所有经典文学作品全部梳理一遍，内容的丰富只要抄录部分复习题便可知。古希腊文学复习题中有10题，其中第6题是解释下列典故：丘比特的剑，潘多拉的盒子，普罗米修斯盗火，普洛克拉斯提的床，阿利阿德尼斗篷，安泰与大地，斯芬克斯之谜，奥菲的歌声；第8题解释：赫勒海峡，赫丘利之柱，爱琴海命名由来。思考题：1. 这样理解古希腊文学是"不可企及的典范"？ 2. 为什么神话反映了人类社会的意识形态？ 3. 中国神话与古希腊神话有哪些相类似？古罗马和中世纪文学复习题9题，思考题有三：1. 为什么中世纪欧洲民间创作发达？ 2. 试把中世纪欧洲文学和中国文学做一比较。3. 作一大事表，把欧洲文学和中国文学相比较。文艺复兴复习题27题，要掌握意大利、法国、西班牙和英国的每部文学经典，其中第23题解释：莎士比亚化，福斯泰夫式背景；第24题：熟读莎士比亚14行诗第60首；第27题：写好中学课本《威尼斯商人》教案。17世纪古典主义作品重点讲了高乃伊的《熙德》，拉辛的《安德洛玛克》和莫里哀的《伪君子》《吝啬人》。18世纪启蒙主义文学只是介绍了大致状况和作品，好在第一批解禁的西方文学名著中有好几本巴尔扎克和雨果的书，课外阅读弥补了课堂笔记的不足。现在，外国文学课上讲的丰富知识几乎忘了，雨果的伟大人道主

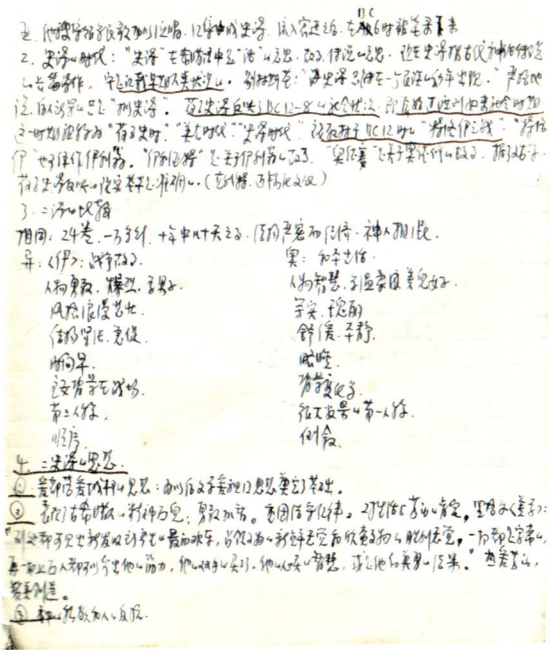

外国文学课堂笔记

1986 年摄于巴黎拉雪兹神甫公墓的巴尔扎克墓前

义小说《九三年》和《悲惨世界》仍然拨动我的心弦。现在看来，文学作品的意义不是听别人讲的，而是阅读的自我体验。宋代诗人姜白石云："人所易言，我寡言之，人所难言，我易言之"，梁实秋说："从人心深处流出的情思才是好的文学"，就是这个意思。

4. 美学

"美的本质"为第一章，评述了国内四派的学说：1. 主观说，以吕荧的《美学书怀》和高尔泰的《论美》为代表；2. 主客观统一说，代表者是朱光潜；3. "美是生活"说，车尔尼雪夫斯基提出的命题，施东昌发挥；4. 客观地说，分三家：蔡仪的自然说，李泽厚的社会说，以及最新的实践说。"美的存在形态""美感""共同美和共同美感""美的进化史""美学范畴"诸章主要使用西方的理论和例证，中间穿插的"艺术的特征""现实主义的美学原则""浪漫主义的美学原则""现实主义和浪漫主义相结合的审美原则"和"审美教育"，基本内容与《马克思主义文艺简论》差不多，但分析更细致。比如，"艺术的特征"归纳了关于形象思维的十大问题：究竟存不存在形象思维，存在的主客观依据是什么？怎样理解其特点？怎样说明形象思维和逻辑思维的关系？怎样理解形象思维和世界观的关系？怎样理解形象思维和创作方法的关系？形象思维过程和作家的认识、审美和心理过程是统一的，还是相互重叠的各种过程的交织？怎样理解思维和语言的关系，形象思维用不用语言为媒介？怎样理解形象思维和艺术表现手法（比兴、白描、夸张等）的关系？形象思维在不同艺术门类、样式和体裁的作品中如何体现，怎样揭示它们的差异？不同阶级、民族、艺术素养的作家的形象思维活动有无差异？形象思维在艺术创作和欣赏中的表现有何差异？再如，"现

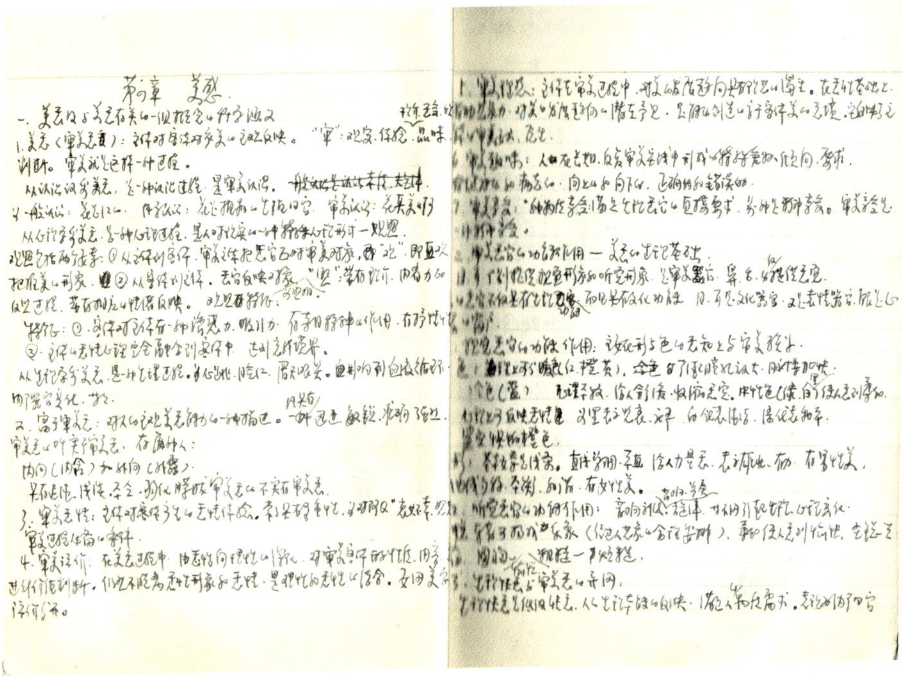

美学课堂笔记

实主义创作方法"概括了真实的 10 个概念：自然形态真实，社会形态真实，生活真实，历史真实，本质真实，艺术真实，细节真实，现实性，写真实，描写真实，它们之间的区别和联系何在？

5. 中国历史

这门课是苏凤捷老师教的，他知识渊博，博闻强记，上课不带笔记，在讲台上夹一支粉笔，史料信手拈来，出口成章，没有多余的话。我们在中学时学过、高考时背过的中国历史，被苏老师讲得丰富多彩又条分缕析，以致我们不用看中国历史的大学教科书了。我的课堂笔记内容详细，条理清楚，仅举一例。

中国历史课堂笔记

第三章　春秋战国（前 770—前 476）

第一节　春秋时期社会生产力发展和封建生产关系的产生

一、春秋时期社会生产力发展。1. 铁器的使用和推广。《诗·秦风》："驷驖孔阜"；齐恒公时期，《国语·齐语》："美金以铸剑戟，试诸狗马，恶金铸鉬（锄）、夷（锄类）、斤（斧）、斸（大锄）。试诸土壤。"美金即青铜，恶金即铁。晋国，《左传·昭公》29 年（前 513 年）："晋赵鞅荀帅师越汝滨，遂赋晋一鼓铁，以铸刑鼎，着范宣之所为刑书焉。"楚国：在楚墓中发掘出铁制工具。一般看法：春秋是中国历史上铁器逐步推广，取代石壳、青铜的时期，因而也是农业、手工业技术革命时期。2. 牛耕的使用和推广：最早见于《国语·晋语》："宗庙之牲，为畎亩之勤。"当时大力士叫牛子耕。孔子弟子司马耕字子牛，另一弟子冉耕字伯牛。把牛和耕联系起来说明中原已推广牛耕。3. 奴隶经济危机：奴隶没有生产积极性，《管子·乘马》："不告之以时，而民不知，不导之以事，而民不为。"考古上的春秋生产工具比西周笨重，这是为了防止奴隶破坏。生产出现凋敝，《国语·周语》：陈国"田在草间，功成而不收"，《诗·齐风·甫田》："无田甫田，维莠骄骄，无田甫田，维莠桀桀。"

二、封建生产关系的产生。土地从国有等级分封转化为土地私有，是封建生产关系产生发展的主要途径。1. 井田制之外另辟私田，或变公田为私田。这个过程表现为下级土地占有者反抗，排斥上级对自己拥有土地的支配，结果是下级胜利，表现为"争田"，由于土地私有化，田里不鬻的旧章也打破了。2. 封建剥削关系的出现。许多奴隶主不知不觉、自然而然、逐步地变成地主，《管子·乘马》："均地分力，使民知时也，民乃知时日之蚤晏，日月之不足，饥寒之至于身也；是故夜寝蚤起，父子兄弟，不忘其功。为而不倦，民不惮劳苦。故不均之为恶也：地利不可竭，民力不可殚。"这反映统治者已认识到改变剥削方式的好处。恩格斯说："当一种生产方式处在自身上升阶段时，甚至在和这种生产方式相适应的分配方式中吃了亏的那些人，也会热烈地欢迎这种生产方式。"在转变初期，劳动者与土地所有者有严格的隶属关系，直接劳动者被称为私卒、私徒、私徒属、宾氓、隶农。3. 赋税制度的变化。齐恒公时采取了相田而衰征，鲁国在前 594 年实行"初税亩",即按亩征税,后来楚国丈量土地,量入修赋,郑国作封洫,作丘赋。

三、工商业的发展和私人工商业出现。1.青铜器制造不再由王室垄断,遍及各国,品种多,造型灵便,艺术风格突破了神秘色彩,有浪漫主义气息。另外,冶铁业兴起,独立手工业者出现,《吕氏春秋·召类》:"吾恃为鞶(指鞋)以食三世矣,今徙之,是宋国之求鞶者不知吾处也,吾将不食。"由于个体农民出现,家庭手工业发展,男耕女织,农业和手工业结合,形成自给自足的自然经济。2.出现官商以外私商,甚至大商人,如前627年,郑国大商人弦高出国经商,退秦兵犯境,越国大夫范蠡辞官在列国经商,三致千金,号陶朱公,孔子弟子子贡经商,与国君分庭抗礼。

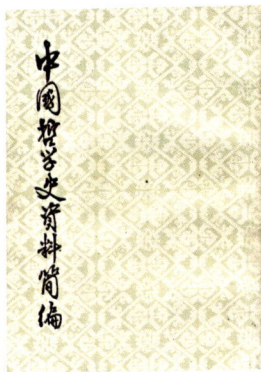

全七册:中国历史的精髓

6. 现代汉语

绪论是语言学,读起来仍有意思。语言被分为语音(语言的物质外壳)、词汇(基本词汇的重要性)和语法(词法和句法)三要素。由于语音、词汇和语法差别,汉语分八大方言,但从历代文献、基本词汇和语法结构的一致性和悠久的历史等方面看,八大方言是统一语言,如白居易《缚戎人》所云:"游骑不听能汉语,将军遂缚作蕃生。……自古此冤应未有,汉心汉语吐蕃身。"

语言学习贵在应用,现代汉语的知识对语文教学实习最有用处。最后一个学期我被派到阜阳五中高一去实习,除了批改和评讲学生翻译高一语文课本《邹忌讽齐王纳谏》的作业,讲授第十四课"评论二则":"惊人相似的一幕"和"魔鬼的笛音",以及逻辑知识"简单判断",自拟了"搞四化何用语文"的作文题,逐个点评学生的作文。整个教学环节全面检验了我对语法、逻辑、语音、词汇的掌握。

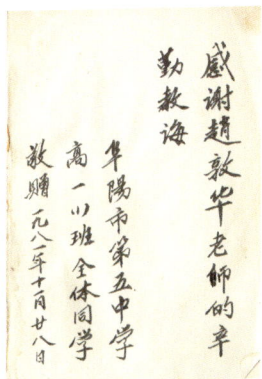

感谢赵敦华老师的辛勤教诲
阜阳市第五中学
高一(1)班全体同学
敬赠 一九八一年十二月廿八日

65

这是我第一次上讲坛，备课特别认真，教案上几乎写下要讲要写的每一个字。现在读起来，自感有当教书匠的不错素质。

7. 古汉语

古汉语不只是学语言，我们对中国文化传统一知半解，"少时学语苦难圆，只道工夫半未全"。古代文化浩瀚如大海，首先要知道现在常用的工具书，学会查检的方法。我们试用了《康熙字典》《说文解字》《词源》《辞海》《经籍纂诂》《说文通训定声》《词诠》《古文虚字集释》《佩文韵府》《艺文类聚》等古今工具书。此外还熟悉了古代历法、度量衡、姓名、行政区域、职官、学校、选举等专门术语和历代演变。辅之以王力的《古代汉语》的词汇释义和范文，总算恶补了一点文人所需的知识。

古汉语贵在应用，虽不用口语交流，尚可偶作雕虫小文，纯少疵多，文白夹杂，聊表胸臆。现录一段笔记颂辞：

余弱冠而立之年好读书，勤抄录，多笔记，今读当年笔记，五味杂陈，感触良多。杂多笔记如师，如友，如孝悌，此何谓也。书乃自学良师，勤学者亦善笔记，笔记犹同门之朋，笔记愈勤，朋友益多，择书益精，朋友愈高明。尝云："书籍是人生阶梯"，笔记不勤，阶梯不长，笔记浅散，阶梯不坚，好学勤记者，如偕众朋登高远眺。然"欲穷千里目，更上一层楼"何谓也，西哲尼采云，朋友乃自我之镜，我之镜容或善或恶，或美或丑。复观笔记，如见旧友，半识半疑。识其善美，疑其丑恶。感悟记札，连贯之道，其同者合而道之，其异者存而疑之，裨益学问深幽，乃赞曰，学问之道无技巧，尽纳笔记文字之精华入自家文章囊中耳。《礼记·中庸》曰："博学之，审问之，慎思之，明辨之，笃行之"。博览勤记，博学也；温复善疑，审问也；绵密善藏，明辨也；集旧成新，笃行也。勤记勤学，功莫大焉。

66

四、我的毕业论文

古代对汉语修辞学的研究

中文系七七二班　赵敦华

汉语学犹如一座宏大的殿堂，语音学、文字学、词汇学、语法学、修辞学等组成了它的结构主体。这些学科从横的方向来研究，便构成现有的学科体系；从纵的方向来研究，便得到各学科的发展史。目前，汉语各学科的理论体系都臻于完整、严密，有的学科甚至几个体系巍然并立，横的研究可谓发达。相比之下，纵的研究尚嫌不足，虽说音韵学史、文字学史、语法学史等，已初具规模，但修辞学史至今未见专著，犹如看到一座殿堂塌了一个角落，不免有缺憾之感。

没有对修辞学史的研究，不仅损害了汉语学的完整性、系统性，而且影响了我们对修辞学本身的正确理解。我们知道，每门学科都有自身的历史，它们叙述了这门学科的产生和演变过程，介绍了代表人物和著作，说明了它的基本概念范畴和模式的由来、进化，并揭示了它发展的内在具体规律和特征的研究方法手段。很明显，离开了某些学科历史的研究，是不能对这门学科本身有全面深刻了解的。黑格尔说过，有一些学科"它的内容的较大部分，则是关于永久的成分，而新兴的成分并不是从前所赢得的原则的改变，而只是对固有的原则的增加或补充。这些科学通过一种增补的过程而进步"；"这些学科只是对于新材料的增加而丰富自身，而没有引起内在的变化。"（黑格尔：《哲学史讲演录》第一卷 417 页）修辞学可以说是属于这一类科学的，因而对它的历史的研究，具有重要的意义。

本文将就古代汉语修辞学史中的几个重要问题，谈谈粗浅的看法，以期引起大家对修辞学史研究的重视，尽快把汉语研

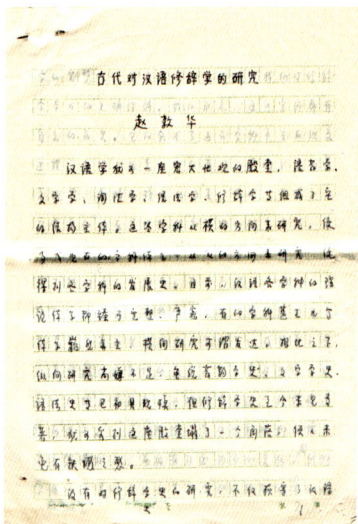

本科毕业论文首页

究中的这一空白领域填补起来。

一

在语言学方面，我们的祖先有深入细致的研究，其中在语音、文字、词汇等方面尤为突出，说我国古代音韵学、文字学、词汇学著作汗牛充栋，也不为过分夸张。相比之下，语法、修辞方面的论著却寥若晨星。这和西方情况相反，古代中世纪的西方对语言学的研究，较少注意语音、词汇，而偏重修辞、逻辑。修辞学在西方学术史上占有显赫地位。亚里士多德把科学分为理论性的科学、实践性的科学和制作性的科学三类，诗学和修辞学是文字制作性的科学，地位颇高。亚里士多德死后，五六百年间，修辞学获得空前发展，以致人们把这段时期（古希腊后期到罗马帝国前期）称作修辞学的时期。在中世纪，修辞学是教会学校里传授的"七艺"之一，是每个学者、教士的必修科目，也极受重视。西方修辞学卷帙浩繁的著作，严密完整的体系，独树一帜的地位，都是汉语修辞学所缺乏的。虽说我国早在《易经》里，就有了"修辞"这个概念，如果取司马迁的周文王做周易之说，这当是2000多年前的事，比西方早多了。但在漫长的古代社会里，人们一直没有把修辞作为一门独立学科来研究，没有建立汉语修辞学完整体系，直到"五四"以后修辞学在中国才成为一门独立学科。

做了上述比较，我们也不要妄自菲薄，以为修辞学只是西方文明的产物，我国对修辞学的研究，只是现在才开始的。须知，修辞学在古代没有发展成为一门独立学科并不等于古代没有关于修辞的研究，事实上我们祖先对修辞现象的研究可涉及现有修辞学体系各个方面，散见在古籍中有关修辞的论述，俯首皆拾，多不胜数，如果汇集成篇，定然可与西方修辞学论著相媲美。为什么不成体系的零散研究却结出丰硕的果实呢？我认为，这主要是由古代修辞研究的特点所规定的。

我国古代修辞研究的第一个特点，是它的实用性。讲究实际，是我们民族性格的一大特征。中国人做学问，多是从实用角度出发的。古人研究修辞，一是为了读懂典籍，二是为了提高写作能力。

在穷经皓首的苦读过程中，古人体会到："凡为文辞，未有不辨章句而能者也；凡览篇籍，未有不通章句，而能识其义者也；故一切文辞学术皆以章句为始基。"（黄侃：《文心雕龙札记》）从"览篇籍"方面讲，考证训诂起到重大作用，从"为文辞"方面讲，修辞起重大作用。训诂修辞本是由于实际读写的需要，相互辅助、互相促进而发展的。然而结果却是，训诂之学兴盛，而修辞学未获独立发展，原因何在呢？原来，汉语音乐性强，容易上口，便于诵读。在诵读中玩索其语气，规仿其声调，便能寻绎其意味，所以诵读之法有助为文，人们常说，熟读唐诗三百首，不会做诗也会吟。说的就是这种情况。古代士子终日讽咏颂诵读便能写出漂亮文章，因此不会感到要"为文辞"而独立地研究修辞。因此修辞学的功能便融合到训诂、章句、诵读等学问中去了。这种融合有利有弊。利者在于它结合实际，范围广泛，凡读书作文，处处有修辞问题，促使人们从各种不同角度领会思考；弊者在于它的实用价值不能不受到经文八股考试制度的束缚，因此在方法上、系统性方面都得不到独立发展。

古代修辞研究的第二个特点是它的复合性。古人把修辞和其他学科结合在一起研究，如《公羊》《谷梁》二传中讲语法，就是结合修辞讲的。《谷梁》中说："'陨石于宋五'，后数，散辞也；'六退飞过宋都'，先数，聚辞也。"散辞聚辞，是从修辞角度分析的。再如，《墨子》《公孙龙子》，又是结合逻辑学来研究修辞的。还有，上面所说的修辞与训诂、诵读的融合，也属于这样一种情况。修辞研究和各学科错综交织在一起，因此呈现出复合性。

汉语修辞研究与语法研究的复合性，尤其值得注意，郭绍虞先生说："汉语的语法可说经常与修辞相结合，结合是正常的，不结合是部分的"（《汉语语法修辞新探》，前言），这种结合，主要是由汉语的音乐性和顺序性所决定的。关于这一点，郭先生在《汉语语法修辞新探》中讲得很清楚，在此不作赘述。

古代修辞研究第三个特点是它的文学性。就是说，它是与文学批评密切联系、水乳交融的。中国古代有瑰丽多彩、博大精深的文学，这是举世闻名的。文学，特别是诗词、骈文，为修辞的应用提供了丰沃的土壤。固然，修辞手段的运用与对修辞现象的自觉研究还不是一回事，但是，前者是后者的源泉和基础，前者的丰富发展必然导致后者应运而生、发展壮大；反过来，

读万卷书走万里路　　　一览众山小　　　得意于山水之间

后者的产生发展又促进了前者广泛而正确的应用。我国古代文学与修辞研究就是这样的相互联系、相互促进的关系。文学家一般也是文艺批评家，他们论述文学现象，总是多少要涉及修辞方面的内容。这样，修辞研究也就成了我国历代文学思想的一个重要组成部分。以上三个特点，是我国古代修辞研究的特殊性。如果忽视了这种特殊性，而用西方修辞学体系的标准来衡量中国古代修辞研究，就会得出虚无主义的结论。对汉语修辞学史研究至今未展开，大概主要是这种误解所造成的。事实上，我国修辞学体系，多受唐钺先生《修辞格》影响，而此书恰如作者所说，是"略依那斯菲的《高级英语作文学》里头的分类，而斟酌损益，成下列统系"（《修辞格》，序言）。这种体系是以修辞格为中心的，而我国古代对修辞研究并不以修辞格为中心，甚至不以它为主要内容，如果受"洋框框"限制，看不到我国古代修辞研究的丰富内容，势必进而会否认这种研究的存在。所以，研究古代修辞史，消除"中国古代没有修辞研究"的误解，充分认识古代修辞研究的特殊性，实为首要任务。而把古代汉语修辞研究的丰富内容，从其他学科里抽取、分离出来，对散见在古籍中有关这一部分的论述加以分析、概括、总结，乃是最重要的方法。

二

依据研究对象和内容特点的不同，可把古代修辞研究分为几个时期。由于它的实用性和文学性特点，它的分期与文章体裁、风格变化是有联系的，大体上是与文学史分期相适应的。但修辞学史分期又不能等同于文学史分

扬眉吐气　　　　　　　初识女友江立怡　　　　　　偕女友游北京故宫

期，因为前者毕竟属于语言学范畴，不同于文学史。陈望道先生说，按文章的内容与形式是否协调这一标准来划分，文章的发展，经历了三个时期："（一）内容过重时期，（二）内容与形式协调时期，（三）形式过重时期。"我们认为，内容与形式，即古人所说的"义"与"辞"或"道"与"文"关系问题，这是贯穿在古代修辞研究中的一条主线。因此，按照内容与形式关系的标准，来对古代修辞学研究分期是适宜的。下面依照这一标准，对古代修辞研究过程作一粗略介绍。

（一）前产生期（殷商、西周）

这一时期作品，如《尚书》《周易》《诗经》都体现了"内容过重"的特点：文字朴实无华，直抒胸臆。但也运用了不少修辞手法，如《尚书》中"若网在纲，有条而不紊""若火之燎于原，不可向迩"等比喻，《诗经》中的比兴手法。然而，总的说来，这时期人们运用修辞还是不自觉的，对修辞研究尚未展开。值得注意的是，这时人们有了"修辞"这一概念。《周易·文言》中说："修辞立其诚。"《周易·系辞》中说："鼓天下之动者在乎辞。"这表明人们对修辞的表现功能与社会作用已有了初步认识。

（二）产生期（春秋战国至西汉前期）

这一时期，人们能较自觉地运用修辞手法，写出许多流传千古的彪炳雄文。先秦诸子与秦汉散文的内容与形式是协调的。在长期运用修辞手法写作、辩说的实践中，人们在认识上产生了飞跃，导致修辞研究的发端。

71

第一次上讲台

修辞研究从根本上说是由于社会现实要求语言更加精密、更有力量而开始的。语言现象是受社会生活制约决定的，这一点，无论古今中外都是一样。这里不妨把中西修辞学的发端作一比较。

西方修辞学最初是希腊文的修辞学，约在公元前4世纪左右诞生。此时。希腊城邦制涣散，党派斗争愈演愈烈，各派哲学蜂起，在论战中，哲学家不得不研究争论的艺术，导致了逻辑、修辞研究开始。当时修辞学只是哲学的一个分支，如斯多葛派认为，"修辞学是把平铺直叙的事情讲得最佳妙的哲学"（北京大学哲学系外国哲学教研室主编：《古希腊罗马哲学》372页）。有趣的是，我国古代修辞研究，也是在大致相同的时间和大致相同的历史背景下，出于同样的需要，在哲学争论中产生的。春秋战国时期，政治、外交、思想上的激烈斗争要求语言发挥更大的交际功能。哲学上有名实之争。孔子首先提出"正名"问题，后来这一问题朝两个方向发展：一是成为下篡上位是否合法的政治伦理学问题，这里不讨论；二是成为名与实、辞与意是否相符的逻辑学、修辞学问题。当时各家都对这一问题发表意见，孔子说："辞达而已矣"，说"素以绚兮"，意义在于"绘事后素"（《论语·八佾》）。墨子主张"先质而后文"，反对"以文害用"（《墨子小取》）。孟子说："不以文害辞，不以辞害志，以意逆志"，对"诐"（片面的言辞）、"淫"（过分的言辞）、"邪"（违背正道的言辞）、"遁"（躲躲闪闪的言辞）痛加鞭笞（《孟子·公孙丑上》）。庄子的修辞主张很消极，要"灭文章，散五彩"（《庄子·胠箧》），但他提出"谬悠之说，荒唐之言，无端崖之辞"（《南华真经》），实际上是提倡夸张、拟人手法。荀子认为，"名"与文章的用词命意直接相关，"正名而期，质清而喻，辨异而不过，类推而不悖"，是对"名"的基本要求（《荀子·正名》）。

从上面我们可以看出，先秦诸子对修辞的性质、作用、意义、要求等根本问题做了深刻的阐述，奠定了修辞研究的坚实基础。值得注意的是，儒家对修辞的基本要求是流畅而正确的表达意义，形式要为内容服务，只对后世产生了深远影响，形成了古代修辞研究中源远流长的求实传统，可以说我国修辞研究的方向，从一开始就是正确的、健康的。

（三）发展期（西汉中期至唐）

汉唐帝国的强盛，有力地促进了统一的汉语学的发展。这一时期，文章风格有两种基本倾向：一种是赋体的骈文，文字瑰丽，描写铺张，具有"形式过重"的特点；二是乐府诗、古诗、唐诗和古文运动的散文等，文字活泼生动，融刚健朴实与绮丽柔曼于一体，具有"内容与形式协调"的特点。这两种文字风格，都促进了修辞研究的发展。

先说第一种风格，赋体要求铺叙内容，语句整炼，崇尚辞采，广泛运用了排比、对偶手法，齐梁时代发展起来的骈文，更是追逐字句整齐，音韵铿锵，对仗工切，辞藻华丽。这些都对修辞研究提出了新的课题，人们以不满足产生期对待修辞一般原则的研究，转向了具体修辞现象和手法的探讨。比如，如何取得语言的整齐、对仗之美、音乐之美？为什么运用夸张、比喻、对偶、排比、用典等修辞格？等等。在这一方面，陆机、刘勰、沈约等人做出了重大贡献。

第二种风格也促进了修辞研究的发展。一方面，现实主义的思想家、文学家，继承先秦修辞研究传统，力排"华而不实，伪而不真"的文风，对修辞的作用、意义等问题的认识进一步深化。这一方面，王充、刘勰、刘知几等有较大功绩。另一方面，他们对具体修辞现象也进行了研究，这种研究在诗品诗话中尤为卓越。因为要用篇幅很小的诗来反映广阔的现实生活内容，诗人、文艺批评家不得不研究如何运用修辞手法以提高语言表现力的问题，在这一方面，以司空图的《二十四诗品》影响最大，从他之后，历代诗品诗话，常把修辞手法作为重要研究对象。这些都是修辞研究获得重大发展的标志。

（四）停滞期（宋至近代）

宋代以后，理学在思想学术领域取得统治地位，理学家把韩愈的"文以载道"的正确主张推到极端，走向重道废文。如程颐认为"作文害道"，"为文亦玩物"。呆滞僵化的八股成了钦定文体。谈论文词容饰是不受欢迎的，修辞研究因此走上了停滞不前的阶段。我们说这一时期是修辞研究的停滞期，是指修辞研究没有重大突破和发展，只是停留在原有的水平。并非说这时期毫无作为，一无是处。宋陈骙的《文则》，元王构的《修辞鉴衡》等书可圈可点，只是这些研究大多带有重述、整理、发挥的性质，没有重大突破。明清兴起"文字狱"之后，文人对语言学表现了特殊的兴趣，训诂、文字、考据等学问非常发达，其中有些著作涉及修辞方面内容，如顾炎武的《日知录》。

这一时期，汉语在词曲小说等文学作品中逐渐演变为渐进口语的书面语言——白话文，这本应成为修辞学发展的强大动力，但在八股制度和守旧传统的约束下，文人对白话文大多采取鄙薄态度，更反对"取里谈巷语，猥亵嘲笑之词，书之偏简，以为明道"（方孝孺：《逊志斋集·张彦辉文集序》）。以致直到现代，人们才开始认真研究白话文。这是一个教训，它说明语言自身发展并不能直接导致语言学的发展，各种上层建筑因素对语言学有着重大的直接的影响。当然当时也有少数人在研究白话文，如李渔的《闲情偶寄》阐发了戏剧理论，其中包括修辞研究。总的说来，这种研究水平不高，影响不大，未能改变修辞研究停滞的趋势。

三

一门学科的历史，既可以按时间顺序来研究，也可按专题来研究。上一部分是按时间顺序来叙述古代修辞研究概貌的，以下按四个专题，简略介绍古代关于修辞的几个主要思想。

（一）文章的内容和形式关系问题

前面把这个问题当做古代修辞学研究的基本问题，这是因为这一问题直接关系到修辞学的性质、目的和任务等根本性问题。古代对此问题的主导思想是文章形式要适合于内容，提倡训辞雄厚、朴素雄浑的文风。古人并不是孤立地提出这个问题的，而是把"文"与"人"联系起来。"文如其人"，用现代话说就是，文风是人生观的反映。孔子早就说："质胜文则野，文胜质则史。文质彬彬，然后君子。"（《论语·雍也》）荀子区分了"圣人之言""君子之言""小人之言"的不同特点（《荀子·正名》）。隋朝王通对人与文的对应关系做了较全面的说明：小人"其文傲""其文冶"，君子文"则谨，则典"，"狷者文急以怨，狂者怪以怨，仟人文碎，夸人其文诞，鄙人其文淫，贪人其文繁"（《文中子·中说》）。

主张以辞达意，并非不要文辞修饰。《论语》中"文犹质也，质犹文也"最早看出了文章内容与形式的一致性。《礼记·表记》也提出"情欲信，辞欲巧"的要求。王充充分肯定"文辞设施"的必要，既反对"华而不实"，也反对"实而不华"，而是主张"文露而旨直，辞妍而情实"（《论衡·书介》）；肯定了内容不离形式，但内容与形式不是平等并列关系，而是内容决定形式，"理扶质以立干，文垂条而结繁"（陆机：《文赋》）。刘勰举了水和木的两个例子说明内容与形式关系：水的特质是虚，所以有波纹形貌；木的特质是实，所以有花萼形貌，可见形式由内容决定。另一方面，形式并非可有可无，虎豹皮毛没有花纹，无异于犬羊。在两者关系中，形式起决定作用，"情者文之经，辞者理之纬"，"经正而后纬成，理定而后辞畅"（《文心雕龙·情采》）。这些观点都有朴素的辩证法因素。

古人还用历史发展的观点来看待文章内容与形式的关系。葛洪认为，古代文风尚淳朴，后来社会越发展，事物越繁杂，文风爱雕饰，这是"时移世改，理自然也"（《抱朴子外篇·钧世》）。刘勰也有"文变染乎世情，兴废乎时序"（《文心雕龙·时序》）的著名结论。

以上这些辩证观点、历史发展观点，似乎被人遗忘了。有人反对只重形式的靡丽文风，走上另一极端。杜牧说："以意全胜者，辞愈朴而文越高；意不胜者，辞越华而文愈鄙。是意能遣词，辞不能成意"（《樊川文集·答庄充书》）。这样说完全否定了辞对意、形式对内容的反作用。

古文运动后，文章形式与内容关系又以"文"与"道"的关系问题表现出来。当时有三种意见，一是韩愈的"文以载道"主张，二是理学家重道废文倾向；三是王安石文道并重观点。王安石认为，内容是器物，文辞是容饰，器物固然重要，"然容饰亦未可已也，勿先之其可也"。但最后理学家占了上风，损害了文风，也损害了修辞学的发展。

（二）文体与语体风格的关系问题

我国古代早就对各种文体进行了分类，最早可追溯到《毛诗·鄘风·定之方中传》区分了九种文体"九能"："建邦能命龟，田能施命，作器能铭，使能造命，升高能赋，师旅能誓，山川能说，丧纪能诔，祭祀能语。"以后人们又按各种标准，对文体进行了划分，同时他们也清楚地认识到：各种文体有着语体色彩和风格上的差异。曹丕把文章分为奏论、书论、铭诔、诗赋等四种，可算作文体分类的正式开端。他说这四种文体分别具有的雅、理、富、丽的特色，不能混淆（《典记·论文》）。陆机在《文赋》中则把文体衍为十类，各有不同特点，如："诗缘情而绮靡，赋体物而浏亮"，语体色彩截然有别。杨雄看到各种文体的文辞修饰比重不同，因此造成不同风格："事胜辞则伉，辞胜事则赋，事辞相称则经"（《法言·吾子》）。刘勰对文体和语言关系做了深入研究。他说："赋者铺也"，"铺采摛文，体物写志也"，所以文辞要"清丽"，颂赞要反对"弄文而失质"。他还把文章分为典雅（学经书）、远奥（含蓄而有法度）、精约（简练，精细）、显附（文字显畅）、繁缛（辞采繁富）、壮丽（议论高起）、新奇（新鲜，怪异）、轻靡（空乏无力）等八种不同的风格，显然与他所划分的十五种文体有密切关系。萧统认为随着时代发展，文章"踵其事而增华"，应把经籍子史与文学作品分开，于是通选了《文选》，实际上也接触到文艺语体不同于政论语体关系问题。

（三）关于选词、炼句问题

古人就做文章，特别是写诗作赋，极其重视选词练句，对此深有研究。关于词的声音、节奏配合，《文赋》提出要"暨音声之迭代，若五色之相宜"。经过长期实践，南齐沈约总结出"回声八病"之说，规定"前有浮声，后有切响，一简之内，音韵尽殊，两句之中，轻重悉异"（《宋

暑期重操旧业   体验生活

书·谢灵运传记》）。浮声、切响、轻重也就是平仄相对。古人既研究平仄四声的配合，也研究了双声叠韵的配合，这方面内容多在音韵学中，这里不多做介绍。

用虚词来做修辞手段，这在古汉语中是常见现象，古人也做了研究。刘淇说："构文之道，不过是实字虚字两端，实字其体骨而虚字其性情也"（《助子辨略自序》）。所谓性情，主要指文章气势，而气势是通过音节表现出来的。所以刘勰说："夫惟盖故者，发端之首唱，之而于以者，乃札句之旧体，乎哉矣，亦送末之常料。据事似闲，在用实切"（《文心雕龙·章句》）。刘知几也看到这一点，他说："伊惟夫盖，发语之端，焉哉矣兮，断句之助也。去之则语言不足，加之则章句获全"（《史通·浮词》）。虚词在句首、句中、句末，虽无独立意义，但对章句、音节、语气，文章气势影响很大，有"实切"的修辞作用。

关于句子的顺序，古人也有明确规定。颠倒语序，有时能收到修辞效果，但六朝文章中，为追求新奇，违反语法，任意颠倒语序。如鲍照在《石帆铭》中把"想彼君子"颠倒为"君子彼想"，江淹在《别赋》中把"坠涕""危心"写成"孤臣危涕，孽子坠心"，在《恨赋》中把"心惊骨折"写成"心折骨惊"。这些属于刘勰斥责的"讹而新"的做法。刘勰明确做了规定："搜句忌于颠倒，裁章贵于顺序"，前一句属语法问题，后一句属语法兼修辞问题。

关于文章繁简、句子长短，《文赋》说："丰约之裁"要"因宜适变"。刘勰也说，文章不但要善删，也要善敷，"善删者字去而意留，善敷者辞殊而义显"（《文心雕龙·熔裁》），既要精炼，也要丰富多彩。顾炎武说，繁减长短是否得当，最见写作功力，当长句、繁写能使文章生动形象之时，简之短之者索然无味。他批评了简古的毛病，认为简古一使字义不能显豁，二使文因简反得繁，如《新唐书》记载"政俶燔典"，省了几个字，以致最简单注释也需要十六个字（政，秦始皇嬴政；俶，开始；燔，焚烧；典，古籍）。此乃因简得繁之例。并且，"叙事好简略其辞，故其事多郁而不明"（《日知录·文章繁简》）。

古人还注意到，长句和短句配合，发为声音，会有抗坠抑扬的自然节奏。韩愈说："气盈则言之短长、上声之高下者皆宜"（《答李翊书》）。

他的散文富有音节美，奥秘就止于此。清刘大櫆也说："凡行文多寡短长，无一定之律，而有一定之妙。可以意会而不可言传"（《论文偶记》）。长短句配合造成的修辞效果，要靠在文中细心领会，有"妙"而无"律"，这种看法很精辟。

（四）对修辞格的研究

古人虽无"修辞格"这一概念，但对具体的修辞格有较广泛深入的研究。早在二千多年前，墨子给譬喻下了这样的定义："辟也者，举也物而以明之也"（《墨子·小取》）。这个定义即使今天看来也是明确得当的。

王充研究了夸张手法。他根据夸张"言事增其实"的特点，把它叫做"增"，写下了"三增"。在《艺增》中，他肯定了夸张对喻事、颂美、刺恶具有积极作用，同时也说，"增"不能"失其体""离其实"，指出"增过其实，皆有事为"，是为了使事物本质更鲜明突出，而不是歪曲事实。但他在《儒增》和《语增》中，又彻底否认了夸张的作用，这是他的偏颇之处。

陆机在《文赋》中谈到了用警句的作用："立片言而居要，乃一篇之警策。"

刘勰对修辞格研究范围较广。关于比兴，他说："比者，附也；兴者，起也。附理者切类以指事，起情者依微以拟议。"就是说，比是按事物相似之处来比附事物，兴是依事物隐微之处兴起感情；比是以物比物的明喻，兴是拟人化的隐喻。这种解释比前人明确得多。在《丽纤》中，他谈到对偶的运用，主张"奇偶适变，不劳经营"。不必过分追求对偶，否则就要"碌碌丽纤，则昏睡耳目"。《夸饰》谈到夸张的作用："壮辞可得喻其真"，起到"信可以发蕴而飞滞，披瞽而骇聋"效果，对夸张的要求是"夸而有节，饰而不诬"。《事类》中谈到用典，说用典不宜堆砌，要自然又合情合理，特别要防止用错，"凡用旧合机，不啻自其口出，引事乖谬，虽千载而为瑕。"《隐秀》中谈含蓄要"自然会妙"，反之，"雕琢取巧，虽美非秀"，是不可取的。

历代诗品、诗话中还有很多关于修辞格的论

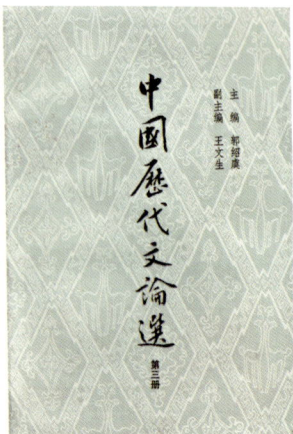

当年学生，现在老师，摄于 1996 年阜阳师院

述。如《二十四诗品》在谈典雅、洗练、刚健、形容、含蓄、缜密、疏野、委曲等问题时，主要是从运用修辞格的角度进行阐述的。据今人周振甫在《诗词例话》中收集的材料，历代诗话、词话研究的修辞格有比喻、夸张、衬托、层递、反说、点染、倒装、对偶、精警、含蓄等十多种。由此看来，现在我们所知的修辞格，古人早就以他们的方式理解领会，并自觉运用了，这是古代修辞研究的显著成就。

一九八一年五月于阜阳师院

主要参考书籍
郭绍虞：《汉语语法修辞新探》
　　　　《中国历代文论选》
王伯熙：《文风简论》
陆侃如、牟世金：《刘勰和文心雕龙》

倪祥和老师是我的毕业论文指导教师，他阅后甚满意，鼓励我毕业后留校任教，讲授中西文论。如果我能够成为中文系教师，或许能把这篇大纲扩展为关于中国古代修辞学史的专著，或许写一本中西比较文论的书也未可知。但历史不能假设，人生自有定数，我考上了哲学专业研究生，就与修辞学拜拜了。

五、阜阳师范大学毕业生成绩单

学号：81091　　姓名：赵敦华　　系：中国语言文学　　学期：8

学　期	课程	学　分	成　绩
1978 年第一学期	现代汉语	4	97
	写作方法	3	84
	马克思主义文艺简论	4	93
	中共党史	4	88
1978 年第二学期	现代汉语	4	合格
	中国现代文学	3	95
	英语	4	100
	中共党史	4	92
1979 年第一学期	中国现代文学	4	95
	逻辑知识	4	97
	中国历史	4	合格
	辩证唯物主义	4	96
	英语	4	100
1979 年第二学期	古汉语	4	88
	中国古代文学	4	合格
	中国历史	4	95
	历史唯物主义	4	94
	英语	4	92
	中国现代文学	4	84
1980 年第一学期	古汉语	4	92
	中国古代文学	4	95
	西方文学	4	合格
	修辞	3	合格
	政治经济学	4	91
1980 年第二学期	中国古代文学	4	合格
	西方文学	4	99

（续表）

学　　期	课　程	学　分	成　绩
1980 年第二学期	政治经济学	4	94
	马克思著作选读	4	90
	工具书导论	2	92
	教育学	4	88
1981 年第一学期	中国古代文学	4	81
	美学概论	4	84
	中国古代文论	4	98
1981 年第二学期	中国古代文学	4	88
	毕业实习	x	85.55
	毕业论文	x	92
说明	1 学分等于 1 课时。考试成绩为百分制，考察成绩为合格 / 不合格。		

六、八一年考研

写完毕业论文之后，我就进入了考研"紧急状态"，全力以赴投入西方哲学基础知识的复习。在过去自学西方哲学的笔记之外，我又作了三本新笔记，作为主要复习资料。

第一本笔记把过去从绿皮书、《西方古典哲学原著选辑》，以及从哲学著作和论文中抄录的资料，按照哲学史顺序，压缩成"欧洲哲学史复习大纲"，近 200 页。每页分出三分之一空白栏用于写补充材料和心得体会，考虑到可能要考现代西方哲学，包括五六十页关于现代西方哲学流派要览，实际上容量还不如过去做的一个笔记本大，只抉摘了自认为精华部分。比如，柏拉图部分只有两页半。

第二本笔记是在决定报考武汉大学之后，从武汉大学教材科邮购的陈修斋、杨祖陶二位先生的《欧洲哲学史稿》，那时还没有公开出版，是二卷本的白皮书，和北大的绿皮本是同一个路数，条理显得更清楚，连贯性更强。我也做了个小开本的 50 页左右的笔记，记录需要特别注意的要点，比如，柏拉图部分要点只占小开本的大半页。

第三本笔记是模拟试题的答案，共 120 题。比如，第 56 题：何谓单子？何谓"预定和谐"？第 57 题："单子论"中有哪些辩证法因素？第 58 题：莱布尼兹是如何反对洛克的？第 59 题：洛克是如何批判"天赋观念"的？第 77—87 题是关于康德的，77）康德"星云假说"的内容和意义是什么？78）康德哲学同休谟和莱布尼兹哲学有何联系？79）康德所认为的认识论的真正任务是什么？如何论证的？80）康德的"理性批判"意图及理论错误何在？81）康德的不可知论同休谟的不可知论主要同异在哪里？82）简述康德哲学的特点。83）康德是如何论证空间、时间的先天性的？84）康德是如何论证物自体的存在和不可知的？85）康德提出的四个"二律背反"是什么？指出其中辩证法因素。86）康德主要著作是哪三个《批判》，三者有何联系？87）费希特是如何批判康德的？后来试卷上的两个论述题是关于莱布尼兹和康德的，这并不是我押题对了，而是我设想的 120 题，把当时西方哲学教科书和论著涉及的问题尽收眼底。

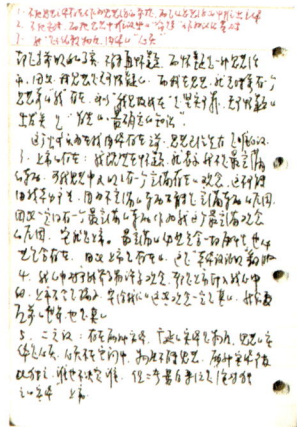

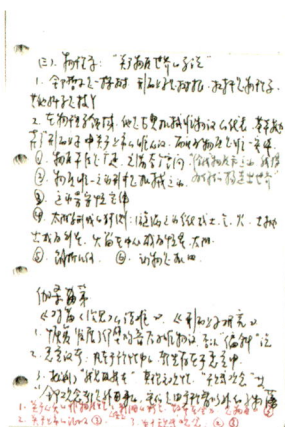

1981 年暑假是考研报名时间。

第一本考研复习笔记

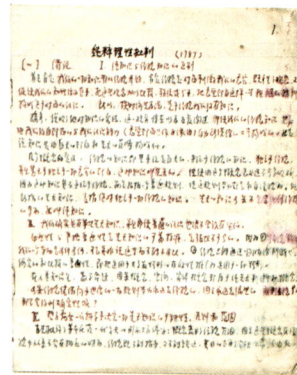

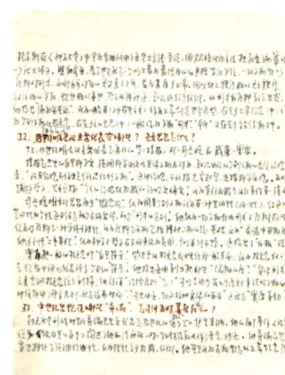

第二本考研复习笔记

第三本考研复习笔记

几个准备考研的同学没有回家，在宿舍里赤膊上阵，一边复习，一边等待分批到达的全国各高校招生简章，北大的招生简章第一批就到达了，我看到有西方哲学史和现代西方哲学专业的招生名额，跃跃欲试，企图弥补高考时的缺憾。及至快要报名时，武汉大学招生简章姗姗来迟，我看到招收五名西方哲学史专业研究生，其中一名是国家教委委托代招的出国研究生，当即改变主意，冲着出国研究生的目标报考武汉大学。我当时对北京大学和武汉大学的认识，虽然只停留在读过的书籍论文的作者单位，但著作论文作者的丰富学养，足以让我认识到这两个大学是可寄托的希望之地，武汉大学的出国研究生名额，更让我喜出望外，虽然希望渺茫，如若不尽力而弃之，那是不甘心的。

考前状态

考试进行了两天，第一天上午考政治，下午考英语，第二天考西方哲学专业课，诸事大吉。政治和英语答题只用了一半时间，西方哲学专业课考试埋头写到铃声响起的时候。简答题一挥而就，大部分时间花费在两大论述题。第一题是翻译一段话并论述，一看便知是《西方古典哲学原著选辑》里莱布尼兹关于矛盾律和充足理由律的那段话，按照"预定和谐"的思维方式尽量阐释发挥之。第二题关于康德的知识论，涵盖了《纯粹理性批判》感性、知性和理性三部分，答题既要全面，又要概括，我对要点和论证线索胸有成竹，但要清楚地、有条理地写出，花费了全场一半时间，记得还有一个小周折：写到后面，感到前后顺序应该置换一下，于是请监考老师提供剪刀浆糊剪贴，最后两张试卷长短不齐。写满了所有试卷纸，答完了康德，恰好考试时间到。

最后一个学期，一边教学实习，一边等候考研结果。我对毕业分配比较淡定，心想总归是要读研究生的，不济也在国内读研究生。

1982年1月10日接到武汉大学录取通知书后，连忙整理行装，回合肥与恋爱多年的未婚妻结婚。我的妻子江立怡是合肥市传染病院医生，我们都有"事业未成，何以家为"的志向，直到毕业才解决婚姻大事。

录取通知书

双喜临门

七、我和武大

在那杨花吐穗、柳枝抽芽的春天，沿着滔滔长江水，我来到武汉。1982年2月12日，武汉大学哲学系各专业分别举行开学典礼。西方哲学硕士研究生和中国哲学硕士研究生是在一起举行的，我第一次见到久仰的陈修斋、杨祖陶两位先生和其他老师，恭敬记下他们依次的教诲。

肖萐父先生：

学习哲学史方法论这门课，先明确学习目的，要以十一届三中全会精神为指导，解放思想，重新学习马列主义，恢复马列主义科学本来面目，反对把马列主义宗教化，推进马列主义。当前有阻力，主要来自封建主义，其次是国内外向马列主义提出挑战。他山之石，岂但可以攻玉，还可以磨斧，这就要求我们把马列主义及其指导下的哲学史当做科学研究，自始至终破除迷信。马列主义是科学，是通过几千年人类认识、科学发展证明的，哲学史作为科学也是长期发展的结果，黑格尔奠定了基础，马恩继承改造。我们根据马克思主义哲学史观要向前推进。恩格斯把辩证唯物主义称作现代唯物主义，区别于其他唯物主义。现代自然科学思潮也是它的环节，这是一门发展着的科学。我们这门课要注意史论结合，古今通汇。马克思主义哲学指导下的哲学史本身就是马克思主义组成部分，历史的东西和逻辑东西是完全一致的。历史感和现实总是结合的，不了解昨天也就不会了解

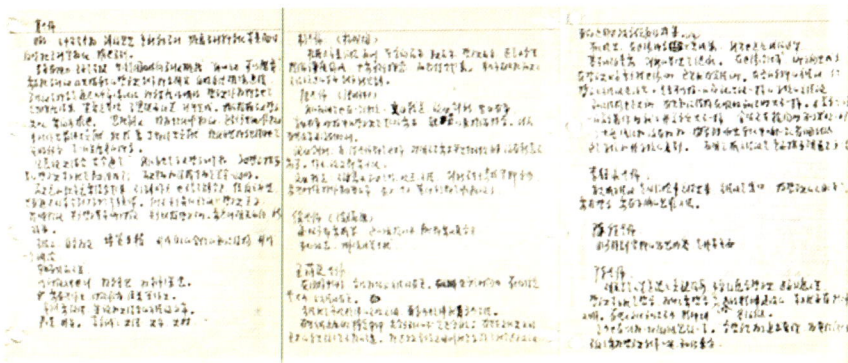

武汉大学哲学系开学第一课

今天，反之亦然，只有通过人体解剖才能了解猴体。要看到研究动向，发现新问题，如异化理论，哲学史关系和范畴理论，关于哲学基本问题的讨论，关于比较哲学问题。学习方法以自学为主，博览专精，形成自己合理的知识结构和思想网络。老师辅导是引而不发，课程以讨论方式进行，要求你们做到好学多思、好辩深思。事先写作业，做好讨论的准备，再把讨论结果写成作业，年底要考试，写史论结合的方法论文章。提倡严谨朴实的学风，具备章学诚说的史德、史实、史材。

杨祖陶先生：

根据多年来的经验教训，我们在学问面前，在马克思主义面前，哲学史面前，还是小学生。提倡谦虚作风，也要敢于探索，两者结合起来。前几年有人把历史上已经说过的东西当做新思潮，那不是创新。

唐明邦老师：

我们中国哲学史教研室有

从左到右后排：李德永、王荫庭、朱伯崑、陈修斋、萧萐父；前排：程静宇、黄间德、唐明邦、钟兴锦

一个传统：文必载道，论必创新，言必有争。言必有争是搞中国哲学史的起码要求，乾嘉学派提倡朴学，现在发表的文章还没有做到。论必创新，萧萐父先生、陈修斋先生都是这样。研究生也要求写出独到见解，没有新意不要写，作业、论文都要这样。文必载道，不能离开马克思主义立场、观点、方法，创新不等于看掌握资料的多少，前些时候好做翻案文章，孟子、老子，都是唯物论了。

徐瑞康老师：

课程的每一环节都要抓紧，方法论这门课提到的书和问题，都要认真学习。专心致志，排除外界干扰。

王荫庭老师：

在同样条件下，学得好坏与方法论有关，在单位时间内获得信息大小，也与方法论有关。方法就是客观规律的主观运用，有多少规律就有多少方法。有些方法适合自己的特定条件，适合于别人的不一定适合自己。有些文化史上天才大师的学生往往是不肖子徒，如把达尔文主义运用到社会学成了社会达尔文主义。有人在科学的边缘之间出成果，我看这也适应我们这里，要在边缘领域和问题上出成果。基本功很重要，创新的基础是继承。在哲学史上要善于找出边缘问题，这里就有方法论问题。各门科学都有方法论，但哲学上方法论还没见，是否可以搞一门像认识论一样的系统方法论，教研室抓方法论是指导研究生的重要途经。知识结构也是大问题，有无知识结构在吸收知识时大不一样，如美学家读一本美学著作时就与非美学家大不一样，拿破仑在检阅时可以发现哪一个士兵风纪扣没有扣好，指挥家能听出哪一个人的音调高低，这是系统和非系统的差别。

李德永老师：

方法论是从经验中总结出来的，方法论是武器，搞哲学史的人自己首先要有哲学，要有正确的思维方法。

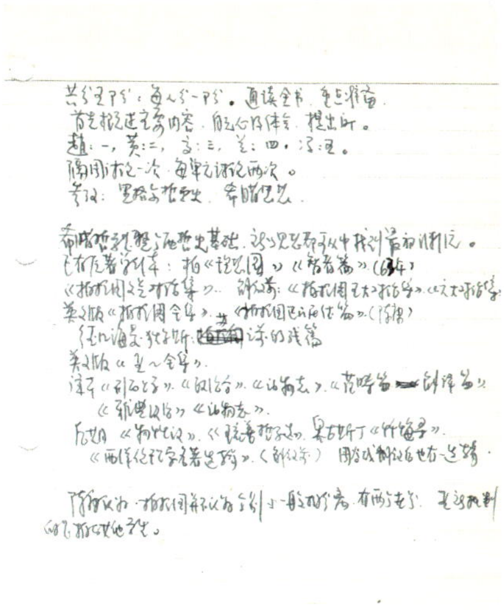

陈老师第一课的笔记

同级四位研究生和陈先生、杨先生合影

程靖宇老师：

  学习哲学史，学会如何解剖历史资料的思想内容，非常重要。

陈修斋先生：

  研究生是人生道路的关键阶段，不单要考虑哲学史，还要考虑人生。哲学史本身就是哲学，为什么要学哲学，学哲学的人是搞人的精神建设的，本身要有精神文明。有些人文化知识不少，精神境界很低。你们至少要有一次把一切彻底思考一下。学哲学是为了追求真理，为真理而献身，不仅仅把哲学史当做一门工具、知识来学。

  开学典礼上，陈先生最后讲话时已过了预定时间，他没有时间展开讲哲学和人生。

  第一学期除了"哲学史方法论"之外，陈先生和杨先生分别开"西方哲学原著选"的课。陈先生周四下午开《古希腊哲学原著选》，杨先生周五下午开康德《纯粹理性批判》的课。第一周跟陈先生上了第一课，他把《古希腊罗马哲学》分为五个单元，五位学生各分配重点准备一个单元的任务：赵敦华负责第一单元，黄宪起负责第二单元，高新民负责第三单元，兰岚负责第四单元，冯俊负责第五单元。隔周讨论一次，每单元讨论二次。参考读物是黑格尔的《哲学史讲演录》和罗班的《希腊思想和科学思想的起源》（陈先生的译本后来出版）。第一堂课陈先生介绍了国内关于古希腊罗马哲学的中译本，以及国外流行的原著英译本。他还讲到陈康先生的一个观点：柏拉图并不认为个别与一般相分离，认为理念世界和感性世界这样两个世界有关联，亚里士多德批判"分离学说"针对的是柏拉图的其他学生。

星期五下午要填留学申请的表格，没能去听杨先生的课。第二周就接到国家教委到广州外国语学院外语集训部报到的通知，依依不舍地离开了陈先生和杨先生的课堂。

八、我的导师陈修斋先生

我是陈修斋和杨祖陶两位先生合招的研究生，负责指导我的导师是陈修斋先生。开学典礼之后，陈先生专门找我谈话，安排出国留学学习计划。陈先生对我说，我们搞西方哲学的，要懂希腊文、拉丁文、德文、法文、英文，你要出国了，条件比较好，你一定要先在语言上下功夫。陈先生还说，他今年招出国研究生，专门为此向国家教委打报告，要培养一个中世纪哲学的专家，因为我们国家现在中世纪哲学是一个薄弱环节。古希腊哲学我们一开始比较重视，当然也还不够，然后就研究近代哲学，现代哲学也开始慢慢重视了，但就是没有人研究中世纪哲学。北大新中国成立后编的那套《西

中世纪哲学国际重镇：托马斯学院

方古典哲学原著选辑》，有四本：《古希腊罗马哲学》《十六—十八世纪西欧各国哲学》《十八世纪法国哲学》《十八世纪末—十九世纪初德国古典哲学》，这是北大外国哲学教研室集体编译的，实际上陈先生也参加了编译。这套书影响很大，培养了新中国成立后整整一代哲学工作者，不仅仅是搞西方哲学的人读，哲学的其他专业包括马克思主义哲学、中国哲学的学习者，要了解西方哲学，都从这四本原著资料开始。陈先生讲，你看，中间就是缺了一本中世纪哲学，一下子就从古希腊罗马时期跳到了16世纪，现在要加强中世纪这个薄弱环节。陈先生帮我选的留学地点是比利时卢汶大学。卢汶大学是一个天主教大学，中世纪哲学研究的国际重镇，特别是研究托马斯主义的中心。我填好卢汶大学的申请表，很快就被录取了。

1982年10月，我到卢汶大学报到入学。一进校，我就发现事情和我所预想的不一样。我根本就没有时间学习语言，也不能直接攻读中世纪哲学博士学位。卢汶大学是研究托马斯主义的中心，是20世纪初教皇亲自钦定（因为它是天主教大学，直接归教皇管辖）将托马斯研究中心放到这里。第二次世界大战以后，在这个托马斯学院里成立了胡塞尔档案馆。再后来，分析哲学也进来了。卢汶大学建于1425年，是世界上第一所天主教大学，"二战"后变成了由政府管理，资金全部都是由国家来支付的，和其他公立大学没有区别了。它的教会色彩慢慢淡化，在哲学上是多元的，托马斯主义传统还在，但现象学、分析哲学、康德、黑格尔研究都很强，它要求

1983年7月和陈先生在鲁汶大学图书馆合影

在卢汶哲学所创始人麦西艾雕像合影

欧盟总部前合影

学生全面掌握各派哲学。我是刚进校的，按要求必须从本科开始读起，然后读硕士，最后拿 Ph.D。我一开始就要应付繁重的本科课程，还是用英文教的。它的英文课程专门是给外国学生开的，人很多，也是大班授课。我刚刚去，英语听课、写作业、写论文，都要重新开始，首先要把英语搞过关。要想再读希腊文、拉丁文、德文、法文，其实就很困难了，没有时间读。

卢汶大学有一个本科一年毕业的项目，一年之内，必须拿到本科学位；这个是专门为外国学生设的项目，一年要学 16 门课，并且还要写两篇论文，课业非常重，都通过以后，才能进入硕士阶段。硕士阶段就是两年，每一年的课业都非常重，还要写一篇硕士论文。进入博士阶段不需要考试，但有一个要求，就是你的硕士阶段的总成绩，包括硕士论文，总平均成绩必须优秀。这个要求也很高，卡掉了很多想读博士的人。所以我就觉得，三年时间必须进入博士阶段——但是当时教育部给我们的年限就是五到六年，这也就意味着，我进入博士阶段后，只有两到三年的时间，就必须拿下 Ph.D，这在卢汶基本上是没有先例的。我是公派读博士的，一般是五年时间，有特例可以延长到六年。

在留学期间，陈先生有次到巴黎开会。1983 年 7 月 12—16 日他顺便到卢汶，我陪他到卢森堡、鹿特丹、海牙等地转了一圈，和他一起度过终身难忘的四天时间。在这几天，我向陈先生汇报了学习情况。我说在卢汶马上进入中世纪专业不大可能，我要学那么多的本科和研究生的课，本科和研究生的课里面有中世纪哲学，但它只是很多必修课当中的一门。我又讲了语言的问题，卢汶的条件当然非常好，我们这些拿比利时政府奖学金的留学生学语言，包括古希腊文、拉丁文、德文、法文，都是免费的，但那是自选的，没有学分。陈先生听了这些情况后指示说，你的学业是最重要的，最重要任务就是取得 Ph.D 的学位，在语言学习上量力而行。

三年之后我进入博士阶段，我的 Ph.D 论文并不是写中世纪的，而是写罗素和维特根斯坦之间的比较。选这个题目也是因为语言的要求。我那个时候英文已经过关了。卢汶有一个规定，你要写哪个哲学家的论文，你必须读他的原著，写中世纪哲学的博士论文必须掌握希腊文和拉丁文。这个语言要求我达不到，必须要读原著，在哲学语言上真正过关，不是我凭借词典查查资料就可以应付的。为了尽快地能够在三年之内拿下 Ph.D，我就写了一个英国分析哲学的题目。

回国以后，我写的第一本书是《基督教哲学 1500 年》。一般来讲，学者的第一本著作以他的博士论文为题，在博士论文的基础上，修改发表。但我没有这样做。我的博士论文是用英文写的，我没有把它译成中文出版，现在也没有这样的打算。我的第一本书，是为了完成陈先生交给我的任务，加强中世纪哲学这个薄弱环节。

我刚回国的时候，王太庆先生帮助商务印书馆审校傅乐安先生主编的《西方古典哲学原著选辑·中世纪哲学》的译稿，其中很大一部分是陈先生组织的武汉大学团队翻译的，我看了一二篇，就没有下文了。10 年之后，商务的北大系友陈小文博士要重新启动搁置多年的译稿的出版，我当然义

完成了陈先生交代的任务

不容辞。我和段德智教授承担了教育部重点研究基地的重大项目《西方哲学经典翻译（中世纪卷）》，整理原译稿，请同行翻译了一些新资料。我的原则是，凡是陈先生审阅过的稿件，一律原文照抄，一是翻译质量确实高，二是尊师传统。孔子说："三年无改于父之道，可谓孝矣。"我觉得尊师之道不止三年，老师传授的学脉应该终身传承。需要交代的是，傅乐安先生也到卢汶大学当访问学者，我在卢汶认识了这位精通拉丁文的可亲可敬的学者。这本书的总审校是我回国后选派到卢汶专攻古希腊中世纪哲学的吴天岳博士。可以说，这本书的问世是三代人的接力，与陈先生 1982 年选

纪念陈先生人格学问的文集

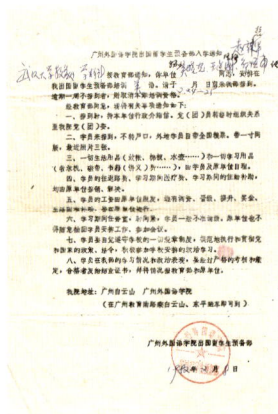

出国外语培训通知

派我去留学卢汶大学有不解之缘。

我在卢汶全面地接受了西方哲学史和现代西方哲学（包括欧陆和分析）的训练，回国后写了从古到今的哲学史教程，最初参与朱德生先生主持的三卷本《西方哲学通史》，我写了第一卷古希腊中世纪部分，后来写了《西方哲学简史》和《现代西方哲学新编》。能够写出这些教程，底子是在国内打下的，国外只是加强、补充和扩展。准备考研时，仔仔细细读了陈先生和杨先生的《欧洲哲学史稿》。30年后，我被指定为中央马工程《西方哲学史》课题组的首席专家，我把陈先生和杨先生写的《西方哲学史稿》再次拿出来，驾轻就熟，顺利完成任务。在西方哲学史教学和研究方面，我也可以说是不改师道。

陈先生录取我当出国研究生，据说是看我考试成绩名列第一，我想这不是唯一原因。研究生录取要政审，邓晓芒师兄谈到陈先生得知他的坎坷经历，鼓励他报考，以伯乐的眼力挑选了千里马的人才。我不知道陈先生是否知道我的坎坷经历，我也没有和他谈过。但我相信，他对77级毕业生的人品在整体上是信任的，出于公心为国家选拔德才兼备的人才。我被录取为陈先生招收的出国研究生，很多人以为我有什么关系后门，其实完全没有，我们在开学典礼上第一次见面。我非常感激陈先生，知道最好的感激方式是像他那样公正公道，绝不做有辱师风的事。多年之后我也有权录取研究生了，我不管他们是不是什么"985""211"，只要考得好就优先录取。当然，也要德才兼备，对那些说谎告密、出卖老师或同门的人，坚决不能录取，否则会终生后悔，对那些违背师道的小人，我一向很鄙视。陈先生对贺先生、洪先生等老师的维护和尊重，与汪先生、王先生之间的同门情谊，这些言传身教的事迹，永远是我学习的榜样。

陈先生不幸于 1993 年逝世，离开我们 27 年了。我有时夜晚扪心自问，在哪些方面可以告慰他，哪些方面有负于他。我的学术良心的回答是三个告慰和一个有负。三个告慰是：完成了陈先生交代我的加强我国中世纪哲学研究，继承了陈先生和杨先生在武汉大学共同开创的西方哲学史的学风，秉承了他们公正公道品格；一个有负是没有掌握研究西方哲学的另外四种语言。我现在反复地用陈先生的这句话教育我的学生。我给全系研究生开的一门公共课，叫"西方哲学经典导读"，后来广西师范大学出版社出版了我的讲义稿《西方哲学经典讲演录》。那本书的第一讲，就是讲为什么要通五种语言，然后才能在西方哲学领域里成为一个真正的专家。

现在有人问我，你一方面讲要用中国人的眼光看待西方哲学，另一方面又讲研究西方哲学要靠五种语言的原文原著才能弄懂弄通，这不是自相矛盾吗？我想这两种说法起码不是形式逻辑上的自相矛盾，如果说矛盾的话，那是历史辩证法意义上的矛盾。陈先生等西方哲学的老一辈学者一方面极其重视西方哲学原著的研究和翻译，另一方面始终面对中国人、按照中国人语言和学术传统，根据中国现代文化的需要，普及和深化西方哲学的道理。这就是历史形成的辩证法，也是吾辈学生要发扬光大的学脉。我个人没有完成陈先生要求，用五种语言表述原滋原味的西方哲学。这个任务只有交代给我们的学生、学生的学生去完成了，世世代代传承下去，但愿如陈修斋先生的老师陈康先生所说"以后外国人研究西方哲学要以不懂中文为憾"这个夙愿能够成真。

九、我在广外

再把回忆拉回到 1982 年。2 月 25 日—6 月 27 日在广州外国语学院外语集训部。广州外国语学院坐落在白云山下，远离市区，也是个僻静的学习好去处。出国研究生的英语班共 33 人，按年龄大小分两班，我所在的二班 17 人多数是中学"老三届"的，最小的也有二十七八岁了，一班最小的还不到 20 岁。谁知第一次摸底测验，我考了第一名，一班的不服气，嗷嗷叫着赶超，第三次测验之后我就落后了，因为听力和口语跟不上。

英语培训班课程分精读、泛读、听力、口语四门，以听力、口语和精读为主，练习听力的语音实验室全天开放，每天都有测验。虽然条件很好，但我的听力和口语进步不大，3月5日的听力默写成绩是 C，4 月 15 日进步到 C+，5 月 15 日到 B，6 月 5 日和 15 日最后两次得了 B+。收获较大的是学会写英文信件和一般公文，从开始的 10 分（20 分制）上升到 6 月 21 日最后一次的 18 分。

学习虽紧张，生活很舒畅，同学诚心相待，彼此帮助，友情难忘。同班的陈立群（中国人民大学工业经济系工业经济管理专业）、王建国、路明（武汉大学经济系经济管理专业）、肖柏春（南京大学经济系经济数学专业）、张征宇（北京大学技术物理系环境化学专业）、吴晓光（武汉大学物理系固体物理专业），以及一班的邹恒甫（武汉大学经济系资产阶级经济学专业）、周力平（北京大学地理系）、谭少华（北京工业学院自动控制系）、李里根（西北农学院水利系），与我交往甚密。除邹恒

培训班部分同学到中山大学校园合影

甫后来去哈佛，我们一起去比利时；除周力平和吴晓光在布鲁塞尔大学，其余都在卢汶大学。他们思想很活跃，喜欢和我讨论哲学问题，有时争得不可开交，我既讲马恩又讲西方还讲中国传统，得了"诡辩家"的绰号。

1982 年 6 月 27 日最后参加全国 EPT（英语能力考试），总分得了 124 分。万事俱备，只欠东风送我出国。

留学毕业以后，"良友远离别，各在天一方"，有人回国，有人定居海外，有人先回国又去国外，有的周游各国然后回国，每一个人在所在行业都做出不凡的事，都有感人的故事。现在，我和陈立群、周力平、王建国与后期抵达卢汶的武常歧等人，有时在北京大学光华学院聚会，深感：往事已远逝，来事不可追，一代风流俱往矣，今朝新秀须努力。

室友在白云山上合影

第四篇　走进哲学殿堂

一、入学

1982 年 7 月初从广州回到合肥在春节时布置的新房。

很快接到 7 月 10 日去北京语言学院出国人员集训部的通知。走完了政治和外事纪律培训、北医三院体检、出国人员服务部置办服装、鞋帽、箱包等程序。

1982 年 10 月 13 日开始了六年留学生涯。父亲在自述中说写过留美日记两本，"文革"被抄走不知下落，至为遗憾。幸运的是，没有写日记习惯的我，唯独写了一本从 1982 年 10 月 13 日—1988 年 9 月 26 日的留学日记，保存至今。今抄录留学前 10 天的日记，以还原第一批公派出国留学生的最初状况。

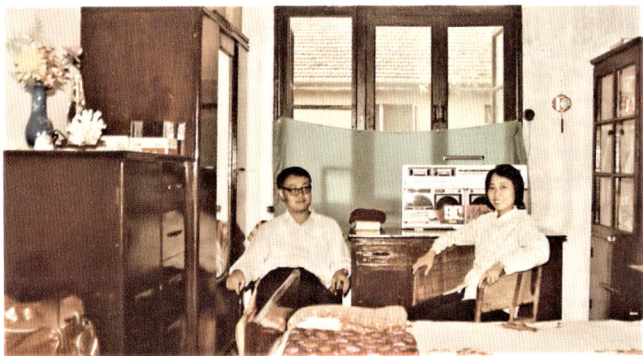

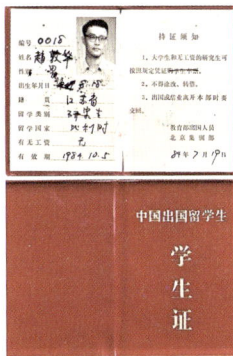

离开新房　　　　　　　　北京集训证件

1982 年

10 月 13 日　三

上午 5 时起床，与立怡由语言学院乘车到机场。7:40 与立怡告别。8:30 CA 943 航班波音 707 起飞，经塔里木、昆仑山入克里米亚，15:30 到卡拉奇，在候机厅休息片刻，16:40 续飞（时差 3 小时），过阿曼海、波斯湾、沙特、伊拉克、叙利亚、土耳其，23:35 到贝尔格莱德，在候机厅停留。0:20 出发，12 时到苏黎世（时差 7 小时），共一万多公里，飞行 17.5 小时。民航办事处代表在出口等候，将我们安排在歌剧院旅馆，与朱明远（案：广外同学，中科院计算技术研究所计算机软件专业）住 202 房间，洗澡上床已经凌晨 1 点了。由于时差，今天度过了 25 小时的旅行生活。

10 月 14 日　四

晨 5:30 起床，乘出租车到机场。7:40 SR880 航班起飞，8:40 到布鲁塞尔，使馆李海绩（案：二秘）在海关口迎接，10:00 到使馆，由李介绍情况后在使馆食堂用餐，下午 2:00 吕生权（三秘）把我和谭少华送到卢汶，陈（立群）、肖（柏春）、王（建国）、胡（建勋）、于（华）等把我们送到 Vesaliusstraat 34 号，住 205 房间，又领我们到 Audi 超市购买炊具、食物，回来后自制晚餐，后与尼日利亚学生 Benedict Emeh 和 Emmanuel Amdinam 到街上转了一会，回来洗澡睡觉。

10 月 15 日　五

上午小巩（301 医院医生）、陈立群、于华陪我和谭少华到星期五市场买菜，又去 Audi 买食物。下午与谭去邮局买邮票，晚饭后给立怡、父母写信。

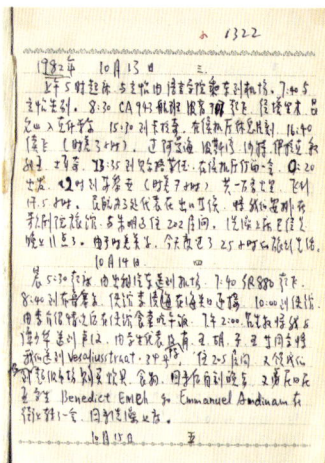

留学日记第一页

飞往西欧

鸟瞰卢汶城

10月16日　六

上午寄信，并在城里逛，下午去GB（超市）买葱姜。今天对城市才有了个轮廓。

10月17日　日

上午杨医生（301心脏科主任）、老毛（大连财经学院进修教师）陪我和谭到星期天市场，随后到路西校园见李里根，下午看书，晚，李又来谈了会。

10月18日　一

早5:30起床，与谭乘6:40火车去布鲁塞尔，7:00到中站，乘71路公共汽车到使馆。9:30李（海绩）陪同我们五人前往荷语文化教育部办奖学金手续，完毕与祝敬东（复旦大学生物系遗传研究所，广外同学）、徐建国（华东化工学院化学工程二系炼油专业，广外同学）、谭沿71路线步行到中站，途经王宫。乘13:52火车返回，14:15到，午饭后与谭到（大学）国际中心预约明早注册。

10月19日　二

上午10:00，到国际中心秘书处取介绍信，填表、注册、办学生卡，下午去预约办居住证，又到哲学所英语课程秘书处取若干资料。

2016年补照哲学殿堂入门照

10月20日　三

今天开始上课，上午知识论二节，下午比较哲学二节，20世纪欧陆哲学二节。中午去陈立群处谈了一会。

10月21日　四

上午的课取消了。和吉米、弗朗克、斯蒂夫去咖啡馆，之后又去Naamsestraat 22号办居住证明。中午吉米来，下午四点又来和我去语言中心注册。接着上伦理学，讲亚里士多德思想。回来后取消了学英语的想法。

10月22日　五

上午听哲学研究法课一节，近代哲学二节，下午听哲学导论一节，斯蒂夫送来他的（前两周）的笔记，是弗朗克复印的。

案：适应国外大学的生活是一个复杂的过程。我们获得比利时荷语文化教育部奖学金，由中国政府推荐，受使馆教育处管辖分派，手续比较复杂。适应学习更困难，要我注册哲学 BA 的项目，出乎预料，经咨询才知道按学籍定，卢汶哲学研究所以美国三年学院制为标准，任何国家本科毕业学生，应先修一年 BA 课程，通过后才能读硕士。我曾试图直接攻读中世纪哲学，没有成功。时任哲学所英语国际项目主任的 Carlos Steel 教授 1993 年回忆说："卢汶哲学研究所在新托马斯主义运动方面的名声传到遥远的中国。10 年前，一个年轻的中国哲学家来到我在所里的办公室，告诉我说，他被上级派往卢汶学习中世纪哲学史。我有点惊讶，但很高兴有人从那么远的地方来从事我最感兴趣的研究。我记得，我告诉他这不是一项容易的任务，他需要有拉丁文基础知识，知道历史背景，特别要非常熟悉这种哲学在其中起作用的基督教传统。他告诉我他会非常努力地工作。工作，他做到了！他完善了英语知识，完成了涉及哲学所有主题的全部课程，以优异成绩通过考试，最后进入博士阶段，开始写博士论文，论题是阿奎那或奥古斯丁吗？不，而是 B. 罗素和 L. 维特根斯坦。"

博士论文为什么做分析哲学而不做中世纪哲学，前面已有交代。至于我为什么能以优异成绩通过全部课程，当然是我非常努力工作的结果，但我不能不提及美国同学的热情帮助。

预习和复习

国际班学生

二、记两个美国学友

日记里首次出现的三个美国人，吉米是博士生兼英语国际项目的秘书，弗朗克（Francis P. Crawley）来自美国宾州，斯蒂夫（Stephen L. Luscomb）来自美国路易斯安那州，他们也在读 One Year BA 的项目。10 月 22 日开始上课，已经讲了两周，我中途插班，听得糊里糊涂。第一天上"20 世纪欧陆哲学"，

弗朗克　　　　斯蒂夫

下课后，同学们听说我来自中国大陆，好奇地问这问那，他们问我是不是自费来的，我说中国政府派我来的。他们以为我是中国政府代表，就问我，老师在课上说，苏联和中国的马克思主义 decadent，你怎么看？我问什么是 decadent？他们写出来，我才知道，这不是堕落吗？但我上课听不出来，用英文也解释不清楚。第二天，吉米、弗朗克、斯蒂夫和我一起在咖啡馆，就是为了帮助我改进英语，吉米好心地陪我去语言中心注册学英语。下午听了亚里士多德的课，我感到能懂大意。我告诉他们只是口语听力不好，书面语言的理解没问题，他们主动把课堂笔记借给我抄。斯蒂夫做事严谨细心，上课记录只是草稿，回家重新整理，笔记工整详细，笔记做完后还亲自送到我的住处，我非常感动，每次说 Thank you very much，他总是高兴地说 Certainly。弗朗克的笔记不如斯蒂夫工整细致，在其他方面尽量帮助我，隔三岔五来和我聊天，约我去参加美国学生的 Party，帮我去找书、买书，等等。如果没有他俩的帮助，无论如何努力，我大概是无法渡过第一年的难关的。我和 40 年前在美国留学的父亲一样，感受到美国人对中国人热情友好的帮助。

第一年本科课程是哲学史和概论，除现代哲学，大部分课程的基本知识，我都用中文学懂学通了，问题只是把中文的理解转化为英文的表述。比如，外国同学对康德哲学普遍感到头痛，我在考研时即已概括出一条线索，抓住形式和内容的层递关系：感性形式和内容的结合是知性的内容，而知性内容和形式的结合是知识，理性使用感性和知性的纯形式进行三段式推理不是知识，而是超验的幻相。考"近代哲学史"时把这个理解用英文说出来，

象征未来的天象

考前复习中的夜餐

得了 A。有国内奠定的哲学史基础和思辨能力，加上斯蒂夫的笔记和跟弗朗克练口语，望而生畏的 16 门课程，考试全部过关。

三、我的哲学士的成绩单（中文翻译件）

卢汶天主教大学，哲学研究所，Kardinaal Mercierpleit 2，B−3000 Leuven （Belguim）
永久记录

学生姓名：赵敦华　　　　　　　出生年月和地点：1949 年 8 月 18 日，南通，中国
来自：武汉大学，中国　　　　　　学位授予：学士

课　号	课程名称	学　分	成　绩
	注册日期：1982 年 9 月。1982−83 学年：一年 B.A.		
1.30.1	哲学导论	2	B
1.31.1	逻辑	2	AA
1.32.1	知识论	2	B
1.48.1	存在哲学	3	C
1.65.1	人的哲学	3	B
1.56.1	伦理学导论	3	C
1.35.1	自然哲学	2	B
1.11.1	古代哲学史	2	C
1.12.1	中世纪哲学史	2	B
1.13.1	近代哲学史	2	A
1.14.1	20 世纪欧陆哲学	2	A
1.15.1	20 世纪盎格鲁 − 萨克森哲学	2	A
1.19.1	哲学研究法	1	A
2.83.1	比较哲学	2	AA
1.13.3	近代哲学讨论课	1	B
1.32.3	知识论讨论课	1	A
	两个学期论文	x	B
	1983 年 7 月 9 日　授予哲学士学位，总成绩及格		

AAA：极优　AA：优异　A：优秀　B：良好　C：及格　D：不及格 //1 学分 =1 课时

哲学学士成绩单

第一年的 BA 项目是一个难关，不但对我，对英语是母语的学生也是如此，一年 16 门的繁重课程，严格的考试，而且不及格不能补考，取消在卢汶注册读哲学学位的资格。全班三十来人至少一半被淘汰出局。我和弗朗克、斯蒂夫三人一起通过 One Year BA，进入硕士项目。我开玩笑说，我们三个是 fellow sufferers（难兄难弟）。对我来说，应验了 77 年高考作文"科学有险阻，苦战能过关"的题目，重要的是，坚冰已经打破，航船已经扬帆，喷薄欲出的太阳已经出现在遥远的地平线上。

四、硕士学习成绩单

硕士要求也很高，两年要修 20 门课程，其中两门讨论课，第一学期写一篇学期论文，第二学期通过综合考试和学位论文，平均成绩达到 A（优秀），才能取得博士资格。我的听力提高了，也能做笔记了，偶尔还能纠正斯蒂夫笔记中的错误，如有个近音字弄混了，少写了一个否定词。当然，不是我的听力比美国人强，而是我根据语境判断应该如此才是，核查后往往证明我的理解是对的。考试前我和弗朗克、斯蒂夫时常讨论到深夜。

适应了卢汶的学习，我的考试成绩越来越好，第一年平均成绩是优秀，第二年是优异（AA）。下面是我的硕士成绩单。

课号	课程名称	学分	成绩	课号	课程名称	学分	成绩
	注册日期：1982 年 9 月 1983-84 学年： 哲学硕士第一年				1984-85 学年： 哲学硕士第二年		
2.14.1	古代哲学文本	2	A	2.14.1	古代哲学文本	2	A
2.15.1	中世纪哲学文本	2	B	2.16.1	近代哲学文本	2	AAA
2.16.1	近代哲学文本	2	AA	2.18.1	当代哲学文本：	2	
2.17.1	当代哲学文本：现	2	A		盎格鲁－撒克逊		AAA
	象学	2	A	2.48.1	存在哲学	2	A
2.48.1	存在哲学	2	C	2.31.1	逻辑（高级课程）	2	AA
2.49.1	上帝哲学	2	AAA	2.56.1	伦理学问题	2	B
2.31.1	逻辑（高级课程）	2	A	2.45.1	宗教哲学	2	AA
2.56.1	伦理学问题	2	B	2.56.3	伦理学讨论课	x	B
2.65.1	人的哲学	2	AAA		综合考试 I	x	AA
2.35.1	知识论＆科学哲学	2	A		综合考试 II	x	AA
2.19.1	哲学文本考证分析	1	AA		论文："康德的范		AAA,
2.17.3	现象学讨论课 学期论文	x			畴先验演绎：意义， 方法和结构"		AA,AA
	1984 年 7 月 6 日： 准予进入哲学硕 士第二年学习， 总成绩优秀（cum lauda）				1985 年 9 月 20 日，授予哲学硕 士学位，总成绩 优异（magna cum lauda）		

AAA：极优　AA：优异　A：优秀　B：良好　C：及格　D：不及格 //1 学分 =1 课时

哲学硕士成绩单

五、课程和笔记

我保存了学士、硕士三年全部 36 门课的笔记，共 49 册，每册含二三本笔记。一门课往往有三本笔记：第一本是课堂笔记，第二本写读老师指定教材和参考书心得和概括，有的课考试前老师布置复习题，还有第三本笔记，做出全部问题的答案。借助这些笔记，现按上面成绩单的顺序（不一定是上课的顺序），把在这 36 门课的学习内容一一展现。

卢汶课堂笔记

1. 本科课程

（1）"哲学导论"是 Van de Putte 是教授讲的，用 A. C. Ewing 的 *The Fundamental Question of Philosophy*，其中选了第 2、5 和 11 部分，重点讨论了哲学与科学关系、真理、自我同一性、决定论和自由意志等问题。

（2）"逻辑"是 A. Burms 教授讲的，使用英美大学普遍采用的 Irving M. Copi 的 *Introduction to Logic*，第一次知道数理逻辑和三段式逻辑的不同，做了不少练习，我觉得命题逻辑的演算和小学算术的四则运算差不多。

（3）"知识论"由 Herman de Dijn 执教，使用 D. W Hamlyn 的 *The Theory of Knowledge*，这是分析哲学的经典教材，讨论基础论、经验论、怀疑论，知道"什么"和"怎么"的不同，真理条件的意义和标准，相信、证实和真的知识三要素，盖特尔悖论，知识的原因理论，真理标准，分析、综合与先天综合命题，等等，使我"脑洞大开"，是我的分析哲学入门课。

（4）"存在哲学"是 Van der Veken 教授讲的，他是比利时国王的私人神父，在上课前总要做祷告。美国学生说这在美国大学课堂是不允许的。他讲课没有教科书，按照神学观点，从亚里士多德的"存在"开始，

德丹（Herman de Dijn）教授课堂

讲到沃尔夫的本体论体系，再讲斯宾诺莎、黑格尔的哲学一神论、唯物论和现象学对本体－神学的批判，最后搞出这样的分类体系：

$$
\text{统一体}
\begin{cases}
\text{一神论}
\begin{cases}
\text{唯物论}\\
\text{精神一神论（＝泛神论）}
\end{cases}\\
\text{两极一神论}
\begin{cases}
\text{绝对－相对（自然神论）}\\
\text{无－相对（无神论）}
\end{cases}
\end{cases}
$$

（5）"人的哲学"是 R. Bernet 讲的，围绕道德和宗教问题，介绍了柏格森的道德宗教、卡尔·巴特和梯利希的道德神学和马克斯·舍勒的哲学人类学，最后还介绍了 Elisabeth Kübler-Ross 的 *On Death and Dying* 和 *Questions & Answers on Death & Dying* 这两本书，划分了对死亡态度的五阶段：否认，愤怒，讨价还价，压抑，接受。

（6）"伦理学导论"是刚入职的 Moors 博士教的，讲亚里士多德《尼科马可伦理学》、康德的道德哲学和马克斯·舍勒的《形式主义和质料的伦理学》，分别阐述古代、近代和现代的伦理学特点和问题。

伯姆斯（A. Burms）教授授课大纲

（7）"自然哲学"是 A. Burms 教授讲的，将亚里士多德《物理学》从头到尾梳理一遍，这几乎超出了刚入门者的理解能力，好在最后提出 30 个复习题作为考试范围，幸亏我事先全做了答案，结果抽到第 28 题也没有被难倒：为什么亚里士多德认为首要的第一推动者不与动物一样？说明亚里士多德对动物运动与天体运动的区别。

（8）"古代哲学史"用 F. Copleston 的《哲学史》第 1 卷为教材，按照前苏格拉底、柏拉图和亚里士多德、后亚里士多德时期的伊壁鸠鲁、斯多亚派和怀疑论介绍，与国内学过的知识差不多，但评价不一样。比如，国内教科书对伊壁鸠鲁的唯物论评价甚高，而任课老师 Martens 的批评是："第一，哲学成为唯我论，哲学被限制在个体范围；第二，其基础是感觉主义；第三，享乐主义旨在心灵平静，导致非行动、不改变的人生态度；第四，没有对世界苦难的解释，在苦难深重的地方不能发展。"

古典学创始人爱拉斯默在卢汶的雕像

（9）"中世纪哲学史"是 Steel 教授讲的，从早期教父（查斯丁和德尔图良）开始，到奥古斯丁（重点），再到经院哲学的开始（爱留根那），辩证法应用于神学（安瑟尔姆、波菲利问题引起唯名论和实在论争论，阿伯拉尔的《是与否》），后半段讲 13 世纪（阿奎那）和 14 世纪（奥康）这两个重点。这门课给了我以后学习研究中世纪哲学的基本框架。

（10）"近代哲学史"由 De Dijn 教授讲，以笛卡尔、斯宾诺莎、休谟、康德和黑格尔为中心。这五个是我在国内学习重点，但老师解释独具匠心。比如，把笛卡尔的六个"沉思"的结构分为两个半圆：

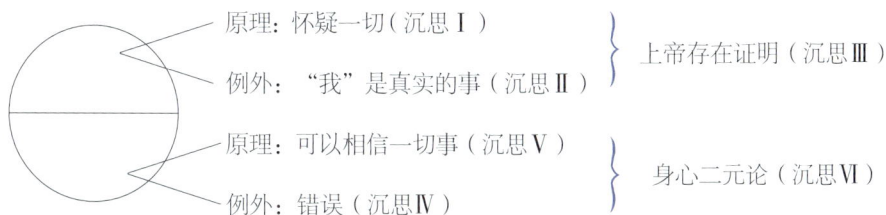

原理：怀疑一切（沉思 I）
例外："我"是真实的事（沉思 II）
}上帝存在证明（沉思 III）

原理：可以相信一切事（沉思 V）
例外：错误（沉思 IV）
}身心二元论（沉思 VI）

（11）"20 世纪欧陆哲学"由年轻教授 I. Verhack 讲授，从尼采开始，讲克尔凯郭尔（重点），到法国存在主义、辩证法观念（黑格尔和马克思影响）和结构主义，德国 20 世纪哲学重点讲胡塞尔，使用 Edo Pivčević 的 *Husserl and Phenomenology* 为参考书。我头一次接触到那么丰富的当代哲学，这才知道国内介绍的现代资产阶级哲学流派并非主流，面对真正的主流，目不顾暇。

（12）"20 世纪盎格鲁 – 撒克逊哲学"是 W. De Pater 教授讲的，使用 Warnock 的 *English Philosophy since 1900*，讲课内容以维特根斯坦前后期为中心，可概括为这样的网络：

罗素　　　　　　　　　莫尔		
维特根斯坦 I	1900-1925	
艾耶尔	1925-1945	
维特根斯坦 II	1945-	
剑桥　　　　　　牛津		
J. 维斯德姆，安斯康姆　　赖里，奥斯汀瓦尔诺克，J. T. 拉姆塞		

（13）"哲学研究法"是 I. Verhack 教授讲授，使用 H. J.Koren 的 *Research in Philosophy: A Bibliographical Introduction to Philosophy and a Few Suggestion for Dissertation*，讲哲学的基本文献、检索方法和写作规范，考试在图书馆，挑出多卷本、专著、文集、期刊四种类型，要求写引文注释，包括重复引用的 Ibid. op.cit. 用法。

（14）"比较哲学"是汉学系的 U. Libercht 讲的，讲中、西、印三个哲学传统的比较，以中西哲学为主，对我来说容易理解，印象最深的是他

草坪读书处

读书和喝啤酒是卢汶的 logo

用图形表示中国、西方和印度的时间模式。

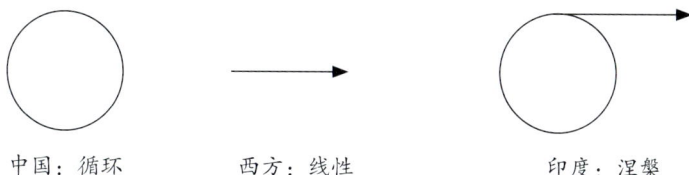

中国：循环　　　　　西方：线性　　　　　　印度：涅槃

（15）"近代哲学讨论课"由 De Dijn 教授开始，从 G. H. R. Parkinson 编的 *Leibniz: Philosophical Writings* 中选了四篇论文讨论，主题是单子论、真理性质、自由和必然，神正论，把握了莱布尼兹哲学重点和难点。

（16）"知识论讨论课"由 A. Burm 教授开设，采用 J. W. Gornman 等人的 *Philosophical Problems and Arguments*，重点讨论了经验证据的有效性、哲学怀疑论是否可能、快乐主义的辩护和反驳等各方的论证，各种论证的过程引人入胜，使人认识到哲学本性不在于宣称真理，而是提出问题，问题是否解决不看结论，而看论证。

哲学问题发凡

2. 硕士第一年课程

（1）"古代哲学文本"由 Steel 教授开设，解读亚里士多德的《形而上学》。

（2）"中世纪哲学文本"由 J. Decort 教授开设，围绕"自由选择"问题，选读奥古斯丁的《论自由选择》，安瑟尔姆的《论选择的自由》，阿奎那《神学大全》中论理智与意志关系和奥康在《逻辑大全》中的反驳。

（3）"近代哲学文本"由 De Dijn 解读斯宾诺莎《伦理学》，他是研究斯宾诺莎的专家，抓住重点打通全书。

（4）"当代哲学文本:现象学"由 R.

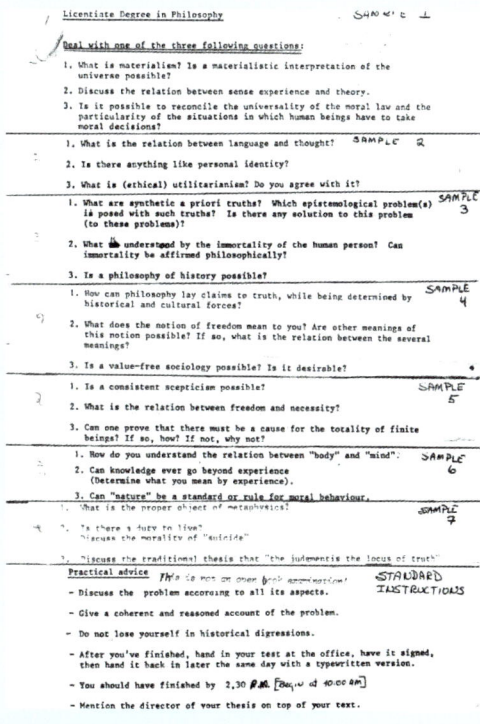

Bernet 教授解读海德格尔《存在与时间》，以"导论"为中心，先讲海德格尔与胡塞尔现象学差别，然后逐句逐段解释《存在与时间》前七节，不时引申到以后相关各节。

（5）"存在哲学"由 Moors 博士解读康德哲学，从亚里士多德《形而上学》讲起，经由近代哲学的实体论，最后落实到康德对传统形而上学的批评，以及理论理性和实践理性的形而上学新建构，如下图所示：

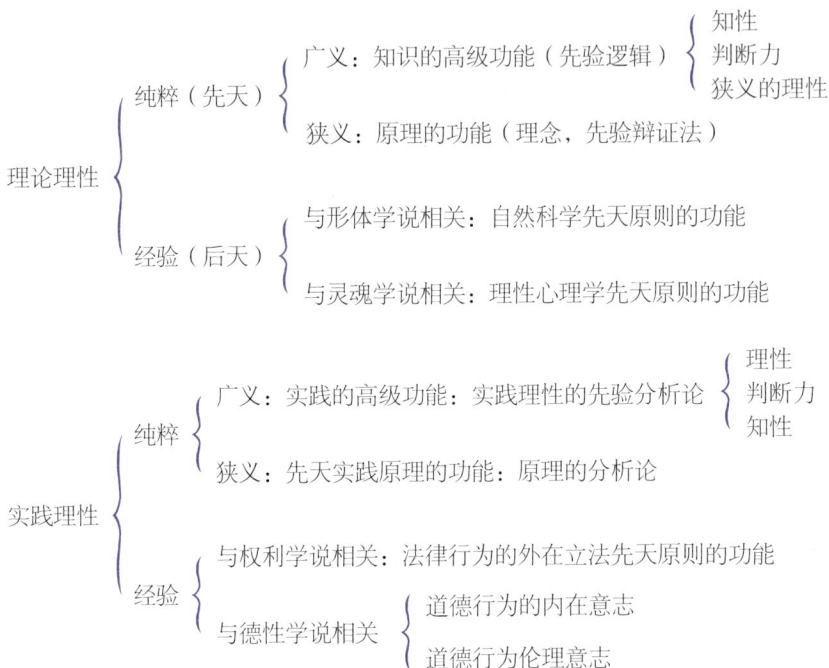

理论理性
　纯粹（先天）
　　广义：知识的高级功能（先验逻辑）
　　　知性
　　　判断力
　　　狭义的理性
　　狭义：原理的功能（理念，先验辩证法）
　经验（后天）
　　与形体学说相关：自然科学先天原则的功能
　　与灵魂学说相关：理性心理学先天原则的功能

实践理性
　纯粹
　　广义：实践的高级功能：实践理性的先验分析论
　　　理性
　　　判断力
　　　知性
　　狭义：先天实践原理的功能：原理的分析论
　经验
　　与权利学说相关：法律行为的外在立法先天原则的功能
　　与德性学说相关
　　　道德行为的内在意志
　　　道德行为伦理意志

（6）"上帝哲学"（Philosophy of God）由 Van der Veken 解读怀特海的《过程与实在》的过程神学。

（7）"逻辑（高级课程）"由美国圣约翰大学的特聘教授 D. E. Sullivan 讲授奎因的《逻辑方法》，偏重于词项逻辑的演算。

（8）"伦理学问题"由 Dhondt 解读康德的《单纯理性范围内宗教》。

（9）"人的哲学"（Philosophy of Man）由青年博士 P. Moyaert 讲，主题是心理过程的自我建构，从精神分析的精神分裂症现象入手，解读拉康的镜像理论。第一次听这样的课，感到新奇。

（10）"知识论＆科学哲学"由 D. E. Sullivan 教授讲美国心灵哲学和科学哲学的新发展，以塞拉斯关于科学实在论的几篇文章为重点，介绍了普特南、库恩和法伊尔阿本德等人思想。

（11）"哲学文本批判分析"由 Verhack 教授解读维特根斯坦的《逻辑哲学论》，他联系弗雷格和胡塞尔，对文本进行批判分析。

（12）"现象学讨论课"由 Bernet 教授解读胡塞尔的《逻辑研究》第1卷第8、11章和第2卷的导言，第一研究第1、2章，第五研究第2章，第六研究第1、2、3、6章。

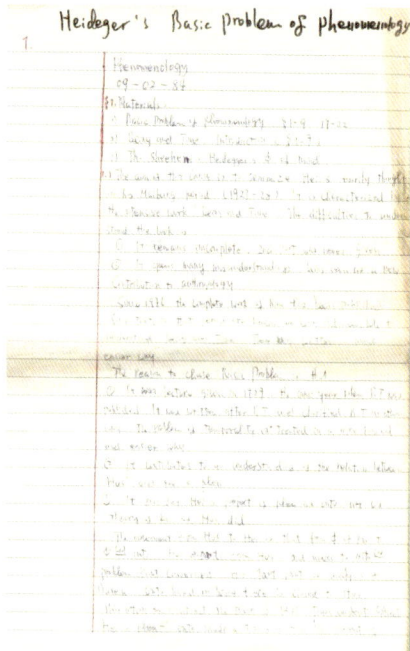

伯奈特（R.Bernet）教授课堂笔记

3. 硕士第二年课程

要求从必读课中选学过、但课程内容不一样的课程。

（1）"古代哲学文本"由 Steel 教授开设，解读柏拉图的《理想国》。

（2）"近代哲学文本"由 De Dijn 开设，解读休谟的《道德哲学原则研究》及其当代自然主义的新发展。

（3）"当代哲学文本：盎格鲁－撒克逊"由 Burms 开设，解读维特根斯坦的《哲学研究》，重点采用克里普克的《维特根斯坦论遵守规则》的解释。

（4）"存在哲学"由 Van de Wille 解读《存在与时间》全书，

1985年摄于卢汶胡塞尔文库：在胡塞尔书桌椅上读胡塞尔藏书

花了大半时间讲上篇的结构，最后用两堂课依照与上篇结构的对应讲下篇的本真结构，一下勾勒出这本书的全貌。这门课和 R. Bernet 教授解读的《存在与时间》导论部分相配合，让我读懂了《存在与时间》。

（5）逻辑（高级课程）由 D. E. Sullivan 教授讲授哲学逻辑的理论，最后讲的复杂化类型理论非常繁杂，以二阶命题涵项为例。

变元量词　阶	0	1	2
0	x		
1	Fx　1.0	（x）fx　1.1.0	
2	F（fx）　2.0	（x）F（（f（x））　2.1.0 （f）F（（f（x））　2.1.1	（x）（f）F（f（x）） 2.2.1.0

规则：谓词数＝阶数，阶数与变元量词数的组合 $C_{量词}^{阶}$＝此阶的命题涵项总数，如 1 元 1 阶命题涵项总数 $C_1^1=2$，2 元 2 阶命题涵项总数 $C_2^2=4$，3 元 3 阶命题涵项总数 $C_3^3=8$，4 元 4 阶命题涵项总数 $C_4^4=16$，或 n 阶命题涵项总数是阶数的 2^n，如 0 阶 $=2^0=1$，1 阶 $=2^1=2$，2 阶 $=2^2=4$，3 阶 $=2^3=8$，4 阶 $=2^4=16$。

（6）"宗教哲学"由 De Pater 教授讲宗教语言的分析，评述拉姆塞、后期维特根斯坦、米特赫尔、荷克、旺·布壬、罗斯等人对灵感、启示、信仰、福音、上帝存在模态和属性的意义分析。

（7）"伦理学问题"由 Dhondt 教授解读康德的《道德形而上学奠基》和《实践理性批判》。连同上学年他所授课程和 Moors 教授讲授的康德形而上学的课，我把握了康德批判哲学的重点和难点。

（8）"伦理学讨论课"由 Van de Putte 解读罗尔斯的《正义论》，分成对理论的基本解释、正义的概念和原则、应用、善和道德理论等五个单元，领着我们读完全书。

哲学行家可以看出，卢汶哲学课程形成由浅入深、从低到高的体系，课程种类全面，既有哲学史，也有专题课；哲学史既有断代史，也有当代哲学；当代哲学既讲欧陆，也讲英美；专题课既有逻辑和科学哲学，也有宗教哲学，还有两者的结合。美国同学说，英美大学偏重某个哲学派别，没有一个学校能开出如此系统全面的课程，他们因此愿意千里迢迢来卢汶求学。

无论哪类课程，总是以哲学文本为中心，即使本科阶段对哲学史和导论的介绍也如此。我在卢汶精读的哲学经典包括：柏拉图的《理想国》，亚里士多德的《物理学》《形而上学》，斯宾诺莎的《伦理学》，莱布尼兹的

30 年后的师（斯蒂尔［Steel］教授）生对话

《单子论》，休谟的《道德哲学原理研究》，康德的《纯粹理性批判》《实践理性批判》《单纯理性范围内的宗教》，胡塞尔的《逻辑研究》，海德格尔的《存在与时间》，维特根斯坦《逻辑哲学论》《哲学研究》等。

卢汶老师的经典解读使用今人主流和前沿的成果读经典，课程阅读材料包括该书或主题的最重要二手研究资料。比如，斯蒂尔教授解读《理想国》开出的阅读材料：读本：*Grube's Translation*（best one in English），参考读物：Lustrun, *Plato,* Cross and Woozley, *Plato's Republic;* J. Annas, *Introduction to Plato's Republic*; N. White，*A Companion to Plato's Republic;* T. Irwin, *Plato's Moral Theory.* 这些是 70 年代关于《理想国》最好的英文读物了，至今也没有过时。再如，"逻辑学（高级课程）阅读书目包括：Isemingere（ed.），*Logic and Philosophy*; Quine, *Elementary Logic*; Strawson etc. (eds.), *Philosophical Logic*; Bochenski, *Methods of Contemporary Thought*; E. Keep, *The Foundation of Logic in Greek Thinking*; Kneale, *The Development of Logic.*

卢汶老师很会讲课，文本解读以点带面，攻其重点，疏通全书，或进行跨文本比较对照。比如，东特（Dhondt）教授在"伦理学问题"课程中解读康德的《单纯理性范围内的宗教》，花了一半的课时讲解英国莎夫茨伯利和哈奇森的道德哲学，以此为背景和对照，后一半课时讲康德如何把基督教教义归结为纯粹理性的道德，一下打通了经验论和先验论的道德哲学。他第二年把康德《道德形而上学奠基》和《实践理性批判》解释成发展关系，前者关于自由和道德的先验演绎陷入循环论证，后者直接从自由的事实出发论证道德应当遵守的普遍化准则。

30 年后向导师（德丹教授）报告

30 年后重逢东特教授

卢汶的课程使我终生受益，可以说，我回国后研究和教学的一套做法是在卢汶形成的。不夸张地说，这些笔记足以在国内开设西方哲学的任何课程，但我没有照搬。至于在中国处境中如何研究和讲授西方哲学，且看下篇分解。

六、考试

卢汶上课不用交作业（逻辑练习除外），每学期交一篇论文即可，每门课期终"一考定输赢"。考试采取面试方式，程序是：几人一组抽考题，每人准备 15 分钟写答题，然后任课教师逐一面试 15 分钟。老师们的要求和风格不一样：东特、范德维肯（Van der Veken）等人严肃，认真看完答题，问几个问题，对学生回答不置可否，范德维肯还不时掏出一个小本本查看，在答题纸上戳戳点点，"不知葫芦里卖什么药"；德丹、斯蒂尔、伯奈特等教授显得和善，笑眯眯提问，但"笑里藏刀"，一不小心中了圈套全盘皆输，比如，伯奈特问我：street（街道）是不是海德格尔所说的 equipment（工具）？按英文字面意义当然不是，而我肯定地说 yes；又问：街道上的人（people on the street）是不是呢？我回答不是；那是什么呢？我回答 Being-with（共在），并准备进一步解释，他却打断我说 Ok。东特、德丹、斯蒂尔、伯奈特给不及格的比例高，学生背后叫他们 killer（考场杀手），第一次通过后不敢再选他们的课。我因为他们课讲得好，本科必须选他们的课，硕士每年也选他们的课。

每学年的结束仪式叫 Deliberation（审议）。全体学生焦急地在大厅等待，当教授们走出会议室时，全场鸦雀无声，所长宣布教授会的审议结果，按总成绩顺序，逐个念所有通过的学生姓名和总成绩，不通过的学生不念，念完之后即散会。几人欢喜几人愁，通过的学生去啤酒馆庆贺，没有通过的学生只能准备打道回府了。每年评议仪式都很平静，没有人抱怨、质疑或要求查分。毕竟，教授会有权威，师道尊严有传统。回到国内，每遇学生对老师教学和考试结果说三道四，争分甚至告状，我感到很不习惯。

审议公布现场

所有课程考完后，还有综合考试。综合考试的口试不难，与二三位老师谈谈考过的问题，不到半小时完事。笔试却是大考，单个进行，由学生预约时间，上午10点到所秘书那里抽出一组考题，每组有两三个题目，任选一题，由他领到一个单间里闭门答题，不准携带任何材料和字典。答题有要求：从所有角度讨论问题；对问题做出合理的、自洽的说明；不要沉溺于历史综述；写好答题草稿以后交秘书在每页上签章，自己外出用打字机照草稿誊写，不能有任何添加，下午2:30把打字稿和草稿一同交给秘书，考试共四个半小时。

我对所选问题回答的打印稿共九页，在交打印稿之前复印了一份，现翻译如下：

综合考试复印件首页

卢汶大学高等哲学研究所

综合考试

赵敦华

1985年9月3日

问题：我们应当用伦理考量来约束科学研究吗？

回答：

古代哲学，特别是在柏拉图主义传统里，一般不存在是否应该从伦理观点约束科学研究的问题。古代哲学家强烈地倾向于把真与善相等同。对他们大多数人来说，研究只是达到善的目的必要甚至充分的途经。如柏拉图说，最高的善的理念通过辩证法过程达到，现在意义上的科学，如数学、物理学，必然地从属于善的理念。我认为大多数中世纪哲学家和神学家在这个方面倾向于柏拉图主义传统，而不是亚里士多德传统。当他们采取哲学必须服务于神学、理性服从信仰的立场，其中蕴含的观点是对自然的理性探索必须限制在神学框架内，其中伦理考量是直接的后果。

16—17 世纪以来，理性和科学从神学和神学伦理的束缚中解放出来。多数思想家对科学进步采取乐观态度，他们相信，完全依靠理性和对感性经验的理性说明，科学能够取得无穷无尽的进步，这将不可避免地促进社会和人性的进步。

考试前自我预演

机械决定的模型

虽然科学进步是巨大的，社会、人性和伦理的进步相对的缓慢和微不足道。在现代时期，我们承载了伦理和精神的沉重压力。让我们考虑以下事实。

（1）我们的社会是技术社会，用目的－手段的观点看待一切。宇宙被分裂成两个阵营：朋友和敌人，有帮助的和有敌意的。人们偏爱那些被选择的事情，是由于它们能满足我们。

（2）我们的社会是专业化社会，科学专业化统治社会不同部分，公正和整体的世界观几乎被遗忘。从专业化观点看，森林只是一群用作柴火的树。

（3）我们的社会是生产和消费社会。现代的经验主义的伊壁鸠鲁们是人民公议的代表。物质满足变成生活最重要的目标，以及成功和幸福的最好标志。

有人可能会反驳，我们生活的这些缺陷充其量只是证明，科学进步并不自动带来社会和伦理进步，但它们不能表明用伦理来约束科学研究的必然性。

　　为了回答这一反对意见，我愿意提及一个被忽视了的简单事实：我们幸存在地球上肯定不是归功于科学进步，而很可能归于与我们道德感相关的智慧的微小的错误或不足。如果人类思想过于聪明，能够深究自然的每一个秘密，人类就可以用他们难以想象的技术装置多次毁灭全体社会了。感谢我们的造物主，人类拥有这样一种情操，以致他们不能立刻直觉到事物本质，同时可以提供像良心、同情和感恩那样的情感，以致我们对自然的探究必然地限制在保障人类共同体全部存活的范围之内，并提供满足我们理智和物质需要的手段。

奥地利毛特豪森集中营的反思

坐在东西半球零号子午线

　　但上述说明是大致的、否定性的，只是考虑没有伦理约束的科学研究可能造成的外在后果。为了正面说明伦理对科学研究进行约束的必要性，我们必须说明科学研究自身的内在限制。对这种正面和内在说明，我有以下看法：

　　（1）科学的主题应该受伦理观点的限制。

科隆狂欢节的友爱

　　自康德时代开始，哲学家一般认为，科学虽无界限（limit）但有范围（boundary）。科学进步从理论上说是无尽的，但不管达到什么高度，科学总是在被人类理性内在本性规定的范围内进步。形而上学对象，或用康德术语说，先验理念应该从科学领域排除。灵魂、自由和上帝等理念适合于形而上学和伦理学研究。但为什么这些理念要被排除在科学领域之外呢？更深刻的答案在伦理而不在自然界之中。伦理排除对这些理念的科学研究的理由，只是因为：如果科学能够提供关于这些形而上学问题的明确、确定和最终答案的话，那么我们生命的意义，我们自由的信念和行动，以及我们对超验世界整体的信仰，就失去了它们的价值，因为这些理念的价值恰恰在于它们的不确定性和非决定性。对这些形而上学问题的终极真理的任何科学声称将导致教条，或是凌驾于人类自由意志之上的暴君，最终把个人归结为一个巨大机械体系里的一架机器。

从伦理的观点看，不仅形而上学问题，某些自然现象和人工项目，为了我们的生存和更好生活，也应该排除在科学研究之外。科学家在他们是否应发展某些技术，如改善人种的基因项目、核武器、星球大战计划等问题上，存在大量争议。道德良心和责任感使得一些科学家起而反对这些项目和研究。他们知道，如果没有伦理上的控制，这些科学研究的后果是盲目的，对人类生活会是有害的。

（2）选择范式的伦理理由。

由于库恩、法伊尔阿本德等哲学家的工作，当代科学哲学已经认识到，科学不只是观察和实验活动，相反，观察和实验的性质、程序和工具被范式所决定。一个范式是一些认识论、方法论和实验的规则，这些规则决定了哪些类型的活动被常规科学家当做常规科学。科学进步只是由于老范式（以不能成功地应付该范式在观察中提出的问题）向用来解决科学混乱的新范式的转变，比如，通过牛顿物理学向爱因斯坦相对论的转变，近代科

郁金花丛中

1982年冬天

公园休憩

学走向当代科学。

根据这种观点，范式转变是关于我们世界观所持最根本前提的革命，这一革命不能用人的理性能力和信息积累的进步来解释。这就产生一个问题：科学共同体靠什么选择这个范式而不是其他范式呢？或者，选择范式的标准是什么？一些哲学家勉为其难地给出一些标准，诸如自洽性、一致性、可检验性、简单性、最大程度的应用性，等等。但对我们来说，选择范式的一个好理由不只是智力标准，也是实践或道德的标准。一个范式不只有科学意义，也具有道德价值。一个与道德价值相冲突或与道德进步的信念相冲突的范式是不可接受的。无论科学家是否意识到，当他们自觉选择一个范式时，道德考量总是在他们抉择的背后起作用。牛顿的范式被普遍接受，不只是因为它满足了对机械装置的社会需求，也因为它与启蒙时代道德观念相吻合。同样，爱因斯坦范式的成功不应只看作它的更广泛、更深入的可检验性和应用性结果所致，而且是它所代表的动态、相对的世界观所致，这种世界观间接地反映了一种比过去任何社会对人类生活和社会价值更有创造性、主体性和怀疑的态度。

如果我们的道德考量对范式选择有影响，进一步说，如果任何科学研究只有在一个范式中才有可能进行，那么我们可以有把握地断定，我们的伦理观念必然限制科学研究。

（3）科学决定论应与自由的道德观相得益彰。

科学不能祛除因果性概念，因为科学必须用因果推理对经验的推导而

在阿尔卑斯山下

莱茵河畔

多瑙河上

超出经验。量子不确定性原则没有证明在量子运动中没有因果规律，而只证明了自然规律阻止我们观察到它们的位置和连续性。科学视自然为一个非人化的整体，其中每个事物和时间都置于因果系列之中。科学决定论的特点在于声称这样的世界观是完全充足的，其著名例子也许是拉普拉斯式决定论，认为只要具有关于原子精确位置和运动规律的充分知识，就能够防止未来任何事件的发生。虽然今天没有多少科学家相信这样乐观和教条的观点，但也很难否定，习惯于科学决定论的思维倾向于把手段－目的推理应用于人类行动的每一个方面，并认作是确定的。这样的态度是不可取的，这不仅会把人类伦理、审美、政治和宗教活动同功利主义、唯我主义和教条主义相联系，如同通常所认为的那样，而且对科学研究本身也是不可取的。因为任何有效和前进的科学研究必须具有受自由和开放思考鼓舞的特征。

很明显，开放的习惯和倾向不能从科学研究本身产生，后者受一元决定论统治，倾向于牺牲完全、系统解释的多样性和思想丰富的观点。因而，从事科学的合适态度和取向应由对人性和活动的道德考量加以培养。

康德在理性的二律背反中证明决定论和自由分别适用于科学和道德，但他正确地指出自由的观念比决定论更有价值，因为它不仅为实践理性、也为思辨理性提供基础，既然思辨理性的本性也是自发行动，科学不应只被理解为寻求自我利益、自我满足和自我实现的活动。科学精神的本质是自由，科学价值在于它的开放和投入进步的职业。科学一方面提供给我们物质生活实用和利益，另一方面承认不能告诉我们最终的真理，它至多可以向我们提示多种可能性，以扩展我们思想和摆脱日常信念和习惯的束缚。

当科学思维方式与自由的道德理想互补时，它习惯于思考的公正性。这种作为无穷尽地追求真理的纯真公正性，将会在行动和激情中保持某种同样的自由和公正。把自我欲望和利益看作整体的一部分，我们会进一步认识自我的范围可以通过一个自由心灵所能达到宇宙的无限性得到最大扩展。如果科学态度被赋予自由和公正的观念，它将促进和培养正义的行动以及博爱的激情。科学和伦理、思辨和行为的鸿沟将被桥接，人类的人格和理性不再被分裂为不同部分，而由自由和人的价值的理想统一起来，决定论和自由将相互兼容。

总的说来，我希望已经在前面段落中说明，科学活动的外在后果和科学主题、范式和态度的内在特征应该被关于人类生存、生活、自由和价值的伦理考量所制约。

现在重读当年综合考试答题，我感到惊讶：此何人也！在四个半小时时间内构思、打印出一篇思路清晰的英文论文，我现在也写不出来了，彼何人哉！

七、硕士论文及其副产品

1. 硕士论文梗概

我的硕士论文试图钻爆冷门，题目是康德的范畴先验演绎，这个证明被认为是《纯粹理性批判》中最困难的部分，康德感到有必要重写（B版演绎）。对 A、B 两个版本的先验演绎，后来的解释者名家如云，门派蜂起，正如我在论文开始引用 H. J. Patan 所说："穿越阿拉伯大沙漠与试图把握（范畴）先验演绎的蜿蜒和旋拧相比，算不上令人筋疲力尽的任务。"[1] 这个问题不应是一篇硕士论文的题目，连我的指导老师莫尔斯（Martin Moors）教授这样满腹经纶的康德专家也不碰这个问题，但他也不反

硕士论文封面

对我选这个题目，对我的写作没提什么异议。上交以后，三位评议人（硕士论文不需答辩）分别给了 AAA 和 AA、AA 的评价。

我的论文凡 4 章 172 页，参考文献列了一百多篇（部）资料，182 个注释，但中心思想很简单。《纯粹理性批判》里有一些看起来奇怪的段落，肯定不同于人类的其他思维存在者可以有不同认识方式。比如，康德在谈到人类只能在空间形式中认识一切事物之后加了一句："我们完全不能判断其

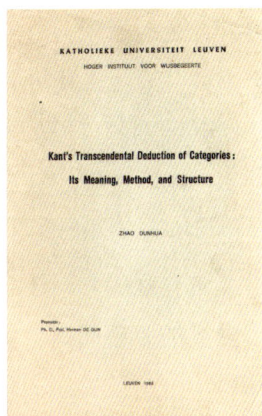

---

1 H.J. Patan, *Kant's Metaphysics of Experience*, vol. 1, p. 547.

他思维存在者的直观，不知他们的直观是否也受那些限制我们直观并对我们普遍有效的同一些条件的束缚"（B44/A28）。还如，康德在谈到时空的感性纯直观的普遍有效性之后，又说："我们也不需要把空间和时间里的这种直观方式局限在人类的感性；有可能一切有限的思维存在者在这点上必须与人类必然相一致（尽管我们对此无法断定），所以这种直观方式不会因其普遍有效性而不再是感性。因为归根到底，它是派生的直观（intuitus derivativus），而不是本源的直观（intuitus originarius），因而不是理智直观。而理智直观，依据上述理由，似乎只应属于原初存在者，而绝不属于一个无论按其存有还是按其直观（在对被给予的客体关系中规定其存有的那种直观）都不是独立的存在者。"（B72）

在 B 版演绎开始，康德说，自我意识的综合统一性是人类知识的最高原理，最后做了一个补充："这种综合是能思维而不能直观的人类知性所必需的，对于人类知性而言，它是不可或缺的第一原理，但它绝不能被理解为某种别的可能的知性，或是那种其本身就能直观的知性，或是那种即使用于感性直观却是不同于空间和时间中的那种感性直观作为基础的知性"（B139）。在 B 版演绎第 21 节注释中，康德再次说："假定我思考一个本身就是直观的知性（比如上帝的知性，它不想象各种被给予的对象，而是通过它的表象同时就给予或产生这些对象本身），那么范畴对这样一种知性将是完全没有意义的"（B145）。"我们的知性只有借助于范畴，并恰好只通过这个种类和数目的范畴才能达到先天统觉的统一性，对它的这一

法国蓬皮杜文化中心

120

特征，很难说出进一步的理由，正如我们为什么恰好拥有这些而不是任何别的判断功能，或为什么只有时间和空间是我们可能的直观形式，也不能说出进一步的理由。"（B146）

解释者一般都忽略康德上述论述，也许认为那仅是猜测，与康德严格论证没有什么联系。只有维尔辛格（H. Vaihinger）认为："康德所指的'其他思维存在者'并不像一般设想的那样，仅仅只是一个辩证的说法，而是非常认真做出的。'精神世界'的存在和性质的问题从一开始就吸引着康德的兴趣"（*Commentar zu Kants der Reinen Vernunft*, Bd. II, Union Deutsche, Stuttgart, 1892, s. 345）。我在康德哲学体系中，发现理性存在者的概念确实是康德一贯的重要思想。他的早期著作《宇宙发展史概论》不只是提出星云假说，还有一个关于人在宇宙中位置的假说。他认为物质和思维的力量成反比：离太阳越近，星球上的存在物受到物质重力作用越大，思维力越低；反之，离太阳越远，星球上的存在物的思维力越高，地球处于太阳系中间位置，人类是中等程度的思维存在者。在《纯粹理性批判》中有上述思想。更重要的是，在"先验辩证论"部分，康德提出人是两个世界的存在者：作为感性世界的存在者，人服从知性原则决定了的自然规律；作为理性世界的存在者，人是自身自由的原因。在康德实践哲学中，人是有限的理性存在者的概念可以说是一个重要前提，如同自由是道德第一原则同样重要，由此出发，康德得以论证人类道德基础是自由意志规定的自律。

我的论文考察先验演绎的意义、方法和结构。在意义的部分（第1，2章），讨论了思维存在者概念的意义。在第3章，我把康德先验演绎方法解释为前推性推理，而不是K. Ameriks主张的后推性推理（见其在《康德研究》第69期［1978年］上的文章"Kant's transcendental deduction as a regressive argument"）。我的依据是康德自己的区分："分析的方法与综合的方法相对：前者从被规定和被奠基的出发，推到原则；后者从原则到结论，或者说，从简单到复杂。前者可被称作后推性推理，而后者被称作前推性推理"（*Kant's Logic*, trans. R. S Hartman & W. Schwaetz, p. 149）。我把先验演绎的结构解释为"思维存在者"概念从复杂到简单的"两分法"推理过程，如下图所示（p. 98）：

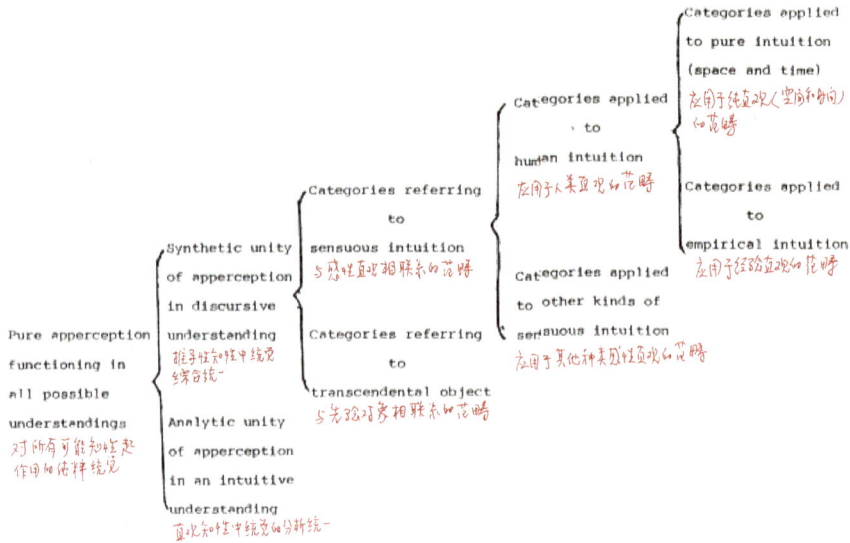

硕士论文分类表（中文红字是后加的）

解释：1. 纯粹统觉为所有思维存在者共有，分为 2.1：知性不同于感性的思维存在者，2.2：知性和感性等同的思维存在者（如上帝）；2.1 以范畴为知性形式，其范畴分为 3.1：运用于感性直观，3.2：运用于先验对象 X；被范畴综合的感性直观分为 4.1：人类感性直观，4.2：其他有限思维存在者的感性直观；人类感性直观分为 5.1：纯直观（空间，时间），5.2：感性直观。

2. "莫把康德当休谟"

我的硕士论文对康德范畴先验演绎结构的处理是化繁为简，而我对其中一个注释的处理就是化简为繁了。第 1 章的文献综述说明对先验演绎的两种解释倾向：一种认为这个论证前后不一致甚至自相矛盾，反映了康德知识论的重大缺陷；另一种相反观点则认为它连贯而严谨，成功地奠定了经验的先验基础。前一种观点最近表达是 P. F. 斯特劳森的《感觉的界限》，认为康德对经验意义和界限的论述是精彩的，而关于经验基础的先验论思辨，尤其是先验演绎是不必要和不成功的。

我在反驳这种观点时引用了康德在《实践理性批判》中的一段话："用主观必然性即习惯来代替只发生于先天判断之中的客观必然性，就是否认理性有判断对象的能力，亦即否认理性有认识对象以及属于对象的东西的能力；……有人为了补救客观的和由此而来的普遍的有效性的这种缺乏，就说：人们并没有看到给另外一种理性存在者赋予另外一种表象方式的根据；如果这个推理是有效的话，那么我们的无知就会比所有的沉思更有助于拓展我们的知识了。正是因为

1996 年莫尔斯教授访问北大，讨论康德研究新进展

我们除了人类之外不再认识其他种类的理性存在者，所以我们有权利假定我们在自己身上认识到的那种性质，这就是说，我们会现实地认识他们"（译文引自《纯粹理性批判》，韩水法译，商务印书馆，第 10—11 页）。我在这段引文中加了注释："贝克把 dass man doch keinen Grund sähe, andern vernünftigen Wesen eine andere Vorstellungsart beizulegen 错误地译作 that there is no reason not to attribute to other reasonable being a different type of ideation（Critique of Practical Reason, Transl. by L. Beck, Bobbs-Merrill, Indianapolis, p. 13）p. 159 note 5."

贝克英译的错误非常明显，他在译文中多加了一个 not，把德文原文的否定句式（"没有理由赋予另外一种理性存在者以另外一种表象方式"）变成了双重否定句（"没有理由不赋予另外一种理性存在者以另外一种表象方式"）。鼎鼎大名的贝克当然不会犯一个连初学德文者也不会犯的错误，合理的解释只能是：这个 not 是他有意加上的，他的理由是为了纠正康德的"笔误"。现在问题的关键是：贝克为什么要认为康德有笔误呢？康德在这里究竟有没有笔误呢？

我在论文中没有说明，后来用英文写了一篇 32 页的论文做了补充说明。回国后译为中文，题为《莫把康德当休谟：从〈实践理性批判〉的一段译文谈起》，发表在《哲学门》。现择其要者介绍。

西柏林断头教堂　　　　勃兰登堡分界线　　　　东柏林市中心

（1）康德是否有笔误？

康德著作的几个版本，如普鲁士科学院版、卡西勒版的编者和众多的注释者都没有在此处发现有笔误。当然，这还不是没有笔误的主要理由；贝克完全可以发现别人发现不了的笔误。判断康德在这里究竟有没有笔误的理由，首先要看这段文字是否符合康德一贯的思想。按照这个标准，我们可以肯定，康德在此并无笔误可言，倒是贝克的改动违反了康德的原意。我们这样说的理由有以下三条。

第一，从上下文的意思看，康德的目标是反驳"没有理由赋予另外的理性存在者以另外的表象方式"，他紧接着指出，这是"无知的佯谬"（fallacy of ignorance）。他辛辣地讽刺说："如果这个推论是有效的话，那么我们的无知就会比所有的沉思更有助于拓展我们的知识了。"这个意思在上下文中是非常清楚的，符合逻辑的。贝克的翻译把否定命题变成肯定命题，这就与康德随后指出的"无知的佯谬"衔接不上了。因为"无知的佯谬"表达为否定命题：凡是我们不知道的，就是不真的；如果康德反驳的是一个用双重否定形式表达的肯定命题，那么他后来的反驳就是无的放矢、不可理喻的了。

第二，贝克的翻译使人误以为康德反对设想人类以外有理性存在者，反对设想可能有不同于人的表象方式的另外的表象方式；但是，事实恰恰相反。贝克的误译把康德所要维护的命题变成所要反驳的命题。我们且不谈康德在《道德形而上学基础》以及《实践理性批判》中有关道德律是适用于所有理性存在者的普遍原则的大量论述，即使在他刻意论证"人为自然界立法"

红场　　　　　克里姆林宫大剧院　　　　莫斯科大学

的《纯粹理性批判》一书中，康德设想了与人类感性直观方式的另一种感性直观，又设想与一般的感性直观不同的理智直观，设想与人类理解力不同的神圣理解力，设想不局限于时空中感性对象的纯范畴的应用。康德到底赞成还是反对设想与人类不同的表象方式，这岂不是一目了然的吗？

　　最后，也是更重要的是，贝克的误译混淆了康德与休谟的区别。康德的那段话是针对休谟说的，因为他在下一个段落非常清楚地指出，休谟"用一个单纯主观意义的必然性即习惯来替代客观意义的必然性"。康德设想：如果人们指责主观的必然性缺乏客观的和普遍的有效性，那么休谟就会说，我们找不到比人类习惯更客观、更普遍的有效性，因为我们不能设想在人类的表象方式之外，还有另外的理性存在者，他们有着不同的表象方式。康德紧接着反驳了这种休谟式的理由。《实践理性批判》序言的最后几段都在说明先验主义与经验主义的差别。不过，康德的批判并不是简单的否定，他在批评经验主义缺乏普遍必然性的同时肯定休谟建立了"普遍的经验主义"，在批评经验主义的怀疑论倾向的同时肯定休谟"至少在数学上留下了一块有关经验的可靠试金石"[2]。这种批判性的分析往往使读者不知康德对待休谟的基本态度究竟是贬还是褒，这样，贝克的误读就不足为奇了。按照他的读法，康德先是赞成休谟为了补救经验主义缺乏普遍必然性而作的辩护，即我们不能设想比人类的表象方式更普遍的表象方式；接下来的

2　康德：《实践理性批判》，收于"汉译世界学术名著"丛书，商务印书馆 1999 年版，第 11-12 页。

文字于是都成了对休谟的"普遍的经验主义"的肯定。这样一来，康德在这里不是在批判休谟，反倒是与休谟相认同。我们于是知道贝克为什么会认为康德在此有笔误了。原来，他认为，康德与休谟在能否设想人类表象方式以外的另外的表象方式这一问题上没有区别；如果休谟在此问题上说否，而康德对此加以批判，那他就不能理解了，于是要把康德批判的目标由否定的回答改成肯定的回答。有鉴于此，我们需要进一步说明康德与休谟在此问题上的差别，才能从根本上说明贝克的改动是错误的。

（2）贝克为什么要改动康德原文？

英语国家研究康德的学者大多（不是全部）不能脱离英国经验论的传统。从经验主义的观点看，康德从外部为知识划界的做法不可理解；如果真正被理解了，那也是不可接受的。贝克对康德原文的改动反映了他对那段原文所持的不可理解的态度。在他们看来，什么"理性存在者"，什么"不同于人类的表象方式"，统统是无意义的幻想；出现在康德著作中的这些词语，不是笔误，就是空洞的幻想，可以忽略不计。贝克不声不响地改动康德原文是一种"为圣人隐"的做法，他或许以为，隐去康德的"笔误"，显出康德与休谟的相同点，这是在"拯救康德"哩！

对康德的这种误解并不局限于英美哲学家；即使在康德的家乡，早期新康德主义者赫尔姆霍兹(Hermann von Helmholtz)和郎格(F. A. Lange)等人，把康德的先验形式解释为普遍的人类心理－生理结构，他们被称为"生理学派"。但我们知道，生理学派恰恰是康德赋予经验论的一个称号，生理学的康德主义与其说是康德主义的，不如说是经验主义的。一些英美哲学家，他们正确地理解了康德与休谟的分歧，但站在经验主义的立场上，对康德从外部为知识划界的做法大加鞭笞。斯特劳森是一个典型的例子，在评论康德的《感觉的界限》一书中，他高度赞扬康德以经验为人类知识界限的观点，但对康德设想的经验之外的其他认知的可能性予以坚决否定。斯特劳森说："对于一般性的可能经验的概念，甚至是概念思维存在者在时间中存在着的概念，我们最后的反对意见是，这些概念很少限制而过于宽泛，超出了能够接受的程度"。对于康德关于其他理性存在者及其认识形式的设想，他说："我们必须想一想：我们是如何想象，以及必须如此想象这些生物的经验的。

除了与我们自己的经验进行简单的类比之外，我们没有其他的方法……对于这些生物的经验，我们能够给予的任何描述，我们能够想出的任何思想，都要用从我们自己经验中得到的那些概念。"[3]这是一个不折不扣的经验主义的论辩；除了我们人类的经验之外，我们不能想象任何不同的可能的经验。

针对经验主义贬低幻想在知识中作用的观点，我们可以借用当代科学哲学家法伊尔阿本德的一段话作一回答。法伊尔阿本德说："我们怎么能考验我们无时不在应用着的东西呢？我们怎么能分析我们惯常表达自己十分简单明确的观察结论和揭露其前提时所用的那些术语呢？我们怎么能发现我们实际行事之前就已假定的那种世界呢？回答是明白：我们不可能从内部发现它。我们需要一种外部的批判标准，我们需要一组可供选择的假设，或者因为这些假设将非常一般，仿佛构成了完全是另一个世界。所以我们需要一个梦幻世界，以便发现我们以为我们是居住在其中的真实世界的特点。"[4]即使康德设想的人类以外的理性存在者及其表象方式犹如一个梦幻世界，这个世界是理解我们现实的经验世界的参照系，如果缺少这个参照系，我们将不能知道"感觉的界限"。康德关于思维存在者或理性存在者，如同他谈论不可知的物自身，在他的体系中是不可或缺的重要因素。

英语国家的哲学家并不都是经验主义者，他们中间也有逻辑主义与经验主义之分。在有这样分别的地方，历史上康德与休谟之分就会再现。比如，奎因从逻辑的观点看，设想不同于我们的概念系统的可能的概念系统。戴维森反驳说，与我们的概念系统完全不同的概念系统不能通过我们的语言来理解，用我们的语言表述它本身就是一个矛盾。[5]这个理由与斯特劳森反驳康德的理由相似。另一方面，胡塞尔当年反对心理主义时，也曾使用过康德反驳休谟的理由，说明人类的共识不等于真理。这样的例子还很多，它们显示了康德与休谟的分别在哲学上是何等重要。

3　P. F. Strawson, *The Bounds of Sense*, Methuen, London, 1966, pp. 272, 273.

4　法伊尔阿本德：《反对方法》，周昌忠译，上海译文出版社 1992 年版，第 10 页。

5　D. Davidson, "On the Very Idea of a Conceptual Scheme", in *Proceedings and Address of the American philosophical Association*, 47 (1973–74), p. 20.

1987 年江大夫通过答辩

和跳伞员全家合影

当伴郎和伴娘

八、丰富多彩的留学生活

歌德名言："理论是灰色的，生命之树常青。"我的留学生活可不是"听课 – 读书 – 考试"的灰色三段式，而是充满生活乐趣的活水。"问渠哪得清如许？为有源头活水来。"读书学习是涓涓清流，唯有丰富多彩的生活是源头活水。除了读书的乐趣，我的生活乐趣来自人际交往和外国的人情风俗。

按出国留学新政策，公派留学生配偶可以陪读，太太江立怡原是合肥传染病院医师，来卢汶大学医学院读硕士。1985 年 5 月 15 日来团聚，结束了结婚以来的分居生活，从此相濡以沫不分离。

一同来到北大后，她在校医院任内科医师，退休之后独自操持家务，照顾家庭和我的健康，使我得以专心于学问。无论我在国外写学位论文还是回国后著书立说，都有她的支持和默默无闻的奉献。

1. 忆外国友人

我在博士阶段自由支配的时间多了些，我们的交际和旅游也比较频繁了。我有两个人际关系圈：一个是卢汶的中国同学会，一是弗朗克、斯蒂夫周围的亲朋。

弗朗克的未婚妻克瑞斯（Kries）和斯蒂夫的未婚妻凯莉斯特尔（Crystal）都是比利时人，他们的比利时亲朋家里有聚会，他们不时请我和太太参加。1986 年 8 月 16 日参加了一个家庭举办的跳伞表演，几个业余爱好者从小型飞机上正好降落在院庭中央画的圆圈里，看得我们像刘姥姥进大观园似的。

1986 年 9 月 27 日，斯蒂夫和凯莉斯特尔特地邀请我们参加他们的婚礼。过程和电影上一样，他俩先在镇上教堂里举行仪式，走出教堂时唢呐齐鸣，人们纷纷向这对新人撒花，然后来到村里的女方家，后院里搭帐篷，可容纳上百人，不管是否认识，大伙共同庆贺，相互问候，跳舞，吃烧烤，喝酒，热闹到次日凌晨 5 点。

1985 年 7 月 25—30 日，我们夫妇和弗朗克乘斯蒂夫的车去柏林，先到西柏林，他们持美国护照不用签证，在西柏林游览一天后去东柏林，我们持中国护照免签证免检，而美国人则连同轿车被彻底搜查，警察说没见过你们这样奇怪的旅行组合。

与西柏林繁华景象相比，东柏林破旧不堪，偏僻处二战废墟还未清除，没有什么旅游景点，没有什么人可以交谈，兑换的东德马克也没东西可买，我只买了一本德英字典当纪念。晚 6 时返回西柏林，我们参观了柏林墙边的东德人逃亡展览馆，经过实地考察，我感到社会主义阵营的前途不太妙。

这个印象和一年前莫斯科的见闻不一样。那时，按照留学两年后可回国休假的规定，我们几个广外同学途经莫斯科回国。1984 年 7 月 11 日清早从布鲁塞尔乘火车，穿过广阔的东欧大平原，13 日下午到达莫斯科车站，住在中国使馆招待所，三天后才有到北京的飞机。在莫斯科的三天，我们游览了红场和红场边的大市场，到克里姆林宫里歌剧院看了《天鹅湖》。莫斯科食品供应紧张，买面包要排长队，我钦佩莫斯科人的素质，他们排队有序，无人喧哗，面包卖完了默默散去。不过，外国人拿硬通货可以阔气地吃大餐、购物消费，连看歌剧中间休息时也免费供应带鱼子酱的小吃。莫斯科人话不多，对人友好，出租车司机不懂外文，当他听懂了意思，把我们拉到地点，按规定只收几个卢布。有天晚上下雨，我和同伴走散了，想打车回使馆，但没有带使馆地址，只记得从使馆招待所可以看到莫斯科大学的塔尖，遂请司机把我送到莫斯科大学下车，自己摸索回使馆。谁知校园很大，不知使馆在哪个方向，碰到一个小伙子问路，他也不懂英文，但听懂了 China 这几个字，猜我要去中国大使馆，默默地带我穿过校园，一直送到毗邻使馆的路边，我用初一学俄语时仅记住的两个单词向他致意："是吧谁吧，德娃你兮（谢谢，同志）。"从他们身上，我看到了俄罗斯文学里描写的那

卢汶留学生会春节大合唱　　　　　2013年发现"阿芙乐尔号"巡洋舰易帜了

种刚毅木讷的民族性格，全没有一丝凶恶"苏修"的影子。30年后，当我再次来到莫斯科，熟悉景色依在，风土人情却有了一点变化。"人同此心，心同此理"，人改变环境，环境也改变人，学哲学如果连这些道理都不懂，不如回家卖红薯。

2. 忆卢汶大学中国留学生会

从溷乱到安定，从国内到国外，我也看到中国人的变化。卢汶大学是最早向中国全面开放的西方大学之一，比利时政府和卢汶大学都提供奖学金，学费便宜，专业齐全，吸引不少中国留学生，本科、硕士生、博士生、进修生、公派、自费的一应俱全。中国留学生会中心设在旅游胜地 Groot Begijnhof（中世纪放弃财产富婆们的花园）中的一座古宅，我们这批广外同学是留学生会的骨干，特别是 MBA 专业的几个年龄较大的同学发挥管理才能，把留学生

瑞航模拟照　　　　　　　大英博物馆　　　　　　　丘吉尔像

会组织得有声有色，几乎每个周末有电影，逢年过节包饺子聚餐，假期还组织旅游。

有一次，我邀从台湾来学哲学的新生苑举正来留学生会中心看电影，内容是 80 年代土地大包干的事（名字忘了），里面有句台词，农民批评一个农村干部比国民党还坏。苑举正是国民党员，嘀咕说让人受不了，他告诉我们，台湾骂人话是"比共产党还坏"。大家哈哈大笑说：两岸中国人思维方式一样的，血浓于水嘛。留学生会也放港台电影和国内发行的外国

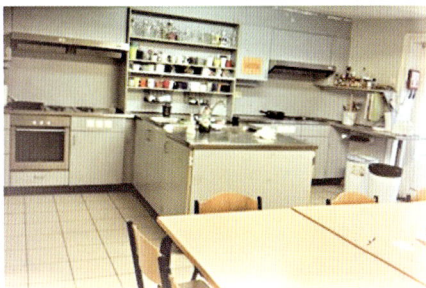

食堂

译制片录像，有时一晚放好几部，一些港台同学成为留学生会电影专场的常客。我在这里看了很多国内热播的电影电视片，包括《芙蓉镇》《便衣警察》。

除夕聚餐是盛大节日，公派留学生携带家属几乎悉数参加，有的带菜，有的炒菜，大家一起包饺子，北方同学和面、拌馅、擀皮、包馅、下饺子，一条龙流水线，产生出一盘盘热气腾腾的饺子。大家吃饺子、喝啤酒、天南海北吹牛聊天，因为时差缘故，半夜才能看到中央电视台的春节晚会，有的坚持看到最后。平时也有些小聚会，同学关系搞得很融洽。

卢汶留学生会组织旅游，我参加过两次。第一次是 1983 年 7 月 20—31

铁塔鸟瞰

巴黎圣母院

比利时布鲁日

会当凌绝顶

日的奥地利游。合租一辆大巴，从德国埃森入境、一路向南，经斯图加特、乌拉姆，到奥地利 Stanzach 宿营地，第二天登 Pieisspitze 峰，登上海拔 2121 米的顶峰。之后几天在因斯布鲁克周围高山峡谷和湖泊游玩，听说这儿是《音乐之声》的拍摄地，最后四天游萨尔斯堡和维也纳的博物馆和王宫。回来后，现在被称为"驴友"的同学们聚会一次，交流这次梦幻之旅的观感和照片。

第二次是 1985 年 9 月 10—21 日的瑞士—意大利之旅。在瑞士欣赏湖光山色的自然景色，到意大利观看人文艺术的珍藏，沿帕多瓦—威尼斯—佛罗伦萨—罗马（梵蒂冈）—比萨—米兰的线路，览尽各城名胜古迹和大博物馆，导游特别讲解镇馆之宝的典故。抽象的哲学历史观念变成一个个栩栩如生的艺术形象，我的头脑发生了真善美圣的化合。

在梵蒂冈旅游时，还有一个插曲，我们参观梵蒂冈的那一天，恰逢教皇保罗二世在圣彼得教堂前广场做弥撒，中国留学生一行被引导到讲台侧面。做完弥撒，教皇下来首先遇到我们，与我们一一握手。我们穿着随意，连问候话都不会说，一点神圣感都没有。教皇握手时旁边有摄影师，照完相问你要不要，要则按价付费，我要了一张做纪念。现在看来，这次看似的邂逅也许是有意安排，罗马第二天报纸上登出了教皇接见中国留学生的照片。这大概是 1949 年之后，教皇第一次与大陆公派人员握手。如果有一天中梵关系正常化了，这次事件可以载入史册，我和教皇保罗二世握手的照片也可拿出来当见证了。

80 年代在西欧旅行，办签证是个大问题，除了荷兰、比利时、卢森堡三国共享签证，去其他国家都要签证，连圣马力诺这样弹丸之地也要。我们没有签证，只能过其门而不入。我们去各国在布鲁塞尔使馆办签证，至少要跑两次，第一次填表申请，回来等通知，接到通知第二次去取签证。有时同时办几个国家签证，等待时间有长有短，要跑好几次才能办完。和太太办旅游自由行，唯恐被拒签，拿到签证也有麻烦。我们 1986 年 10 月 2—9 日去伦敦，在伦敦旅游观看了市内全部著名景点，还去了郊外的温莎城堡，最后一天到伦敦牛津街购物，把挎包放到脚下选购，一眨眼挎包就不见了，好在护照随身装，可惜的是相机和前几天的胶卷全丢失，伦敦之行没有留影纪念，悔不该忘记狄更斯笔下伦敦小偷的厉害。

1987 年 10 月 31 日—11 月 7 日我们去巴黎，也有不安全感。一天晚上我们去埃菲尔铁塔观夜景回来，坐地铁下行滚梯快到头时，前面几个十几岁小屁孩突然蹲下紧握扶手不动，意在把后面的人绊倒，幸亏我比他们身高力大，硬是把他们的手扳开，把他们身体挤开，冲出一条通道。80 年代是西欧的平稳发展时期，社会秩序尚且如此，现在乱象丛生也就不奇怪了。

3. 两场报告会

80 年代中国人思想解放，流行各种观点。关心国内局势的留学生见面免不了发一番议论，我觉得学哲学的人应该理性、冷静地分析问题。1986 年 9 月 6 日，卢汶中国留学生举行"经济改革讨论会"，我在会上印发并宣读写好的论文，全文如下。

现代化的社会和社会的现代化

——关于中国改革内容的思考

赵敦华

任何社会改革都是人际关系的变化所引起的包括经济结构在内的社会

结构的变革。这种人际关系的变化，可以采取多种形式，其中最激烈的形式就是财产（包括生产资料）和权力在社会成员之间的重新分配。这种由财产和权力再分配引起的社会变革，一般是通过阶级斗争和民族战争等剧烈的社会变动来实现的。我国当前正在进行的以经济改革为前导和基础的社会改革，从其历史意义上来评价，是一场真正的革命，但它的实施却要避免任何激烈的社会变动。因为这场改革的目的，不是要造就一个既得利益阶层来实现对财产和权力的再分配，而是通过改变和调整人与人之间的关系，创造一个具有高度民主、高度运转效率的社会结构，来完成中国社会向现代化社会的过渡。

不言而喻，对现代化的理解决定了对改革的内容、途径和意义的理解。那么，什么是现代化呢？现代化，依我之见，首先指的是社会现代化，因为只有一个现代化的社会，才能拥有现代化的生产力和现代化经济。现代化不是一个单纯的积累、分配和消费财富的过程，现代化从本质上来说，是一个最大限度地调动全民族的创造力，来不断开拓新的生活源泉的过程，是一个经济同政治、文化、道德和生态环境同步发展、改变社会面貌的过程。中东某些石油输出国按国民平均收入来计算，可以说是富裕社会，但不是通常意义上的现代化社会，这里的道理是显而易见的。西方社会现代化的历史也说明了这个道理。西方社会现代化的准备阶段，可以追溯到十六、十七世纪，文艺复兴和启蒙运动以及随之而来的资产阶级革命，为现代科学技术诞生准备了必要条件，但现代化并不是工业革命的直接产物，而是在二次世界大战之后，在所有专制的、法西斯的势力被摧毁之后，才伴随着普遍民主化的过程而展开的。中国的东邻日本也是这样，"明治维新"之后，日本就走上了资本主义的道路，但这也是穷兵黩武、侵略扩张的道路。日本社会的现代化，只是在那个以封建武士道为精神支柱、以天皇为中心的社会体制在战后得到根本的改造之后，才得以发展起来。

由此可见，现代化并不是生产力发展之后而自发产生的，也不是资本主义发展的必然结果。社会化社会是在历史过程中通过调整、改革社会结构来发展经济的产物，现代科学技术和管理体系是现代化的结晶，但它们也是扎根在社会结构之中，受制于一定社会条件和环境。有一种说法，认为只有社会科学才研究人际关系，自然科学只和人与自然的关系有关。现在，社会科学和自然科学的界限正在被打破。按照新的观念，西方文明好比是一棵大树，社会结构是它的土壤，社会及生态环境是它赖以成长的气候条件，文化、科学的各学科是树的枝干，物质财富是树的硕果。

有两种对待西方文明的态度："中体西用"和"西体中用"。根据我们的比喻，前一种态度好比是只采果实享用，而不想自己种树，即使种树，也是只管移植，不问你改良土壤改善气候；后者的态度则是没有考虑到土壤和环境对异己的植物是有排斥性的，土质气候不同，种瓜未必得瓜，种橘可以得柑。对待西方文明，我想正确的态度应该是"中西融合，体用同质"。用比喻的语言，就是移花接木，培育新种。我们一方面要全面学习吸收西方文化，而不是在引进、接触之前，就先入为主地按照既定方针，划分"先进"和"落后"、"进步"和"反动"的界限；另一方面要改造和调整社会结构以及人与人的关系，创造中西文明结合的条件和土壤。中国的社会问题不是单靠引进科学技术和管理方法所能解决的。再好的科学技术和管理方法，也只有在合适的社会结构和环境中才能发挥作用，只有通过具有一定文化背景和素质的人才能实施、推广，科学技术的进步和政治民主、文化繁荣、人性的全面发展分不开。先进的科学技术可能会产生在一个经济还不发达的国家，但精神被压抑的民族永远不会走在科技发展的前列。

中国社会的现代化，就其显著特征和最终结果而言，是我们通常所说"四个现代化"，但就其深层结构和本质而言，则是人际关系和社会结构的现代化，包括人们思想观念、文化精神的现代化。根据分析人际关系的三个

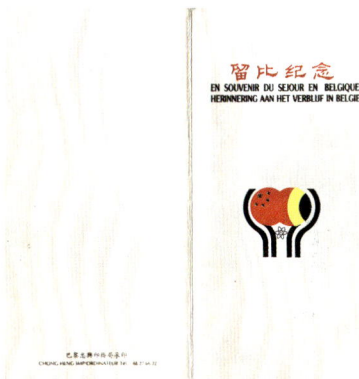

层次，我把社会现代化的要素分为三个组成部分。

在微观层次上，人与人关系的现代化被放在人的最基本的特征上来考察。从人的精神属性来说，人类理性的核心是"自我意识"；从人的自然属性来说，人的能力是生而平等的。"自我意识"是一个哲学概念，不应滥用于个人和集体、国家的关系，它指的是个体对自身价值、责任和能力的反思。在中国古代社会中，强烈的血缘伦理观念和君权政治湮灭了人的自我意识和独立人格，责任感和创造进取精神被压抑。现代化的进程是人的精神解放和人性的全面发展，是自我意识的复苏。人的素质是现代化建设中最重要的因素。只有自重的人才能尊重别人，才配委以重任；只有自强的人，才敢于创造求新。在民族精神中减少依赖感，打破奴隶性，增强自信心，是建设精神文明的基础工程。

人就其与自身关系来说，应增强自我意识，但就其与他人关系来说，应有平等观念。人是生而平等的，就是说，每个人都有平等的天赋能力，因此也应享受平等的权利。人的能力平等，并不是说人在每一个方面都有相同的能力，而是承认总体的均衡：人的能力在某一方面的缺陷，总可以在另一方面得到补偿。人各有所长，因此应该各显其才。从这个意义上说，每一个人都是一个人才，天生我才必有用。培养人才的口号不能理解为选择少数人才。现代化对人才的需求，不只是几万个科技精英，几十万个高级经理，它既需要智慧的大脑，又需要灵活的双手，既需要精干的管理人员，又需要高质量的劳动大军，既需要组织者，又需要书呆子。只有各尽其才、各显其能的群体，才能创造绚丽多彩的社会。按照平等的原则，人的天赋能力应该得到全面的充分发展，就是社会现代化中最宏大、最激动人心的潮流。

在宏观层次上，人被看作社会的分子，人和人的关系在这个层次上是单个社会成员之间的关系，主要表现为伦理关系和文化关系。

先说伦理关系。中国和西方伦理传统都强调博爱原则，孔子的"仁学"和康德

赵鋆华同学留比纪念 一九八二年十月——一九八八年七月

中华人民共和国驻比利时王国大使馆赠

的"道德律"有异曲同工之妙，是伦理学上的美妙篇章。但是，因为历史发展的铁的法则表现为恶，伦理学中"善"的原则在历史进程中往往得不到显现，但人类并没有因此而放弃真善美的理想。现代化就是在追求这一理想过程中实现的社会进步。批判人道主义是和现代伦理精神相违背的，宽松和谐是现代社会中最起码的气氛，在一个充满社会矛盾，以批判、斗争和毁灭为最高原则的社会中是实现不了现代化的。

在文化精神领域，宽容原则尤为重要。迷信"正统"、排斥"异端"是民族精神衰落的表现。西方中世纪的宗教裁判所和宗教战争，中国古代的"文字狱"和不久前才结束的"文化大革命"，都是统治者或一部分公民对另一部分公民的精神生活不能容忍而人为制造的历史悲剧。没有精神上的宽容，就没有文化上的繁荣，民族的精神生活也就停滞了，而一个精神生活贫乏的民族又是最不能容忍异

中国驻比利时和欧盟大使刘山题词，江长钦为政治参赞

己文化的民族。这样，最终导致民族毁灭的恶性循环也就开始了。打破这一循环，就要在伦理、文化关系上改变褊狭的观念。文化繁荣了，人们接触面越广，视野越开阔，也就越能宽容，越善于从不同的文化中吸收养分，这是一个良性循环。中国社会现代化在文化上应该是这样一个能够融合中西伦理、文化的良性循环过程。

在宇观层次上，社会的人被看作是一个整体，与其他实体联系在一起考察。人的关系在政治实体中是政治关系，在经济实体（包括作为生产对象的自然界）中是经济关系。

先说政治关系。现代政治的准则是民主的原则。民主和自由一样，不只是手段。人不是经济动物，人的目的不只是寻求物质资料，也寻求包括自身精神生活和能力的丰富和发展。民主、自由是成熟了的民族所具有的特征，是衡量现代化程度的标尺。

世界上一些国家在寻求现代化过程中想避开民主化的道路，结果现代化计划难以奏效。还有一些国家经济改革，因为缺乏民主政治的支撑而半途而废。基于这些教训，我们可以预见，即将兴起的中国政治改革以民主化为其基本内容，必将对经济改革的成功产生不可估量的影响。

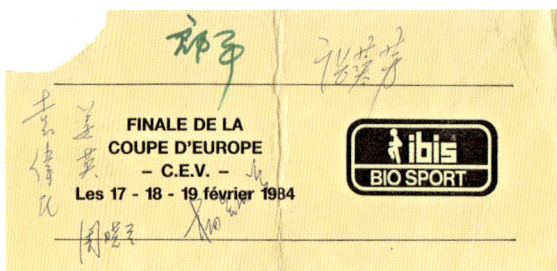

1984年女排世界锦标赛中国夺冠，赛后郎平、张蓉芳、周晓兰、杨锡兰、姜英和袁伟民在我的门票上签名

再说经济关系。现代社会中，人们的经济关系是建立在公平原则上的。社会主义"各尽所能，按劳分配"的原则是一种公平原则。这里需要补充的是，公平原则和前面所说的平等原则是有区别的。

现代化社会承认人生而平等，力求给予人的平等机会来竞争发展。但是，人所不能控制的经济规律、自然规律也参与到人的经济活动，社会财富的分配不可能完全取决于人的劳动量，劳动成果在一定程度上还依赖机遇和其他偶然因素。因此，即使在平等原则的前提下，公平原则所带来的后果也必然是财富分配的不平等。取消这种不平等，也就是取消了经济活动所需要的刺激和活力。这是吃了几十年"大锅饭"后中国人得出的教训。但另一方面，如果放任经济不平等的发展，也会造成公民在社会地位上、乃至人格上的事实上的不平等，使得"人人生而平等"成为一句空洞、虚伪的口号。因此，政府应该通过干预调节手段适当限制经济竞争中的幸运儿，保护失败者。如何在实际中掌握这种调解干预的量和度，也就是说，弄明白在何种程度之内经济上的不平等可以最大限度刺激经济发展，而又不至于激化社会矛盾，就是社会政治经济理论中的"斯芬克斯之谜"。解开此谜是保持现代化社会稳定平衡的关键所在。当前中国价格工资改革的难题，其源也出于此。人们期待着中国的经济学家在这方面做出独创性的工作，希望在座诸君多多努力。

一九八六年八月于卢汶

　　论文在会上受到来自两方面的批评。一方面，年纪较大或刚从国内来的研究生、进修学者认为，我凭哲学思辨考虑中国实际问题，是坐而论道的"海外奇谈"；另一方面，在国外多年已被"西化"的年轻人，特别是最早从高中生中选拔的公派本科生，批评我不知道中国劣根性，是乌托邦。我第一次尝到"左右为难"滋味。

　　1987 年 8 月 1 日，应学理工的留学生请求，我在留学生中心介绍西方科学哲学新思潮，引起科学与民主关系的讨论。有人提起在国内报纸上看到的新权威主义，引起争论，有的人赞成，有的人反对。我做了一个总结发言，后根据录音整理成文字稿。

　　新权威主义的提倡者和反对者似乎各执一端，但两者并非没有相同之处。

　　新权威主义的提倡者强调，在经济落后又缺乏民主传统的国家和地区，依靠开明专制建立起来的权威是经济起飞与社会繁荣的必要条件。他们并

卢汶留学生会合影，二排左五为刘山大使

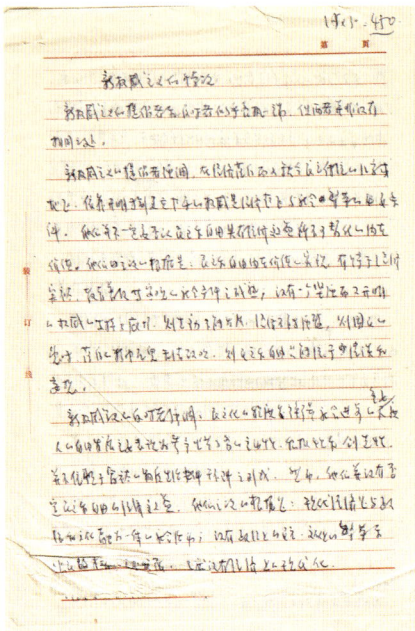

不一定要否认民主和自由具有经济效益所不可替代的内在价值，他们立论的根据是民主和自由的内在价值的实现有待于经济富裕、教育普及等客观等社会条件之成熟，没有一个坚强而开明权威的支持与庇护，则生产力不能发展，经济不能强盛，则国民愚昧，落后的精神面貌无法改观，则民主和自由流于清谈和幻想。

新权威主义的反对者强调，民主化程度是衡量社会进步的重要尺度，人的自由发展主要表现为参与公共事务的主动性、积极性和创造性，并依赖物质生活环境之形成。然而，他们并没有否定民主和自由的经济效益，他们立论的根据是，现代经济是与政治和文化融为一体的社会活动，没有政治上的民主、文化上繁荣和公民才智的充分发展，也就没有经济上的现代化。由此可见，新权威主义的提倡者和反对者之间争论真正的症结在于，提倡者强调开明专制的功利价值，反对者强调民主和自由是人的内在价值。前者认为，开明专制的功利效果是实现民主和自由的必要条件；后者认为，这些功利效果只能是民主和自由的副产品。换而言之，提倡者从功利价值出发推导出内在价值的判断，而反对者则从内在价值的判断出发推导出功利价值的判断。

任何基于理性的辩论，都必须从一个辩论双方所能接受的前提出发。为了设定一个共同的前提，有两个选择：或者让新权威主义的提倡者把他们对于开明专制所作功利价值判断改变为内在价值判断，或者让新权威主义的反对者把他们对于民主作出的内在价值的判断变为功利价值判断。

第一种选择很难为人们所接受，谁能同意专制和权威不是手段而是目的本身呢？于是第二种选择成为唯一可行的方案。让我们抛弃关于自由和民主的各性论和人道主义的观点不论，讨论这样一个问题：民主制度的功利价值何在?

我们不妨把不同的政治体制分为三类:开明的专制、民主制以及恶性的专制。

开明的专制具有高效率的运转体制,它能够最迅速地制定出合理的治理社会方案,并能最广泛地动员和集中人力与物力,以最彻底的手段贯彻实施那个合理方案,以取得最大限度的功利。

在民主制度之中,法案是在各种意见的争论中确定的,法案的实施有赖于各种社会力量的平衡,在争论和均衡等过程中会消耗掉一部分原本可以用来创造更多功利的时间和精力。

恶性的专制者发号施政的迅速性和彻底性,不亚于开明的专制者,只是他或他们所造成的是功利的负价值,效率越高,负价值越大。

如果逐个评价以上三种形式的政治体制的功利价值,人们也许会得出这样的结论:开明专制、民主制以及恶性专制的功利价值依次递减。

然而,还有另外一种比较方法:虽然民主制并不具备开明专制较高的功利价值,但它能够避免蒙昧专制造成的功利的负价值,选择民主制的主要

1987 年 11 月 22 日李先念、乔石等接见比利时留学生代表。我在二排居中

根据不是两利相权取其大，而是两害相衡取其轻，民主制的主要功能不是趋利，而是避害。开明专制也许可以较快地造成经济起飞、社会繁荣的局面，但不要忘记，蒙昧专制可以轻易地使经济衰退、社会凋零。

一切专制的共同特点是缺乏对当政者有效的制衡，而因为没有制衡因素，开明专制向愚昧专制转换不仅是可能的，而且通常是不可避免的。"绝对的权力产生绝对的腐化"这句话并非没有道理，随着时间的推移，依靠开明专制的权威和效率而获得的较大功利总是要被接踵而来的蒙昧的专制说造成的负功利所抵消，甚至出现功利总额的"赤字"。

新权威主义的拥护者力图使人们相信，开明专制其所以开明，就是因为他能够创造向民主制过渡的条件，并能够杜绝使自身蜕变为恶性专制的可能性。但是，如果开明专制果其如此优越，在自身中必然包含能够约束、制衡自身的力量，如果一个体制内部能有效地约束和制衡自身，那么，这个体制岂不恰恰是民主制而不是任何形式的专制了吗？因为民主和专制的差别就在于体制内部有没有制约当权者的因素。

这就是新权威主义的悖论：如果他们不能阻止开明专制向蒙昧、恶性

会后合影。我在二排左二

专制的转化，那么他们必然赞同，具有较高功利价值的是民主制而不是开明专制；如果他们能够阻止上述转换而确保开明专制经久不衰的功利价值，那么他们所诉诸的，将不是专制的手段，而是民主的力量。在这两种场合，新权威主义对于开明专制的依赖，都有悖于自己立论的根据。

九、博士论文写作和答辩

1. 写作过程

我选罗素和维特根斯坦作为博士论文主题，除了节约学语言的时间成本，主要原因是我的逻辑和分析哲学的课程学得比较好，成绩多是 AAA 和 AA，理解早期分析哲学的逻辑分析方法和罗素、维特根斯坦的书，对我来说不成问题。和硕士论文不同，我的博士论文不想钻爆冷门，而要力求全面系统而脉络分明，为此要读罗素和维特根斯坦的全部著作，还有大量的二手文献，任务不可谓不重。我自信有多年读书做笔记、善于概括和精炼的能力，能够把大量材料浓缩成条理分明的论述。

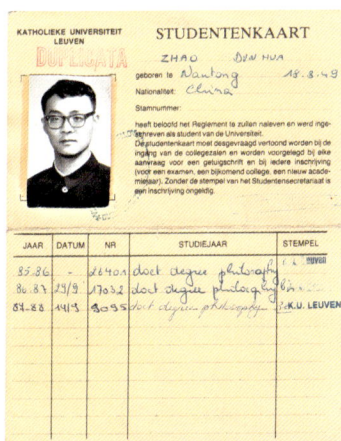

博士生学生证

导师德丹教授指导有方，他从不和学生做没有结果的讨论，每次预约时间，他都要求准备文字稿，或提纲，或全文。如果是提纲，他一条一条询问，落实内容；我的选题经过对提纲的几次讨论才拟定。以后每写一章，拿给他审定，约一星期后取回修改，每次没有大改动，在少数地方打磨得更精细，或要求做更多补充说明。写一章改一章，以后出现新问题再回过头来修改写过的章节，就这样，循序渐进地写了 10 章。

到弗兰克任教的学校学开车

德丹教授劝我找美国同学帮助修改语句，他对我说，英语一些用法很灵活，母语非英语的人很难把握，我们写文章也请美国人 Polish(润色)。我请弗朗克帮忙，他很乐意，他在美军驻比利时基地兼职教英文，在英语写作上有一套。他把我的论文初稿改成地道的英语表述。经常改的地方是冠词的用法，我按照语法规则用冠词的地方，他改作不用，不用冠词的地方改作用，似乎应该用定冠词改作不定冠词，或把不定冠词改作定冠词。我问为什么这样改，他有时说出道理，有时说习惯上就是这样说的，没有什么道理。比如，在 historical 的不定冠词用 an 而不是 a, 弗朗克说是习惯用法，斯蒂夫解释这原本是某地方言，连读成 an(h)istorical ，后来成为普遍写法。

我写博士论文的最大助力来自计算机的伟大发明。留学前三年，我的打字速度不到外国学生的四分之一，打字耗费了我大量时间。1985 年一开始，我就发现了计算机这个好东西，卢汶大学哲学所没有计算机，只得在MBA 项目和农学院的机房里"蹭"。开始用的是 7 吋屏幕、5 吋软盘插口的 IBM 286, 那时录入软件有好几种，我一开始就正确地选择了 word, 先用MS word 2.0, 录入速度比打字机提高不知多少倍，改错排版易如反掌，word 3.0 开始有了查错功能。计算机代替了手稿，在计算机上边想边写边改，这样越写越顺，越写越快，得心应手，写了 500 多页，打字量比前三年多 2 倍，但花了不到二分之一的打字时间，效率远不止事倍功半。

虽然有多种有利条件，但努力工作是最重要的必要条件。我的笔记本里充满"全天看书""看书而已""全天写作""全天在图书馆""在计算机房"这样的简单记录。在工作间隙接待来人、走访、写信、晚上去看电影，只是在离开卢汶的少数时间里才不工作。

我如此努力工作，也有外来压力。1986 年 2 月 7 日，新上任的教育二秘找我谈话，提醒我 8 月份四年留学时间就要到期了。我告诉他，文科不像

用功写作

工科那样可以直接读博士，我是从读学士开始的。他说特殊情况可延长一年，再延长就要自费了。我心里明白，我的博士奖学金已经改由卢汶大学发放，期限为五年，使馆没有停止或换人的支配权。不过，即使如此，我也不愿到 40 多岁时还在当学生，决心用三年时间拿下博士学位。在卢汶，多年前有个比利时学生曾用三年拿到博士学位，我需要付出比别人多数倍的努力，才能刷新这个纪录。

2. 论文梗概

1985 年 10 月—1988 年 7 月，我完成了博士论文《罗素和维特根斯坦的对话：根据他们共同问题起源和发展考察他们哲学的演进》（Russerl and Wittgenstein in Dialogue: A Survey of the Evolution of their Philosophies in the Light of the Rise and Development of their Common Problems）。论文正文 525 页（A4 1.5 行距），参考文献 65 页（A4 单行）。论文对罗素和维特根斯坦的著作，包括罗素的《数学原理》《知识的理论》《逻辑原子主义哲学》《心的研究》和维特根斯坦的《逻辑哲学论》《哲学研究》，做了系统的考察。

论文秉承"要理解一个哲学家的思想，必先理解他的问题"的方法，认为如果不理解罗素和维特根斯坦在相互影响中发生、发展的共同问题，就不能理解他们各自哲学的特点和变化。按此思路，论文把罗素和维特根斯坦相互影响的过程分为早中晚三期。

论文前三章考察早期，第一章从罗素把传统哲学问题归结为逻辑问题开始，强调罗素在解决新兴数理逻辑与哲学关系时柏拉图主义的预设带来的理论困难。第二章阐述罗素和维特根斯坦在 1912—1914 年间的交往。罗素被他的这个学生的

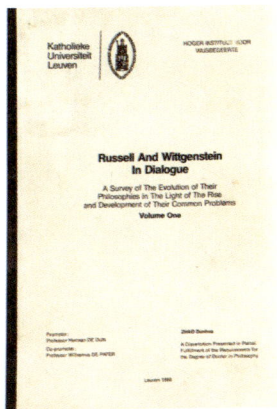

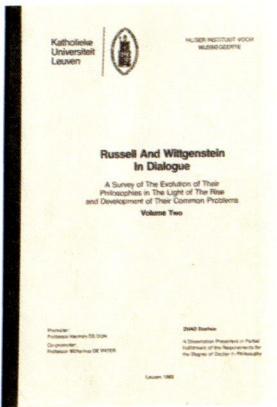

博士论文第一、二卷

激情和天才所打动，维特根斯坦深刻的洞察力和强烈的批判，结束了罗素试图解决数理逻辑本体论基础问题的努力。而维特根斯坦在《逻辑笔记》《1914—1916 年笔记本》中广泛地思考了数理逻辑符号的意义。第三章系统地解释了维特根斯坦的《逻辑哲学论》，解释的参照系是从微观（micro）、宏观（macro）和全局（global）三个层次，分析了该书针对罗素和弗雷格提出但未能解决、或被他们忽视的问题所提出的解决方案，在全局层次，维特根斯坦对罗素心理命题分析的批评，表达了他的伦理神秘主义与罗素的逻辑哲学世界观的分歧。

第四、五章考察中期的罗素和维特根斯坦。第四章解释罗素在《逻辑原子主义的演讲》中多次表示得益于维特根斯坦的理由，以及他在 1924 年《数学原理》第二版中用了一百来页的篇幅针对维特根斯坦的批评，但他不接受把逻辑概念和命题与经验内容相分离，他从知识论和心理分析的角度批评《逻辑哲学论》的不充分性。第五章考察维特根斯坦在《哲学评论》《哲学语法》中对自己和罗素前期共同持有的逻辑分析的批判性反思，罗素的反批评是促使他向日常语言分析转变的一个重要因素。

第六、七、八章考察罗素和维特根斯坦晚期。第六章综述罗素 1921—1950 年的《心的分析》《物的分析》《哲学大纲》《意义和真理研究》《人类知识》中调和哲学争论的倾向，罗素试图调和的争论包括观念论与唯物论、心理主义与行为主义、怀疑论与逻辑思辨，分析的与有机的语言观。第七、八章系统考察维特根斯坦的《哲学研究》，第七章对该书前半部分的解释，集中于对他和罗素曾经共享的思想和罗素专门思想的未经考察的前提的揭示和批判，第八章把《哲学研究》第 310 节以后部分解释为维特根斯坦与罗素的对话，对话围绕罗素后期试图调和的那些问题，揭示其中的悖论和思维混乱。

第九、十章是总结。第九章从罗素 1959 年对维特根斯坦的批判开始，引出他们在哲学观上的根本分歧，揭示两人在讨论共同问题所持不同观点和方法的根源所在。第十章考察维特根斯坦和罗素的分歧对分析哲学走向的影响，使用的案例包括：牛津学派对罗素的批评，沃尔诺克对奎因本体论承诺的批评，艾耶尔对维特根斯坦反私人语言论证的批评，戴维森和达米特与牛津学派的分离，以及罗蒂对分析哲学的批判性评价。

3. 圆满的句号

1988 年 7 月初，卢汶大学哲学所公告栏贴出一份通知：

赵敦华先生将进行论文答辩，博士论文题为《罗素和维特根斯坦的对话》，以及为获博士学位提交的三篇附论文。答辩将于 1988 年 7 月 9 日上午 11 点开始，地点：哲学所麦西埃主教大厅。敬请诸位光临。

Katholieke
Universiteit
Leuven

INSTITUTE OF PHILOSOPHY

Mr. Zhao Dunhua

will defend h is. dissertation entitled

Russell and Wittgenstein in Dialogue

and three additional theses for the degree of Doctor in Philosophy.

The defence will be on ...9 July 1988

...................................., at ...11 am., ..., in the Cardinal

Mercier Room of the Institute of Philosophy, Kardinaal Mercierplein 2, Leuven.

You are cordially invited.

答辩会通告

我提交的三篇附论文题目是：1. 康德的哥白尼革命应被理解为：既是在方法论意义上对一种常识的颠倒，也是在本意上的反人类中心主义规划；2. 海德格尔的"此在"观念不是胡塞尔的一个对手（如同一些研究者所认为的那样），而是胡塞尔先验自我的一个发展；3. 中国和西方哲学在主题上的差异可被解释为中国和西方哲学在关注点上的差异。

从原则上说，答辩问题不限于主论文，答辩委员和听众也可以针对附论文的观点提问。麦西埃主教大厅是哲学所最大的会议厅，主要活动都在此举行。

我翻看日记，7 月 9 日（周六）只有一行字："上午 11—12：20 答辩，获最优秀，招待会至 2 时，下午见 De Pater 教授，晚去弗朗克处聚餐。"这一天是我的人生最大日子，这一天日记记载的每个字都很重要，每件事都历历在目。

1988 年 7 月 9 日上午 11 时答辩准时开始，答辩委员会由五人组成，除了导师德丹，副导师德·帕特（W. De Pater），合作导师伯姆斯，还有所长东特，所学术主任斯蒂尔，由东特任答辩委员会主席。这五人都是大牌教授，阵容强大。大厅里的听众很多，我的太太、朋友、中外学生，还有不少不认识的人，约七八十人。

答辩程序和国内差不多，主席宣布开始后，先由我做 20 分钟陈述，然后提问答辩。东特和斯蒂尔教授没有提问题，德丹最后象征性地提了个问题，时间主要留给德·帕特和伯姆斯这两位教授，他俩是世界一流的分析哲学的专家，我的分析哲学知识是从他们的课堂上入门的。伯姆斯提了两个关于维特根斯坦的问题，我对他的观点比较熟悉，做出自信的充分回答。德·帕特在课程考试时比较和善，而在论文答辩时以严格著称，他主要针对论文涉及的逻辑提出了一连串技术性问题，我一一先记录，后回答。

问：第 67 页第 3 行：Fx 好像不是二阶逻辑的例子。

答：罗素在 Principia 的分类不考虑量词，他把 Fx 和 F（fx）归于一元二阶命题。

问：第 120 页，在罗素逻辑原子主义中，事物与事实的结合蕴含它与事态的结合吗？

自我陈述

回答德·帕特教授问题

答：罗素区分了原子事实和事实两个层次，维特根斯坦把原子事实叫做事态，事物被叫做简单事物。对罗素而言，事物结合为原子事实，原子事实结合为分子事实，事物在事实中的结合是分子事实，与维特根斯坦所说的事态没有蕴含关系。

问：第 124 页说《逻辑哲学论》前言中忽视了罗素和弗雷格的区别，提到两个理由，维特根斯坦难道不知道罗素摹状词理论的重要性吗？

答：维特根斯坦采纳罗素对指称与意义的区分包含对摹状词理论的认可，但没有把这个理论放在重要地位，后期干脆抛弃了它。

问：第 203 页倒数第 8 行："x 先于（before）y"是逻辑命题吗？ x，y 是逻辑变元吗？指称什么？

答：那是罗素认为的原子命题，x，y 是"这""那"的简单名称，有直接指称，但依照直接指称的对象的不同而有不同意义。

问：第 505 页第 5 行奎因的本体论命题的"特殊变元"指什么事物？

答：个体。

最后，德·帕特问：在一阶命题函项 fx 中，如果 x=0，谓词 f 陈述什么？

我知道这是"一针见血"的问题，答案或对或错，没有含糊的余地。我思索片刻，全场没有一点声响，我回答一句话：f predicates all that is not itself（f 陈述一切与自身不相等同的东西）。德·帕特教授含笑首肯：Well, that's a good idea（不错，是个好主意）。全场发出会意的笑声，我也松了口气。

东特询问在场的人有没有其他问题，无人响应，宣布暂停。五位答辩委员到小

宣布答辩结果，合影留念

答辩会后招待会

会议室评议片刻，出来时全场起立，东特教授宣布答辩结果：通过答辩，授予哲学博士学位，成绩为 summa cum lauda。全场爆发热烈掌声，我太太手捧不知谁给她的一束鲜花，代表亲友上前祝贺，我们与答辩委员合照，五位委员在卢汶大学哲学所签发的具有法定效力的博士学位证书上一一签字，当即授予我博士证书。按照学校规定，我正式发表了博士论文内容的出版物，再来换取校长签发的博士学位证书。

随后，在楼下的接待室举行我个人的答谢招待会。一些没有参加答辩的任课老师，如伯奈特、莫尔斯、范德普特（Van de Putte）等教授和朋友来了。我和诸位教授和朋友们频频举杯，表示他们多年来对我的教诲、帮助。他们向我取得好成绩表示祝贺。summa cum lauda 是中世纪表示最好成绩的拉丁文术语，summa 意思是大全，cum 意思是非常，lauda 意思是好，翻译成英文是 highest distinction，可中译为全部最优。提交博士论文是博士学位的部分要求（partial requirement），答辩委员会综合评审博士阶段讨论课、附论文，特别是答辩表现，各环节全部优异，才给予这个难能可贵的评价。我是哲学所第一个获得这个最高评价的亚洲学生，三年时间内获得这一评价殊之不易。

德·帕特教授叫我下午会面。招待会散后，我去他的办公室，他把一叠纸交给我说，这是他为答辩准备的评论和问题，让我回去看一看，希望对我以后修改论文时有用。我回来后一看，密密麻麻写了五大张纸，如果

德·帕特教授的嘱咐

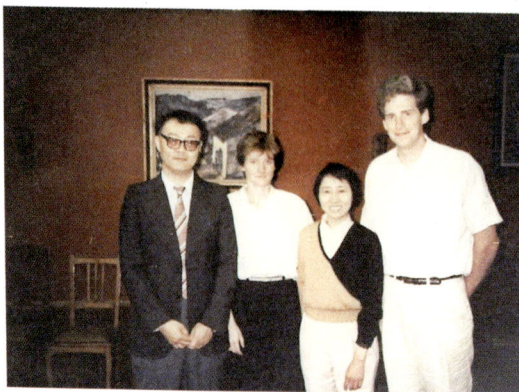

弗兰克夫妇祝贺

照着念至少需要一小时，答辩时只抽出其中少数几个提问。德·帕特教授用平等协商的表述写了一篇完整的审读报告，抬头是 Dear Mr Zhao，最后一段总结几个问题，用请求口气提问：help me to solve those matters? 完全是英国绅士的口气。读后不禁为之动容。德·帕特教授是我的副导师，但我只在实在想不通的时候才向他请教过几次，平时由德丹教授审核初稿。想不到德·帕特教授一丝不苟地审读了论文定稿，提出全面、细致的修改建议，名副其实地履行了副导师的职责。如果有机会出版博士论文，一定要把德·帕特教授的审读报告附上。可惜他于 2015 年逝世了，愿他在天堂幸福。

晚上我和太太到弗朗克家里，参加他和克瑞斯以及斯蒂夫夫妇为我们举办的祝贺聚会，回忆学习的艰难时光，不胜唏嘘；看到我的成功，他们和我一样高兴。弗朗克赠送最新第九版的《韦伯斯特学院大辞典》作为贺礼。我有点伤感地说，以后你不能帮我改英文了，用这本词典代替吧。弗朗克说你有需要时可以把稿子寄来，我还可以帮你改。可惜当时没有 e-mail 这样快捷的电子通讯方式，回国后忙于事务，与他们的联络竟冷落了。我们和弗朗克夫妇于 1990 年和 1995 年在北京见过两次，第一次他们来旅行，我们尽地主之谊；第二次克瑞斯去西安参加比利时杨森医药公司的业务会议，他们顺访了北京。至于斯蒂夫夫妇，回国后再没有和他们见面。现在只能默默在心里祝福弗朗克和斯蒂夫这两个兄弟，祝愿他们家庭美满、生活幸福。

1990 年在天坛和弗朗克夫妇合影留念

1996 年德丹副校长和北大校长签订两校合作协议

十、重新开始的迷惘

几天后，德丹、德·帕特和伯姆斯三位答辩委员为我写了推荐信。德丹写道：

"赵敦华先生是我所1970年开办英语项目以来最有才智和最出色的学生之一"，"他的博士论文不仅在维特根斯坦研究方面，而且在关于分析哲学性质和地位日益增进的争论方面，做出了原创的重要贡献"，"从我认识赵先生时起，我不只是把他当做我的一个学生，更多的是把他当做一个研究上的同伴，一个哲学家同行。他的卓越的智力和对哲学学术和研究的深厚兴趣，使他成为我所知的哲学新博士中最有前途的一员。他受到哲学史的广泛训练，在博士研究中对分析哲学的彻底把握，赵先生注定要在西方哲学在东方的进一步传播和讨论中发挥重要作用"。

德·帕特教授写道：

"赵先生作为刻苦的工作者和非常有能力的研究者，我和我的同事对此非常钦佩。他学习非常敏捷，表现出深刻的洞察力。我很高兴与他一同工作。赵先生在任何高等学术机构都将成为一位有价值的学者。"

伯姆斯教授写道：

"他在听课和考试时对纠缠的哲学难题有牢靠的把握，在这方面的学术行为非常出色"，"我非常钦佩他提交的著作。赵先生证明他不仅是非常努力的工作者，而且对分析哲学有坚实和专业性的把握。我认为他的博士论文是学术的杰作，对研究罗素和维特根斯坦的著作都做出了原创性的和重要的贡献。"

其实，三位教授的高度评价也许对我在国外求职是有力的推荐，但我根本没有考虑申请国外单位职务或博士后的可能性，一心要到国内大学求职。

出国时再三要求我们学成回国报效祖国，但到我们第一批国家公派出国留学生时，报效祖国的机会是不多的。早在1987年下半年，《人民日报》海外版刊登招聘外国留学生信息，每期我都留心记录，统计下来，全国共有十几所学校招聘哲学专业留学生，其中有几所招聘西方哲学史和现代西方哲学。我和当年父亲一样，首先考虑的是照顾父母的就近标准，首先向南京大学和复旦大学寄送了申请材料。复旦大学时任系主任来信告知，1988年没有进人指标，明年争取名额。南京大学一直没有回音，我在江苏省委宣传部工作的姑父还到学校询问，也不得其果。

北京大学没有刊登招聘广告，1987年10月北大校长张龙翔率团访问比利时，张校长去法语卢汶大学，10月26日晚罗豪才副校长到荷语卢汶大学，我和即将毕业的谭少华到卢汶留学生中心拜见罗豪才副校长，他表示欢迎我们来北大工作，他主管外事工作，但会把我们的申请材料转到人事处处理。谭少华不久收到北大接受函，通知他去计算机系读博士后。1988年1月31日为谭少华夫妇送行，托他当面递送我的申请材料，我在北大不认识任何人，在信封上写了"北京大学人事处收"。一个多月后，谭少华来信说，他在去人事处的路上，看到路边一个单位挂着"外国哲学研究所"的牌子，和我的专业完全对口，就把材料送进去了。等到7月份答辩通过后，北大没有音讯，我以为和复旦、南大两个学校同样不接受。

武汉大学没有刊登招聘广告，陈老师当然希望我回武大，武大陈维杭老师来法国开会，4月12日专程到比利时转达陈修斋老师的召唤。我正准备请陈老师帮忙申请武大时，7月下旬，收到北大人事处函件。全文如下：

赵敦华同志：

经研究，我校拟聘任你为哲学系讲师职务，并提供住房一间。如同意，

欢送谭少华博士回北大

遥望东方

请在回执上签名并将回执寄回。上联请你保存，作为来校报到的凭证之一。若在三个月内不寄还回执，我们将认为你不拟来我校工作了。

申请回国工作一波三折，无论如何，我真的马上就可以回国了。

留学日记的最后一周的记事如下：

9月19日　一

下午去催机票。交 Review 稿。图书馆。晚抄稿。

9月20日　二

上午去使馆与许（教育处二秘）谈账。收荷兰信。抄稿。晚去卓（新平）处。

9月21日　三

上午取机票。收 Kant（《康德研究》）信及稿。晚参观胡塞尔展览会。去苑（举正）处吃饭。

9月22日　四

中午 Moors 教授请客。下午整理（行李）。晚去李（里根）与张（征宇）等谈。卓（新平）来一会。

9月23日　五

上午去图书馆，下午去银行换钱。见许（教育处二秘）交钱拿证明。

1982—1988.9.26

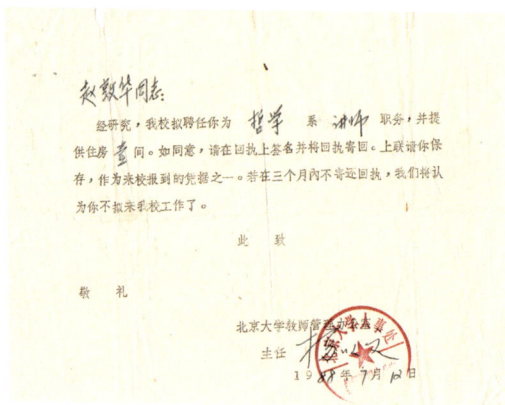

录用通知书

发香港稿件。

9月24日　六

上午购物。去弗郎克处。斯蒂夫、李里根、陈（国青）夫妇、苑（举正）来。

9月25日　日

上午苑（举正）送至机场，弗朗克夫妇送行。中午到法兰克福，转机到香港。

9月26日　一

上午9:30到香港，即转机到北京，谭（少华）接，晚在其家吃饭。

最后一星期做了不少事。第一，继续在图书馆工作，写完和抄完了香港三联书店约写的《维特根斯坦》书稿，临走前寄出。第二，收到荷兰出版社商量计划出版博士论文的信函，以及《康德研究》寄回我5月份投稿的修订稿，回国后疲于生计，生活安定后开始写《基督教哲学1500年》，这两封信都没有回复。第三，结识了卓新平。我们两人不认识，最后一次到图书馆邂逅了这个看起来像从大陆来的学人，询问才知道他叫卓新平，从中国社科院宗教研究所来慕尼黑大学读博士，这次来卢汶查资料。初识交谈投机，后来两人又到各自住所互访。卓新平次年毕业回国，我们在北大建立宗教学系之后，成为同行加朋友。第四，我和太太回国路费由卢汶大

与台湾同学苑举正合影留念

整理行装

飞回北京

学支付，因图书资料太沉，行李托运要到安特卫普海运，使馆教育处派车运，但要自费，于是口头算账，一手交钱，一手给出国留学证明，两清之后，送行接机都是朋友间的私人交情，出国时的公派安排不再有。

不仅如此，临行前两天晚上，张征宇也许良心发现，也许为了警告，流泪透露一些关于我的流言蜚语和告状内情（此处省略）。这对我来说算不了什么。我担忧的是国家可能要出大事。即将来临的一年注定是要命的一年，它不只是一年，而是一个旧时代的结束，一个新时代的开始。那个正在消逝的艰辛时代，令许多人留恋，而新时代的来临，多数人没有准备好，因为完全不知道会发生什么事。"北国花正开，已是江南花落，剩着墙边红杏，客里漫愁寂寞"，这首诗是我当时心情的写照。怀着这样复杂的心情，我来到北京大学。

第五篇　融入北大传统

一、有容乃大

光阴荏苒，10 年之后，1998 年北京大学校庆一百周年，征集校友回忆录，编成《精神的魅力》文集。我以"有容乃大"为题，写了在北大 10 年的感言。

1988 年，我从比利时卢汶大学毕业前夕，向国内一些单位发出求职信，有些国内来的进修教师劝我："别去北大，那地方压人。"我是按照当时《人民日报》海外版的招聘广告发信的，其他学校皆无回音，只有北大回信表示接收。我在北大既无老师，又无同学亲友，连一个熟人也没有，我的求职材料还是托先我半年毕业的留学生带到北大去的，听说学校的两个单位哲学系和外国哲学研究所都要接收我，仅从这一点看，我就知道北大不压人。通过博士论文答辩之后我就立即启程来北大报到。

报到之后收到聘书

与现在回国博士相比，当时的条件不算优越：讲师职称，筒子楼住房一间，这是回国之前就讲好的条件，我觉得可以接受。当时国内毕业的博士，也是这个待遇，我干嘛要特殊。但我还是享受了一点优待。

在北大筒子楼

回国一个月后，学校就把我由 22 楼 9 平米一间调到 55 楼 16 平米一间的住房，虽然都是筒子楼，但运回来的书箱子可以打开了，还在居室一隅营造了一个"书房"小环境，在那里读书备课，怡然自乐。我最初出版的几本书，就是在那个小角落里诞生的。

久仰洪谦先生

楼宇烈教授大力推荐

初识黄楠森先生

北大名流荟萃，现代中国著名哲学家，或为北大名师，或师出北大。我是通过他们的著作认识他们的，那只是一种"神交"，我常为自己不能成为他们的授业弟子而感到遗憾。但他们却把我当做自己的学生一样提携培养，这是我来北大工作感受最深的一段经历。

1988 年 9 月底我来北大报到，正赶上中华外国哲学史年会在武汉大学举行年会。我接到时任学会理事长陈修斋先生发来的电报邀请，匆匆赶到武汉向陈先生汇报学业。陈先生为我到北大工作感到欣慰，他对我说，想不到你的博士论文做了分析哲学的题目，北大洪谦先生是中国分析哲学的创始人和领袖，你可以多向他请教。我曾经读过洪先生写维也纳学派的书和文章，这次从陈先生那里了解到，洪先生长期担任北大哲学系外国教研室主任，我熟读的《西方古典哲学原著选辑》四本书是由他主持编译的。如此说来，我与洪先生"神交"已久，更加景仰，只是不敢冒昧拜访。上班不久，哲学系为我申请国家教委优秀青年教师基金项目，需要两位专家推荐。当时负责科研和研究生工作的副主任是楼宇烈先生，他对我说，他已经向两位先生介绍了情况，你直接去他们家中联系吧。与洪先生相识可谓一见如故。当我把出版不久的《维特根斯坦》一书呈现给洪先生指教时，他说："书我已经看过了。"这本书列入高宣扬先生在香港三联书店主编的"西方文化丛书"出版，原来高先生是洪先生学生，洪先生是这套丛书的编辑顾问，丛书中的书由出版社寄给他。看来，洪先生对我的书看得很仔细，书中的一些不起眼的问题都提出与我讨论，初次见面谈得十分融洽。

我第一次拜见黄楠森先生有些唐突。我进门时他正在吃晚饭，请我先去书房里等候，其实不过十几秒钟，他也进了书房，饭也没吃好，就为我写推荐信。初次见面，他没有多话，只是仔仔细细把我填好的申请表看了一遍，时而援笔疾书，时而凝神思索，半个多小时，写了密密麻麻两大页。推荐书对我申报的研究项目的意义加以充分肯定，对我的能力和素养表示信任。后来与黄先生熟悉了，他告诉我，他原来也是学西方哲学的，因为工作需要，才改学马哲。黄先生是全国马哲史界的泰斗，一贯主张学贯中哲和西哲，马中西不要分家。近年来，黄先生向人学这一领域开拓，在全国很有影响，北京市以人学研究课题为重大项目招标，学术界都说此项目非黄先生莫属。黄先生主持、组织了课题组，由陈志尚老师负责马克思主义人学，由李中华老师负责中国人学史，由我负责西方人学史，一举夺标，申请到一笔可观的研究经费。黄先生对我们三人说，你们三个分了吧，不要留给我。我们心里都清楚，没有黄先生的努力，项目是拿不到的，以后他还有很多工作要做，却不要一分钱的项目费，黄先生提携奖掖后学的泱泱大度和仁厚之风，由此可见一斑。

我近年来在学业上的一点进步，与在北大受到的知遇之恩是分不开的。1993年学校推选我为全国优秀教师，1994年又推荐我为宝钢教育基金会的全国优秀教师特等奖获得者，小子何能，予此盛名！难怪复旦大学前校长谢希德院士在宝钢评审会上听了梁柱副校长对我的介绍之后说："北大了不起！"北大能把我这样一个没有什么根底的"外来户"推选出来，不正是向全国展示了她融汇百川的博大胸怀吗？

不要以为我在北大的这些经历，是我个人的幸运，1992年初，北大启动了跨世纪人才计划，时任校长吴树青先生宣布北大的人才政策，其中一条是要搞五湖四海。五湖四海与北大的老传统兼容并包相得益彰，没有兼容并包的学术环境，吸引不到五湖四海的人才，没有五湖四海来的人才，造就不了兼容并包的思想融汇。北大不迷信名牌，也不轻视下第，北大看的是真本事，博士无论土洋，授业不管内外，在北大这个机会均等的竞技场上，一切真才实学的人都能充分发挥自己的才质。由于这个人才政策，三十多名年轻人在 1992 年 8 月被破格晋升为教授，我也列在其中。他们中很多人也是外来户，从北大脱颖而出，成为学术领军人物。

1992 年破格晋升教授

陈先生 1989 年的贺年卡

熊伟先生的书房

有感于古人所说："江湖居大而处下，则百川流之"，我也想出来这么一句话：未名虽小而为通五湖四海，则北大为大。

二、忆洪谦先生

1990 年陈修斋先生无端被停招博士生，他获得一个机会来北京开会，专门抽出时间来北大访问老同事，要我陪同。可能意识到这是最后一次来北京了，他要把我介绍给北大的师长。陈先生第一个访问的是洪先生，两位先生有一段时间没见面了，见面了话不多，相互问候之后，谈起一些事唏嘘不已，现在回想起来我心戚戚。

从洪先生家里出来后，陈先生又来到熊伟先生家。我趁机向熊先生请教了几个海德格尔的问题，熊先生十分和蔼热情，请我们吃了一顿熊师母亲自做的丰盛晚餐。

自从陈先生把我带到洪先生家以后，我时常到洪先生家拜访，与洪先生见面谈话是我人生最美好的回忆之一。先生学业上教诲针对性强，当时即领会，涉及世事政治方面的话，言简意赅，语重心长。随着本人阅历增加，对之有了更多更深的理解，现在尽量追忆交谈的细节，有几点特别值得记载。

1. 维特根斯坦与维也纳学派

洪先生谈到我写的《维特根斯坦》时说，书里讲命题真值函数时提到逻辑分析方法，可惜太简略了些。我说，国外介绍《逻辑哲学论》通常在讲完 1.1 到 3.1 的事实和语言的逻辑结构和图式论之后，直接跳到 5—6 单元中的唯我论和神秘主义，我在博士论文里写了命题函数一般形式这样一些逻辑分析的细节，考虑到读者不容易理解，就没有写进书里。洪先生说，《逻辑哲学论》是一个体系，不讲全书是讲不清它的部分的，把神秘主义当做全书归宿不能令人信服，维特根斯坦自己也放弃了这个想法。我有一次问洪先生，维也纳学派为什么推崇《逻辑哲学论》，把它视为自己学说的"圣经"。洪先生说那只是个传说而已，石里克同意维特根斯坦用逻辑分析消除形而上学的想法，但不会接受唯我论和神秘主义，因为那只是形而上学的变种。关于维也纳学派与维特根斯坦的分歧，洪先生建议我仔细阅读魏斯曼对他们之间对话的记录。卡尔纳普和纽拉特都不同意维特根斯坦的观点，但卡尔纳普借用维特根斯坦心理和语言对应的观念，从简单要素开始建构世界的逻辑结构，他把自己的思想称为"方法论的唯我论"。洪先生认为，卡尔纳普的这个说法有缺陷，没有考虑到物理空间和心理空间的不同，但比维特根斯坦把两者归结为逻辑空间的做法更为复杂，技术上的难度也更大。

2. 证实与证伪

我当时正在写高宣扬先生约我写的《卡尔·波普》一书，对波普的批判理性主义颇为欣赏。当我说出自己的评价时，洪先生不以为然，他告诉我波普不容别人批判的一些事。为庆祝波普八十寿辰，要开学术研讨会，波普亲自审核邀请代表的名单，把不同意他观点的人剔除出去。洪先生还告诉我，波普没有参加过维也纳学派的正式活动，参加学派外围团体举办的讨论会，结识了学派的一些成员，波普曾与菲格通宵达旦地交谈。菲格赏识波普的新思想，鼓励他著书立说。波普按照这一建议，于 1932 年写成《研究

洪谦先生1984年被授予牛津大学名誉博士　　洪谦先生与外国朋友在北大西门　　洪谦先生在牛津　　洪谦先生讲演

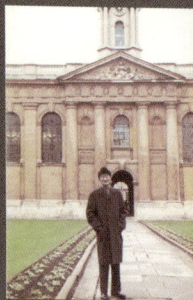

的逻辑》，在石里克和弗兰克主编的《科学世界观论文集》的丛书中发表。这本书后来成为波普的成名作，他在思想自传中自诩说，他在这本书中提出的证伪方法放弃了以归纳法为基础的证实原则，最后导致了逻辑实证主义的瓦解。波普不无得意地夸耀说，是他扼杀了逻辑实证主义。洪先生说，波普的这个说法，无论从历史事实上，还是从理论上看，都是不正确的。

　　洪先生拿出1987年发表的一篇文章让我看。在这篇文章中，洪先生说："一位世界驰名的哲学家波普把对逻辑实证主义的谋杀引为自豪，这在哲学史上确是罕见的。但是我相信，波普的谋杀实际上并没有得逞，因为他为此所使用的武器并不那么锐利，不足以置逻辑实证主义于死地。"[1]波普反对归纳法的一个重要理由是：单个的经验事实，无论重复多少次，也不能证明全称命题的必然性；然而，一个经验事实却足以证伪一个全称命题，因此，只有证伪方法才是科学理论的逻辑方法。"但是，"洪先生反驳说，"任何一位科学理论家都必须承认，作为经验有效的命题自然规律具有无限多的全称命题的形式，而这种自然规律的普遍命题并不和很多的具体命题相对应。也就是说，它既不能通过某个或某些基本命题得到证实，也不能被它们所证伪。对此，卡尔纳普发表了一个极有见地的看法：在科学命题的

1　洪谦：《逻辑经验主义论文集》，香港三联书店1990年版，第31页。

洪谦先生授课

可确定性中，可证实性和可证伪性只能作为特例来看待。"[2]当然，学术上争论不影响双方相互尊重，1980年洪先生访欧，专门到波普的乡村家里看望，深入交谈三个多小时，才依依惜别，汽车开远了，波普还在家门口挥手。

洪先生的教诲使我萌发了"用理性批判的态度对待批判理性主义"的想法，我写《卡尔·波普》让波普也接受批评与反批评，在忠实还原波普哲学之后，专写一章，从科学哲学和政治哲学两方面批判波普哲学，科学哲学部分的批判，讨论了"证伪原则与证实原则根本对立吗？""波普的'确认'概念和卡尔纳普的'确证'概念根本不同吗？""试错法在逻辑上优于归纳法吗？"和"只有证伪才能推动科学的进步吗"等问题。我发现波普以后的科学哲学理论对波普一味强调证伪和试错的批评，完全符合洪先生认为"可证实性和可证伪性都只是自然科学普遍命题特例"的"极有见地的看法"。

3. 伦理学的性质

有一次洪先生问我有没有艾耶尔《语言、真理和逻辑》这本书，他说以前读过，现在找不到这本书了。我恰好有一本，带给洪先生。洪先生看

2　洪谦：《逻辑经验主义论文集》，香港三联书店1990年版，第31页。

得很快,一星期后再次见面就还给我了。他评论说,一般认为维也纳学派认为伦理学和形而上学命题一样是没有意义的,实际上那是卡尔纳普和艾耶尔的一家之言,石里克不同意这个说法。石里克认为伦理学也是知识,不能把规范命题和事实命题截然分开,伦理学应该属于实际科学,解释道德行为的因果关系,也要追求真理。

我在卢汶的课堂上听德·帕特教授说,石里克被谋杀是因为一个学生听不懂他的讲课内容,又有精神病,下课时一怒之下开了枪。我问洪先生有没有这回事。洪先生回答,那个学生可能有精神病,但开枪谋杀的动机不完全是听不懂课,不少教授讲课都不好懂,为什么偏偏要向石里克开枪?洪先生的看法是,当时奥地利法西斯主义猖獗,而维也纳学派在政治上、心理上都是抵制法西斯主义的,他们被狂热的民众看成是不受欢迎的人,在这种大环境里,很难分清精神病和政治狂热举动,不能说谋杀石里克没有政治动机。我从洪先生的言谈表情感觉到,他对石里克非常热爱,把他的老师当做在哲学、科学和道德上的典范。

4. 学问与胆识

洪先生很少和我谈政治,只有一次不经意地说,有个民主党派主席要提名他当全国政协委员,被他婉拒了。后来我才知道,洪先生其实不是不关心政治的人,他做过不少帮助民主进步事业的事,只是1950年后政治运动频繁,洪先生一律采取置身度外、不谈政治的态度。在思想改造运动中,著名教授都要做检查,纷纷和过去的思想和导师划清界线,洪先生坚决不说违心话。朱德生老师说过,有一次开会把洪先生逼急了,他离家出走,大家急忙寻人,几天后他安然露面,说是在西山僻静处住了几天,以后没人敢逼他做检查。

陈修斋先生十分钦佩洪先生的学识和人品。他俩1990年见面时,对当时要批判刚兴起西方哲学研究的声音感到不安,再三说不能重复过去的错误了。后来看到他们在逆境中写的文章,深感他们追求真理的胆识和骨气,值得我们学生辈坚守和发扬。1957年初中国哲学史方法论讨论会上,陈先生和老先生们一起抵制日丹诺夫的哲学史定义,洪先生还在《人民日报》

上发表了《不要害怕唯心主义》的文章。在批评者中，陈先生比较年轻，事后以支援武汉大学成立哲学系为由被调离北大。陈先生在武大，以实事求是的严谨态度，坚守西方哲学史研究和教学，和杨祖陶先生一起，把武大哲学系建成西方哲学在中国的重镇。1990 年来北京与洪先生见面不久，我看到陈先生发表一篇文章，开始就说："既然今天仍旧甚至更需要引进西方哲学，那么对于以往 300 年或者至少一个半世纪以来引进西方哲学的历程进行一番回顾，总结其经验教训，探索其规律，以作当前和今后引进工作的借鉴就是很有必要，也是很有意义的事。"[3] 文章立论的前提"今天仍旧甚至更需要引进西方哲学"，针对当时来势汹汹地把西方哲学当做"和平演变""全盘西化"的大批判声音。陈先生总结的经验教训包括日丹诺夫哲学史和历次政治运动的危害。

洪先生很少公开谈政治问题，但为了担当西方哲学在中国发展的事业，从来不惮建言谋略。1957 年 6 月 7 日《人民日报》刊登了洪先生的文章《应该重视西方哲学史的研究》。他尖锐地指出："过去或现在有些讲授辩证唯物主义的教师只能干巴巴地对于辩证唯物论的几条原理作教条式的解释，而同学们也只能逐字逐句地对于这几条原理无精打采地接受。"洪先生的文章巧妙地用"党和政府号召我们于十二年内努力赶上国际的学术水平"的目标来对照国内西方哲学落后状况。首先，"我们的哲学水平与国际上的距离还很遥远；我们的哲学水平到现在还没有完全脱离物质第一性或者精神第一性的教条式的解释，还周旋于老子是唯物论者还是唯心论者的思辨游戏中间"；其次，"虽然我们经常谈到哲学方面的国际水平，但是我们对于当前国际的哲学界实际情况了解实在不多"，不但要研究马克思主义哲学形成以前的西欧古典哲学，而且对现代的"逻辑实证论、现象学派、存在主义或新托马斯主义"的了解不多，反而"简单地作为'一种帝国主义时代腐败、反动透顶的东西'排斥于研究领域之外"；另外，西方哲学"这门科学当前的研究条件极其恶劣"，研究基础差，研究人员流失，资料严重匮乏，"我们几乎有七年之久没有见到资本主义国家新近出版的图书和

3　陈修斋：《西方哲学东渐史（1840—1949）》"序"，第 2—3 页，武汉出版社 1991 年版。

刊物"，"仅能依靠三十年以前的旧版本，有时连这些旧版本的书还不易到手。现在关于研究西方哲学问题的一般情况，就是阅读无书，参考无书，老师们是如此，同学们也是如此。"洪先生积极地提出改进落后状况的四条具体建议：第一，领导同志重视西方哲学，"必须将这门科学在中国今后的发展前途作全面的考虑"；第二，"同意汤用彤先生在科学院的发言，将哲学史的研究据点放在北京大学哲学系"；第三，"应努力设法解决购买图书和期刊的问题"；第四，"必须网罗全国从事西方哲学研究的同志们，在此之外，较多地从研究生或助教中培养这方面的新生力量"。[4]

这篇文章发表的第二天，1957年6月8日，同样的报纸上发表评论员文章《这是为什么？》吹响了反右运动的号角，人们不禁为洪先生对中国哲学界指导方针和做法的大胆批评捏一把汗，实际上不是没有被打成右派的危险。据说，当时要把洪先生划为右派的报告已经递送到北大党委，幸好党委书记江隆基是30年代留德学生，熟悉洪先生，当面撕了报告。江隆基后来因"右倾"而被调离北大，但洪先生并未受牵连。相反，他的四条具体建议基本被落实。北大哲学系外国哲学史教研室成为研究西方哲学的据点，集中研究翻译人才，培养青年人才，图书馆资料室购进一批西方国家的图书期刊，在洪先生主持下编译了《西方古典哲学原著选辑》四本，滋养了整整一代哲学工作者。1965年由洪先生牵头筹备外国哲学研究所，主编《西方资产阶级现代哲学资料选辑》，网罗全国人才研究翻译，为中国现代西方哲学的研究奠定了资料和人才的基础。

值得一提的是，"文革"后，外国哲学研究所正式成立，

2009年纪念洪谦先生诞生100周年座谈会合影

4　《洪谦选集》，韩林合编，吉林人民出版社2005年版，第300—302页。

洪谦先生即到熊伟先生家登门拜访，诚邀熊先生任外哲所副所长。熊先生后来对弟子陈小文说，我与洪先生素不来往，他的来访有些突兀。我现在体会到，洪先生的"突兀"出自长期考虑，早在1957年他就把现象学、存在主义和分析哲学当做现代西方哲学主

2016年洪谦故居成立典礼

流。洪先生知道海德格尔对现象学和存在主义的重要性，也知道维也纳学派与海德格尔在政治上、思想上的分歧，但洪先生毫无门户之见，诚挚请熊先生撑起现代西方哲学的半壁江山。如洪先生所愿，中国的分析哲学和现象学从北大外哲所发端，在全国开花结果。洪先生的历史功绩，为后辈树立了有骨气、有胆识、有学问的哲人榜样。

三、忆王太庆先生

王太庆和汪子嵩、陈修斋三位先生是西南联大的同门，跟陈康先生读希腊哲学。陈先生多次向我提到王先生很有学问。1991年我搬到畅春园51楼，住在王先生住的52楼的对面，晚上时常到他家里聊天。王先生和我谈起北大的往事，但从不谈自己。后来我们整理哲学系资料室，意外发现王先生1955年左右写的"交代"。主要是两件事：一是他当贺麟先生主持的"西洋哲学编译会"秘书，管资金账目，资金是蒋介石出的，1949年后王先生把这笔钱存在北大一个账户。贺先生离开北大后，王先生向组织交代资金和使用的来龙去脉。第二件事是他交代思想改造运动中的一些想法，一些想不通的问题，实话实说，没有多少自我批判。我想第二条大概是他在1957年被划为右派的主要原因，因为他在1957年并没有向党提出什么批评建议。听朱德生老师说，王先生当右派后继续翻译西方哲学原著资料，但不能署自己的名字，只能是改署"王复"。如同张岱年先生写的《中国哲学大纲》，再版只能署"宇同"一样。1965年3月王先生被下放到银川的宁夏医学院任讲师，教医学英语、俄语和拉丁文。直到1978年3月，时任系党委书记

王先生和汪先生

陈先生和王先生

王先生工作照

的朱德生老师亲自到银川把他调回。王先生评教授颇费周折，按照规定需要论文专著，王先生的译著译文不算科研成果。贺麟等老先生给学术委员会证明王先生翻译的水准和重要性不亚于学术专著，甚至更好更高，这才评上教授。

在和王先生交谈时，我发现他精通英、法、德、俄文和希腊、拉丁古典语言，陈先生要我懂五门外语，大概是按王先生的高标准要求我。不仅如此，王先生知识面极广，还熟悉中国佛典和相应的梵语表达。我们在西文 Being（以英文为例）的中译问题有几次讨论。其时，陈平原教授主编《学人》期刊，约我写一篇有创意的论文，我选了我和王先生讨论的问题，提了个条件：我的论文要和王先生的一起发表，因为创意来自我俩，陈平原知道王先生大名，满口答应了。王先生也一口答应一个星期后就交稿。1993年7月出版的《学人》第四辑，刊登了王先生的《我们应该认识西方人的"是"》和我的《"是""在""有"的形而上学之辩》的长文。我俩的角度不一样：王先生从中西文句法结构差别的观点看，主张源于希腊文"是"动词的哲学术语应译为"是"，我从西方哲学从古到今的传统看，主张根据文本上下文意思，把西文中源于"是"动词的哲学术语译为"是"或"存在"或"存有"。我俩在文后都向对方表示感谢。我写道："本文的酝酿受到王太庆先生的启发，谨在此致谢"；王先生写道："西方哲学史上'是'的问题，是一个重要的关键，关系到我们对全部西方哲学的理解正确与否，因此我常常和朋友们谈起它。赵敦华先生对它作了详尽的分析，对我得到教益，我在感激的同时也感到有必要从历史发展的角度和中西异同的角度考察一番，所以写了这些看法，向大家领教。"王先生说得太谦虚了，我这个后辈能和王先生同台讨论问题，和他交谈是我的宝贵的学习机遇。

王先生正在翻译柏拉图对话集，我们讨论柏拉图的时间很多。1994 年我出版了朱德生先生主持的《西方哲学通史》第一卷（古代中世纪部分）。第 2 章"智者运动和苏格拉底"和第 3 章"柏拉图哲学"，把柏拉图哲学的思想背景和对话梳理了一遍。我送书请王先生指教，他很认真读了，对我说他和汪子嵩先生都很欣赏。他还说，过去疏通柏拉图对话有障碍，现在没有了，可以很快把柏拉图全集翻译出来。我立刻把王先生译柏拉图全集列入哲学系重点研究计划，列入北京大学重点出版计划。谁知一个意外的摔倒，王先生于 1999 年 11 月 23 日上午在西城区丰盛医院邃归道山。

同事王宗昱教授发表《怀念王太庆先生》文章，情真意切地表达了对王先生道德文章的敬重，文中记录王先生生前回忆的一段往事曾引起轩然大波。其实我也听过王先生讲过同样的事。文章结尾提到："我最后一次见他是一起去听一个外国学者讲如何读柏拉图对话。我告诉他消息，他说一定要去。因为清华大学恰好要请他讲同样的题目，他说可以去趸点儿货。讲演者曾经做过国际柏拉图学会的主席，很高兴能在中国遇到知音，并请

畅春园 55 楼的王先生书房。左起：王太庆、高宣扬、我、韩水法

王先生介绍几位研究柏拉图的中国学者。"我也见证了这个场面。国际柏拉图学会前主席的那场讲演在三院外哲所教室举行，挤满了听众，我去晚了，只能站在门外听。王先生坐在第一排，当听到他在介绍研究柏拉图的中国学者时，把我和老前辈并列，我非常惭愧，连忙离开。我把王先生这个评价当做最大的鞭策。我对西方哲学兴趣是由《西方名著提要》（哲学社会科学部分）介绍的三篇柏拉图对话开始的，现在仍在学习和讲授柏拉图《理想国》，常读常新，常新常青。

四、忆汤一介先生

2001 年当了系主任之后，和老先生们接触多了起来。无论他们是否退休，每年至少要去看望他们一次。张岱年、张世英、杨辛、周辅成、黄楠森、朱伯崑、朱德生、汤一介等先生是看望的重点。每次见面，他们兴致勃勃，回忆往事，谈正在做的事情。久而久之，体悟到我第一篇谈北大的文章题目"有容乃大"的意味。

1988 年我到北大哲学系时，汤先生不常来系里。我第一次见到他的场合是 1991 年在校外举行的一场学术报告会上。汤先生说道，中国哲学中体用不分，什么样的体有什么样的用；现代却把体用分离开来，把一个体连接到和它性质不同的用上，无论中体西用还是西体中用，就好像是牛体马用或马体牛用。鲜明的观点，尖锐的批评，给我这个听众留下至今不褪色

汤一介先生出席国际会议

的记忆。从那时候起，我注意读汤先生的书。听同事们说，汤先生不但学术观点敏锐，而且学术主张新颖，学术主意特别多，很多中青年人都跟不上，是一个做大事的人。汤先生 20 世纪 80 年代带领系里几个青年教师组建中国文化书院，书院导师是一代学术宗师的群体，吸引了来自全国各地成千上万的学员，在中国百废待兴的时期首先兴起了文化热。90 年代文化书院的活动以小型讲座为主，邀请世界各地著名学者来燕园讲授中国思想专题。书院不时为德高望重的导师祝寿，汤先生很注重"米寿"。记得文化书院为季羡林先生组织的"米寿"特别隆重，书琴诗画的展现格外雅致。汤先生在祝寿会结束时总结说，我们做好为老先生作"茶寿"的准备。想不到汤先生自己在"米寿"前夕离开了我们，岂不令人唏嘘！

后来，我和汤先生的接触多了起来，有时还陪同他的学生朋友到位于朗润园公寓二层的汤先生家中拜访，在狭小的书房，在四壁书柜下围坐在一起，乐黛云先生每次都以腰不好为由坐在矮凳上。汤先生夫妇的话题或是北大人文学科的学术规划，或是国内外学术新书，或是对学术热点问题的看法，或是对在座各位的勉励，总之离不开学术，像是开一次小型学术讨论会，给我带来多少激动和振奋的时刻。我在这里第一次听到汤先生关于编纂儒藏的设想和研究儒学的规划，讨论了儒藏与四库全书的不同；多次经汤先生启发开窍，也是在这里，我得到了汤先生亲笔赠与的《郭象与魏晋玄学》《儒道释与内在超越问题》和英文版的《基督教与中国文化》等等精神财富。

汤先生得知自己患癌症之后，见到我们时依然那样从容祥和，思考起哲学问题仍然那样生机勃勃，我对他的音容笑貌、语重心长有一系列记忆。2013 年寒假，他得知我领衔申请国家社科基金重大招标项目"20 世纪中国传统哲学与马克思主义哲学和西方哲学关系"获得批准，邀请杜维明先生、王博主任和我一起到他书房，谈如何研究儒学与马

1983 年和杜维明在蒙特利尔第 17 届世界哲学大会

克思主义哲学关系。那天上午谈论两个多小时。汤先生新近创立的北大儒学研究院确定四个重点研究方向：儒学史，儒释道三教关系，中国经学史，儒学与马克思主义哲学关系。

2013年12月23日汤先生在新书《瞩望新轴心时代》发布会上说，我从青年时代起就喜欢思考哲学问题，这个习惯一直没有改变。进入新世纪之后，我是从中西哲学比较中提出问题的，这是一个前提。我马上要迈进87岁了，一生中最有创造力、思想最活跃的时间过去了，被浪费掉了，我希望这样的问题不要再发生了，让大家自由思想，让大家自由讨论，让大家自由发挥潜力，让大家能够有广阔的眼光来关注中国，关注世界，我们的将来才真正有希望。会上大家很激动，老朋友们谈论很多，没有时间发言了，我给汤先生递了个纸条，大意是：汤先生的学问变中有不变，古今上下求索常变常新，始终不变的是爱国情怀；中西跨界交叉多多益善，历久弥新的是中国思想体用一源。

2014年6月19日《汤一介文集》召开发表会，汤先生讲了近一个小时。大家知道他已病入沉疴，他却欲罢不能，一字一句地说出了一生追求的理想，他不是回顾总结个人的思想，而是朝向未来。他说，我爱我的祖国，我爱中国文化，不光只承认中国哲学特有的价值，也承认不同民族都有的价值，重新燃起对未来的火焰，挖掘不同文化的价值意义。这是汤先生的精神遗嘱。

听探望他的弟子回来说，这次讲话伤了他的元气，好几天才恢复过来。汤先生用尽气力说出的精神遗嘱，我们要铭刻在心。

由于儒藏办公室事先打电话说汤先生希望我发言。我在会上谈了读《汤一介文集》第1卷的一点感想：这一卷验证了汤先生"从青年时代起就喜欢思考哲学问题"，我从中体会到思考问题的深度和力度。汤先生50年代写

1995年访问卢汶大学。左起：德丹、我、钟鸣旦、戴卡琳、汤一介

左起：我、李中华、汤一介等人摄于北大中国哲学与文化研究所

的一篇文章讨论马克思在《德意志意识形态》中所说统治阶级的"积极成员"与"消极成员"和中国古代的"道统"与"治统"是否同一个问题。汤先生那时的解释现在并没有过时，两者有不同的语境，不能相提并论。冯友兰先生在《新编中国哲学史》第七册中用儒家传统中"君"与"师"关系重新思考了这个问题。原儒有"民贵君轻""从道不从君"的传统，明代儒学发展出"道统"与"治统"两立的思想，王夫之说得明白："天子之统也，是谓治统；圣人之教也，是谓道统。"康熙在兴文字狱时宣称："道统于斯，治统于斯"，用"君师合一"的高度统一碾碎了中国启蒙思想的萌芽。汤先生对思想自由、讨论自由的追求和冯先生的批判性反思是一脉相承的。

由于发言时间限制，有些话没有展开讲，现在继续讲几句。冯先生和汤先生的讨论触及中西马哲学比较的一个方法论问题。马克思的意识形态批判和儒家对帝王思想专制的抵制是在不同语境、用不同的术语表达，不能作简单类比，把马克思主义当做公式来套用中国思想传统。但从哲学思考的彻底性来说，两者的批判有用思想启蒙驱散蒙昧专制的共同旨趣，是我们今天关注中国和世界的思想资源。受到这一思路的启发，我在从事20世纪中国传统哲学与马克思主义哲学和西方哲学的课题研究中，初步梳理出从明末清初思想家到现在解放思想、改革开放的中国式启蒙400年生生不息的发展线索。

"道统"与"治统"的关系同样适用于思想界。一般所说的学问家是擅长于治学问者,而思想家则是维系和发扬思想传统的领袖人物。2014 年 9 月 9 日汤一介先生去世。应《新京报》之约,我在 9 月 24 日 的报纸上发表了《忆中国哲学界的学术领袖汤一介》的文章,把汤先生称作当代中国哲学界的思想领袖。

《希腊哲学史》作者合影。左起:姚介厚、范明生、汪子嵩、陈村富

五、忆汪子嵩先生一段往事

北大哲学系建系以来培养了上万名系友,他们在各行各业做出的贡献是哲学系的光荣传统的一部分。系友中有两位前辈是"老革命"——汪子嵩和梁存秀先生,他们后来分别在《人民日报》社和中国社会科学院工作,但始终心怀母校,关心哲学系,告诫我们在系里工作的后辈要做到前事不忘,后事之师。

汪子嵩先生在西南联大学习期间做地下党工作,50 年代在哲学系任副主任兼党总支书记,他在 2018 年逝世前留下《往事旧友,欲说还休》的回忆录,其中包含很多系史的宝贵资料。汪先生人生转折点是 1959 年被划为"漏网右派"。2004 年,北大哲学系 90 年系庆,编写了《北京大学哲学系史稿》,略去了很多历史详情,我当面请汪先生指教。汪先生在 2005 年《纵横》杂志第 11 期对 1959 年"人大、北大两校人民公社调查组事件"进行了详细回忆。[5]他赠送我两份杂志,在附页中写道:

我这段历史大约可算是北大哲学系历史中的一段公案,你大概已经听说过许多说法,这是我自己的看法,供参考。

---

5 该文摘要收入汪子嵩口述、张建安采写:《往事旧友,欲说还休》,三联书店 2015 年版,第 118—128 页。

我和朱伯崑一直没有联系，不知他的住址，烦你转交，谢谢！文中提到的北大教授是李醒尘。

汪先生在附页中专门提到朱伯崑和李醒尘两位教授，我想他们两人是汪先生任副组长时去河北藁县调查组成员。汪先生谦虚地说，他的文章是"我自己的看法"，实际用亲身经历的事实，填补了北大哲学系1959—1966年间的一段重要史实。我想经过充实的《北京大学哲学系史》，以后一定会把更多真相呈现在世人面前。

六、Der Geist 在中国的传奇人物

2018 年 1 月，系友梁存秀先生逝世。4 月 21 日在商务印书馆举行的"梁存秀先生追思会"发言记录稿的基础上，我写成《Der Geist 在中国的传奇人物——追思梁存秀先生》的文章，摘要如下：

"和在座的诸位相比，我和梁老师接触算是比较少的，但是接触次数多少，时间长短，对我来讲，对梁老师来讲，关系不大，因为梁老师是这样一个人，第一次和他见面的时候他的那种性格，罕见的那种直率豪迈的气概，还有他对你讲的那些思想、那些事，就会给你留下非常深刻的印象。

"与梁老师相识之前，我多次听朱德生老师在研究室谈他的老同学一些事，感到这是一个非常特殊的学者。第一次和他见面，是一起去武汉开会，我们在车站相会，我一提到朱老师的名字，梁老师立即打开话匣子，谈起当年北大的那些事，以及以后哲学所发生的一些事情，还对当前学术界不正之风提出批评。从此之后，除了在一起开会，我和梁老师接触的机会并不多。但从第一次见面起，我就

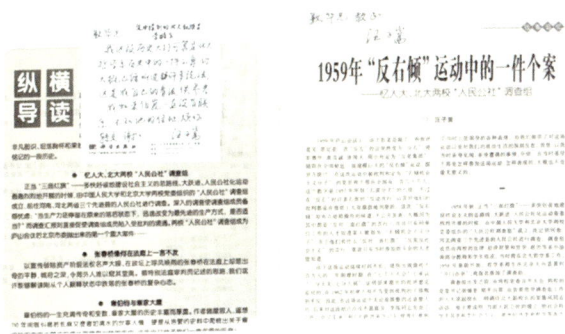

向梁先生请教

被他的鲜明个性、直率豪迈的气概和言语思想所感染所吸引，以后的接触，不断加深最初的印象。对梁老师的书也是这样。说实在的，自从出国留学回来，我很少看中文的哲学译作，但是梁老师译作是个例外。一读到《费希特选集》，爱不释手，觉得译得那么清晰明白，每一集前言把原著的时代背景、主要观点和思想线索交代得那么清楚，没有必要再去读原文原著了，我对费希特的知识，主要是从梁老师的译作中学到的。

"在和梁老师接触的最后几年里，我们有两次通信。2015 年，他看到我在《哲学研究》上发表的《黑格尔的法哲学与马克思的批判》一文，给我写了一封信鼓励我（梁志学是梁老师的别名）。

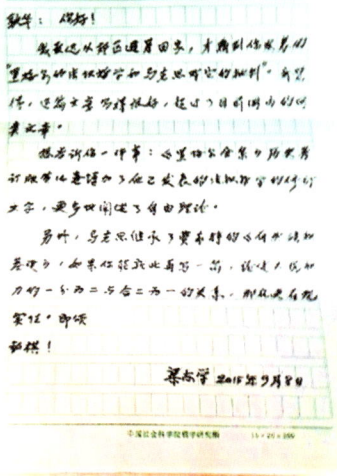

敦华，你好！

我最近从郊区避暑回家，才看到你发表的"黑格尔的法权哲学和马克思对他的批判"。我觉得，这篇文章写得很好，超过了目前国内的同类文章。

想告诉你一件事：《黑格尔全集》历史考证版第 14 卷增加了他已发表的法权哲学的修订文字，更多地阐述了自由理论。

另外，马克思继承了费希特的自然法权基础，如果你能就此再写一篇论述人民权利的一分为二与合二为一的文章，那就更有现实性。即颂

教祺！

梁志学　2015 年 9 月 8 日

"很惭愧，我至今还没有领会他的这个思想，但是我想一定继续学习费希特哲学，以后写出这篇文章。我在回信中谈到他的《黑格尔全集》翻译的重要意义，附上我刚写的研究黑格尔的文章。

敬爱的梁先生：

十分谢谢您老专门来信鼓励拙文。那只是我学习黑格尔的一篇习作。正如您老所说，尚需联系费希特法哲学思想深入探讨从黑格尔到马克思乃至当代中国政治哲学的现实性。

在学习德国唯心论的过程中，我和其他学者一样，深深得益于您的卓越翻译工作。您正在主持的黑格尔全集考证版翻译，更是对汉语学术事业的巨大贡献。听说耶拿部分著作以及出版，我期待从新译全集的各卷学到更多可靠的知识。

最近我写了一系列有关德国唯心论的习作。附信奉上一篇关于实践观的文章，由于涉及马克思主义研究，难免一些套话，烦请您老审阅批评。

衷心祝愿您身体健康，一如既往地以旺盛的精力和活力引领中国的西方哲学事业。您和张世英先生的高寿和精力将成为 der Geist 的传奇，我们和后世将引以为骄傲。

祝中秋团圆之乐！

后学 赵敦华

2015 年 9 月 25 日

"梁先生看到我刚在《武汉大学学报》2016 年第 2 期上发表的《黑格尔哲学体系的理论意义和现实性》一文，给我来了一封信。

敦华学友，你好！

你在武大学报 2016 年第 2 期上发表的论文，我已经看过了。谢谢你赠送我一个复印件。

我的总的印象是，你读了很多书，想了很多问题，态度公允，语言谨慎。关于此中的具体问题，我已无暇细说，希鉴谅。

最近写了一篇短文，回忆哲学所翻译与研究德国古典哲学的科研力量的兴衰，送给了刘培育同志，因为他要编《哲学史所60年》。我对它的前途持悲观态度。译《全集》之事，我也只能主持到2017年，完成五卷。

谨此

敬礼！

梁存秀
2016年3月3日

"梁老师从来都是乐观豁达的，这封信却流露出无奈心情。那时哲学所发生的事情我有所耳闻（此处省略125字）。在回信中，我对梁先生在面临学术尊严的关头挺身而出、仗义执言，感到由衷敬佩。

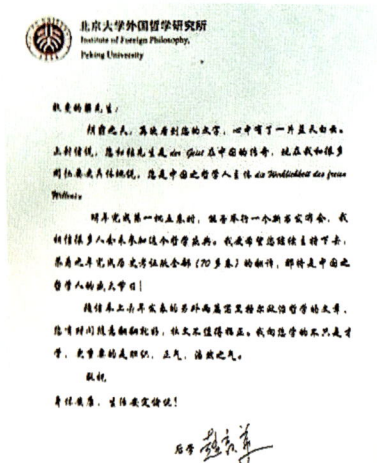

敬爱的梁先生：

阴霾之天，再次看到您的文字，心中有了一片蓝天白云。上封信说，您和张先生是 der Geist 在中国的传奇，现在我和很多同仁要更具体地说，您是中国哲学主体 die Wirklichkeit des freien Willens（自由意志的现实性）。

明年完成第一批五卷时，能否举行一个新书发布会，我相信很多人会来参加这个哲学庆典。我更希望您继续主持下去，茶寿之年完成历史考证版全部（70多册）的翻译，那将是中国之哲学人的盛大节日！

随信奉上去年发表的另外两篇写黑格尔政治哲学的文章，您有时间随意翻翻就好，拙文不值得指正。我向您学的不只是才学，更重要的是胆识、正气、浩然之气。

　　敬祝
身体安康，生活安定愉悦！

后学　赵敦华

2016 年 3 月 24 日　敬上

　　"我到梁老师家里拜访他，跟他通了几次电话，他很平静，不谈工作，只谈日常生活起居。后来在商务开选题评审会，遇到了他，他说电话里、当面聊聊就好，不一定专门来家谈了。2017 年 4 月 29 日，我和哲学所的刘素民、梁议众一起到梁先生家拜访，他给我们每个人题词赠书。他给我的书是费希特的

谈锋健朗

《伦理学体系》，这本书当然与他提议我要写的'人民权力'问题相关。

　　"梁先生知道我们有北大情结，回忆在北大的往事，谈锋甚健。50 年代初期，他作为党员调干生，在北大党委，参与北京市公安局和哲学系三反五反的一些事，还谈到协助洪谦先生翻译时字斟句酌的细节。这些事我们从来没有听说过，刘素民用手机做了录音。现在听录音，梁老师的音容笑貌仿佛出现在我们面前。"

七、我所感知的北大哲学传统

　　有人说，北大哲学系有传统而无学派，重学风而薄门户，我觉得此说有道理。北大哲学系里被公认为大师级的学者多是某门学科在中国的创始者，如冯友兰、胡适之于中国哲学史，张颐、贺麟、洪谦之于西方哲学史，金岳霖之于逻辑学，宗白华、朱光潜之于美学，等等。这些学科的全国从业者或多或少受到他们的影响，却没有一批人可以说某位创始者的传人，没有听说有以北大哲学家命名的学派，也不能说存在一个"北大学派"。其

179

教师在建系初期起即有承袭晚清学术的经史学家和学习新学的留学生多个来源，西南联大哲学系教师来自五湖四海。新中国成立后的院系调整让全国哲学系都被汇集到北大，似乎抒发了"天下英才尽收囊中也"的领袖情怀，教师亦有"得天下英才而教育之"的即时快乐，其实真正得益的应该是学生，大师们为他们讲授各门功课，师出多门，不拘门户，没有壁垒。由于历史缘故，北大哲学系的学生历来都把全系特别是教研室的教师当做自己的老师，来自外校的也乐意自称是本校老师的私淑弟子。这当然不表明师生关系、同学关系不重要，而是说，北大哲学的传统不依赖师生、同门等人际关系而得以维系传承，这是"关系社会""熟人社会"大环境中一片难能可贵的净土。

学术影响和学风才是维系北大哲学传统的真正力量所在。学术影响和风气是无形的，也是真实的；是宽泛的，也是具体的。就我读过的前辈著作而言，感到这个传统至少有四种类型。

一种是用线索贯穿史料的治学路数，冯友兰的中国哲学史是这方面的杰作。有人说他借鉴了西方哲学史的架构来裁剪中国思想史料，我看未必如此。晚清学术中已有"欲知大道，必先为史"的见识，章太炎明确提出"夷六艺于史"的主张。冯友兰的聪明之处是在古代文献中缕出子学、经学、佛学和理学的次序和理路，实与"以西解中"无涉。北大学者浸淫于史料的"块块"与线索的"条条"之间游刃有余，得心应手，即使在"革命阶级的唯

摄于1957年。后排左起：宗白华、洪谦、马采、冯友兰、萨坡什尼柯夫、郑昕、邓以蛰；前排左起：佚名、汪子嵩、王宪钧

冯友兰（左二）和劳思光（左四）

物论与反动阶级的唯心论两军对阵"教条的禁锢中，也能藉着"历史与逻辑相统一"的方法，按照历史线索和具体观点编写内容详实的中西哲学史料。由此形成了一个好传统，每写一部哲学史教材，都要编写相应的资料选编或原著选读，除中西哲学史外，东方哲学史、现代中国哲学、现代西方哲学、中西美学史、西方伦理学史，皆是如此。黄楠森主编的《马克思主义哲学史》多卷本则把发展线索和文本材料合为一体。

还有一种是经典释义的蹊径，其承袭了考据学的传统，与西方古典学的风格接近。中国哲学中的小学难以与义理分割，文本注释更侧重于文意解释，而非字词疏通。张岱年对史料的辨伪与证真、区分与会综、厘定史料的次序、训诂的原则等问题都有精辟的理论，他的《中国哲学大纲》是按照这种方法论对哲学范畴分门别类，不按历史线索。汤一介主持的儒藏编纂和研究是经典释义传统的发扬。治西方哲学前辈们的翻译遵循"信达雅"之标准，注重词句格义和文本解释。陈康的《柏拉图巴门尼德斯篇》中注释多于译文，"反客为主"的文风体现了翻译者的主体意识。贺麟、洪谦、熊伟、王太庆、张世英等人的西方哲学译作和著述之所以能使西方哲学融入现代汉语的语境，依靠的是对中西思想的双向理解。

问题导向是北大学者研究的又一显著倾向，冯友兰的《新理学》、金岳霖的《道论》和《知识论》、熊十力的《新唯识论》等是这方面的代表。这些作品对主旨的辨析论证下深入细致的功夫，比哲学通史更能激发人的

冯友兰和张岱年

朱光潜和杨辛

思考和讨论，这种哲学传统在西方被称作"苏格拉底方法"，在中国被称作"道问学"，马克思主义称之为理论与实际相结合。冯定的《平凡的真理》把马克思主义哲学与当时现实问题相结合，却遭到政治大批判，这从反面提醒人们，对现实问题的哲学思考固然需要学识和才气，但独立的人格和胆识更为重要。

汤用彤著作代表的治学传统与上述三种都相关，但又难以归属于任何一种。《汉魏两晋南北朝佛教史》和《魏晋玄学论稿》等书的宗旨是"文化移植论中最根本的问题"（汤一介语）。这些书综合了前面三种类型中的"史料"和"线索"、"考证"和"问题"，不但史论结合，而且论从史出，用通贯的思想史切实解答近代以来所争论的外来文化与本土文化的关系问题。这样的学术批评史在国外很流行，不少新理论由此开出，我们现在十分需要弘扬这一治学方法。

北大哲学传统不止体现在书本上，更渗透在师生们教学、研究和交流的活动中。比如，在一场学术报告会上，一个老师依据新发现或自译的史料提出一个观点，听众中的同行、学生或问：你的材料可靠、全面吗？解决了什么问题？论证的逻辑是否有问题？能不能换个角度看？问答之间显出不同学风和理路在碰撞。

传统是一种活力，也可以成为一个包袱。面对社会上"现在为什么没有哲学大师"的质疑，我们应把北大的哲学传统看作正在进行时，仍处在熔铸、发展、转型、变化之中，在学术传统的大道中流动，"道能弘人，非人弘道"；在学术批评史的长河里，总是长江后浪推前浪，一代新人胜旧人。

八、中国哲学的现代形态：面向世界的一般哲学

在与以上和其他很多北大哲学系前辈的接触过程中，我体悟到自己第一次写关于北大感言所用标题"有容乃大"的分量。2004年，我在总结北京大学哲学系历史时提出："九十年来，在中国传统社会向现代社会的转

2004年北大哲学系九十年系庆大会发言

蔡元培为哲学系题词

型过程中，北大哲学系和全国同仁一道，完成了中国哲学从传统形态到现代形态转变的历史使命。"[6] 这是一个有容乃大的历史过程。北大哲学之容，是"思想自由，兼容并包"的容量，北大哲学之大，是"因自由，求真理，以服务"的博大。

现在我们所说的"中国哲学"，既包括中国传统哲学，也包括在中国或用中文所研究的一切哲学（中国的和外国的哲学）。在这两种不同的意义上，我们有必要对"中国哲学"的概念做狭义和广义的区别。狭义的中国哲学指"传统中国底哲学"（Traditional Chinese Philosophy），广义的中国哲学指"现代中国的哲学"（Modern China's Philosophy）。前者指以中国传统为底子或本位的哲学，后者指在现代中国发生的或用现代汉语写作的一切哲学形态。在西方文明和马克思主义已经全面而又深刻地改变了中国社会的客观条件下，当代已不可能有完全彻底的"传统中国底哲学"，有的只是"现代中国的哲学"。现代中国的哲学包括传统中国哲学、马克思主义哲学和西方哲学，这是最近一个多世纪的历史造就的事实，也是我们在今后若干世纪要继续推进的研究方向。温故而知新，让我们认真总结常见中国哲学现代形态的历史经验，自觉地承担起建设现代中国哲学的发达形态的历史使命，踏踏实实地推进哲学事业的发展。

1. 总结中国哲学的现代形态的历史经验

中国古代虽无"哲学"之名，却有哲学之实。从孔子、老子开始的古

---

6 李四龙等主编：《思想的历程》，北京大学出版社2007年版，第259页。

历史名人

代哲人"志于道"，他们以"闻道""知道"为人生目标，以"弘道""传道"为终极关怀。"道"就是中国智慧，中国历代哲人追求智慧的传统，是一个与西方哲学的"爱智"传统平行发展的、可与之相媲美的哲学传统。当然，中国哲学并不是古代教育的科目，哲学思想散见在经、史、子、集各个部类的古籍之中。从19世纪末到20世纪上半叶，中国哲学开始从传统形态向现代形态转变。

在中国学术史上，这一时期是一个可与先秦诸子相媲美的黄金时代，同时也是中国历史上动荡和苦难的时期。在这一时期。在中学和西学、传统和现代性的激烈碰撞和相互融合的过程中，思想家辈出，不但在文史和哲学领域，而且在科学领域，产生了辉煌夺目的思想和群星璀璨的思想家。在现代的中国哲学的舞台上，发生了一幕幕至今仍在震撼着中国人心灵的场景：从马克思唯物史观的讲授与传播，到"中国哲学史"这门独立学科的创建；从东方哲学与西方哲学的冲突和较量，到外国哲学的传播译介；从新儒家的复兴，到佛教精义的现代阐发。由于这一系列的思想变革，中国哲学才具备了名副其实的现代形态。当我们今天回顾这一个个历史场景，可以清晰地辨认出一条承前启后的思想脉络，这就是，综合马克思主义哲学、外国哲学与中国传统哲学，创造出适应现代化和社会发展的中国哲学的新形态。

20世纪上半叶的思想家和哲学大师们开创的中国哲学的现代形态，还只是处在草创阶段，在很多地方还只是大的轮廓和初步设想，如果中国学术的黄金时代能够持续下去，继续进行深入、细致的研究，开拓新的视域和方向，那么，中国后来的哲学研究者，也可以像我们的祖先那样，创立为后世所称道的、可与强势的西方哲学相匹配的中国的现代哲学。但历史不容假设，无情的历史事实是，中国现代学术的黄金时代过早地结束了。由于种种历史的和人为的原因，在很长的一段时间内，哲学走上了一条曲折而艰难的道路。历史的教训值得我们反思和警戒。我认为至少有两个沉痛的历史教训值得我们记取，在新的历史时期，尤其不能重犯这样的错误。

首先应当避免对马克思主义做错误的、教条主义的理解。即把马克思主义的某些因素僵化、极端化，或把原本不属于马克思主义的因素当做马克思主义来坚持，比如，马克思主义哲学被简单地等同于共产党哲学，而共产党的哲学就是斗争哲学，等等。应该承认，马克思主义在中国有很重要的创新之处，不能墨守成规，应该重视中国的马克思主义的新的特点，允许新的提法。但是，更应该认识到的是，中国式的马克思主义本来是中国思想对外开放的产物，是把西方的和俄国的革命理论同中国社会现实和中国文化相结合的成功创举。尤其应该牢记的历史教训是，在20世纪50年代以后的一段时间，我们把这一创举当成终结性的胜利，把已经取得的成功经验和理论绝对化为真理的顶峰，用意识形态领域的阶级斗争代替全民族的文化建设，用政治性的批判代替学术上的理论争鸣，最后在"批判封资修，砸烂旧世界"的口号下，全面排拒传统文化和外来文化。

其次，要避免把马克思主义哲学与中国哲学和西方哲学对立起来的做法。不能因为马克思主义哲学是哲学史上的根本变革，而否认它与西方哲学史的联系，否认它可以与现代西方哲学和中国传统哲学相结合。持那种观点的人认为，马克思主义哲学如果不与其他哲学理论彻底划清界限，就会失去指导地位，甚至被非马克思主义的理论所驳倒和代替。这一种观点

曾长期被视为马克思主义的"正统"，却不是马克思本人的观点，其来源是苏共中央主管意识形态的书记日丹诺夫。1947年，日丹诺夫提出了一个哲学史的定义："科学的哲学史，是科学的唯物主义世界观及其规律底胚胎、发生与发展的历史。唯物主义既然是从与唯心主义派别斗争中生长和发展起来的，那么哲学史也就是唯物主义与唯心主义斗争的历史。"[7]根据这一定义，"所有的哲学派别分成了两大阵营——唯物主义和唯心主义阵营。唯物主义和唯心主义之间的斗争，进步的唯物主义路线在这一斗争中的形成和发展，是哲学在许多世纪以来全部发展的规律。在唯物主义反对唯心主义的斗争中，表现出社会的进步阶级反对反动阶级的斗争"[8]。日丹诺夫的定义在我国影响极大，改革开放之前写的哲学史著作，无论是西方哲学史，还是中国哲学史，几乎无一例外遵从"两军对阵"的模式。西方哲学史变成了马克思主义经典著作的注脚，现代西方哲学是供马克思主义哲学批判的靶子，中国哲学史是中国古代社会阶级斗争在思想领域的见证。这种理解和做法忘记了马克思主义哲学在中国传播过程中受益于其他新思潮（包括西方哲学与中国传统哲学研究）的历史事实，而且违背了中国哲学的现代形态的发展方向。

2. 正确认识当前哲学发展的障碍

改革开放二十多年来，中国的哲学界取得了两个令人瞩目的新成果。第一，马克思主义哲学界突破了苏联教科书体系，提出了"实践唯物主义"等新的解释，开拓了"马克思主义人学""马克思主义文本研究"等新的方向；并以积极的态度与现代西方哲学展开对话，吸收外国马克思主义研究中的合理成分。第二，哲学史界突破了日丹诺夫的模式，从具体的史料出发总结哲学史发展的线索，实事求是地理解和评价历史上的哲学家。各种西方哲学思潮流派得到广泛而深入的研究，中国传统哲学思想也得以复兴，发扬光大。改革开放的大环境带来了学术的春天，但是，我们不能盲目乐观，

7　《日丹诺夫同志关于西方哲学史的发言》，东北书店1948年11月版，第4页。

8　罗森塔尔、尤金主编：《简明哲学辞典》，三联书店1975年版，第373—374页。

应该看到，被中断的学术的黄金时代并没有得到续接，对历史上的中外哲学家（包括20世纪初的中国哲学家），基本上还只是"照着讲"，而不是"接着讲"。说实在的，我对目前的学术环境并不乐观。我们现在所处的学术环境（注意：以下要比较的是学术环境，而不是社会环境），固然不能与20世纪初期那个学术的黄金时代相比；即便与80年代改革开放初期的学术环境相比，也有退步的表现。

人们现在经常把不良的学术环境归咎为学术制度和管理制度上的弊端，如评职称制度，科研成果的量化指标，评奖、评项目、评学位点和其他种种评审、评比制度，等等。制度上的弊端固然不能否认，但我们要记住：制度由人制定，靠人来执行。学术制度上的弊端是人浮躁的、封闭的、狭隘的心态的反映，这些弊端之所以迟迟不能纠正，也是因为它们程度不同地适应了学术群体的心态。记得在二十多年前，看到一位青年作者写道，原来把写书看得很神圣，后来有了丰富的写作经验，觉得写书和小时候看到的种庄稼过程没有什么不同，春天把种子播撒下去，秋天就可以一箩一箩地收庄稼了。这位作者的表白反映了一种普遍的文风，这就是，用种庄稼的方式做学问。其结果是，我国现在的学术出版物以不亚于经济增长率的速度快速增长，在数量上大概已经达到了世界先进的指标。但是，中国学者的学术研究成果很少有国际影响的，国际学术界公认的突破性的创新成果更是微乎其微。大多数研究的"成果"是闭门造车，自说自话；很多"成果"只是简单地重复，至于抄袭泛滥成风，那就不是文风浮躁的问题，而是更严重的学术腐败问题了。虽然社会在进步，国家在开放，但我们的学术群体的心态却在退步，变得封闭起来，不如20世纪初期知识分子的心态开放，也不比思想解放时的社会心态开放。这种封闭的心态是难以归咎于制度上的弊端，倒是需要在我们自己身上找原因。正因为身处的学术环境令人堪忧，我们更要有除弊兴利、革故鼎新的决心和勇气，改进我们的学术环境，推动学术的发展和进步，当务之急是要通过克服浮躁的、封闭的学术心态，破除学术腐败和制度上的弊端，认清中国哲学的现代形态的发展方向和主要问题。

朱德生先生提倡西哲和马哲的结合

左起：陈小文、张世英、陈启伟、赵敦华

3. 现代中国的哲学发展方向

现代中国的哲学命运，可用"分久必合，合久必分"来形容。20世纪初期，西方各种思潮涌入中国，中国本土思想激烈地分化和变革，各派哲学蜂起，纷争不已。50年代之后，最后都统一于马克思主义哲学了。80年代以来，马克思主义哲学、西方哲学和中国传统哲学的"一体两翼"格局，逐渐转变为"三足鼎立"。哲学如同莎士比亚《李尔王》中的那个老国王，他把王国分给了三个女儿，自己却一无所有。"李尔王"是英国中古的故事，哲学的类似处境却只发生在当代的中国。世界上没有任何地方像中国这样，哲学是有名无实的"一级学科"，它的八个"二级学科"是以邻为壑、互不往来的"独立王国"。

现在有一个似是而非的口号，叫做"以学科建设为中心"。听起来这是一个重视学术的主张，但仔细分析一下不难看出，其中包含着强化不合理的学科划分、阻碍跨学科研究、违反学术发展趋势的内容。现在所说的"学科建设"的单位，主要指二级学科的学位点。"以学科建设为中心"实际上是"以二级学科为中心"。所谓二级学科的划分有很多不合理之处。哲学这个"一级学科"包含马克思主义哲学、中国哲学、外国哲学、伦理学、美学、科学技术哲学、逻辑学和宗教学等八个"二级学科"。这可奇怪了，马克思主义哲学既不算西方哲学（难道它能够与西方哲学传统和现代西方哲学分开？），也不算中国哲学（难道它不是现代中国哲学的重要成分？）；中国哲学可以与伦理学和美学分家，与中国传统哲学接近的韩国和日本哲学（其典籍就是用汉字写的）算作外国哲学；而外国哲学中的西方哲学也可以和伦理学、美学和科学技术哲学分家；科学技术哲学可以与自然科学史（那是另外一个"一级学科")分家；宗教学属于哲学，而与社会学、人类学、心理学、历史学、语言学等其他学科分家；逻辑学属于哲学，而与数学、计算机科学和认知科学分家。学科分类目录是学术地图，用这样一张糊涂的地图来指路，不知要把"学科建设"引向何方？不过，可以肯定的是，以这些划分不合理的"二级学科"为"中心"来做学术，不要说跨学科研究了，连原本是综合统一的哲学理论也被人为制造的隔阂障碍弄得支离破碎。

我曾经提出一个"大哲学"的观念，意在淡化哲学"二级学科"的壁垒。"大哲学"的提法其实不是我的发明，马克思早就有"一般哲学"的说法。马克思对未来哲学有这样的展望："必然会出现这样的时代，那时哲学不仅在内部通过自己的内容，而且在外部通过自己的表现，同自己时代的现实世界接触并相互作用。哲学不再是同其他各特定体系相对立的特定体系，而是变成面对世界的一般哲学，变成当代世界的哲学。"[9] "同其他各特定体系相对立的特定体系"，是指"纯哲学"（pure philosophy），而"面对世界的一般哲学"，即"大哲学"（general philosophy）。正如马克思所说，这两者有不同的表现时代和世界的方式：一个"在内部通过自己的内容"，另一个

2015 年和张世英先生

"在外部通过自己的表现，同自己时代的现实世界接触并相互作用"。从历史的观点看，一种哲学理论不管多么纯粹，不管看起来与现实多么遥远，都有它联系外部世界的特定方式。在西方，古希腊哲学通过希腊神话、宗教、戏剧、艺术、几何学、经验科学、医学和历史学等形式，中世纪的哲学通过基督教，近代哲学通过近代自然科学，与自己同时代的现实世界接触并相互作用。在中国，举凡政治、道德、宗教，乃至科学、医学、道术、民俗，无不有丰富的哲学思想。但长期以来，我们按西方的"纯哲学"的标准选

---

9 《马克思恩格斯全集》第 2 版，第 1 卷，第 220 页。

择和整理哲学史的资料，把哲学当做与同时代的文化形态相对立的哲学体系，只是在内部，通过抽象的哲学范畴和命题反映世界，并把它所反映的世界当做是永恒的、不变的，而自身的哲学体系则是绝对的真理。哲学的范围被弄得越来越窄。现在，中外的哲学家都有危机感。哲学在我们时代所处的危机，实际上是"纯哲学"的危机，而"大哲学"的形态之丰富，范围之广阔，更是前所未有。

　　跨学科研究是当今世界的学术发展趋势。据北京大学科研部的一项资料，最新的高科技成果和基本理论的创新成果，几乎没有一项是在传统的"一级学科"（如数、理、化、生、地）的范围内取得的，都是打破学科界限，开展跨学科交叉研究而取得的。自然科学和技术是这样，哲学和社会科学也是这样。比如，社会科学与生物学的交叉（"社会生物学"和"进化心理学"等），考古学、人类学、社会学和自然科学的交叉，与各种学科相交叉的"分支哲学"，如政治哲学、经济哲学、社会哲学、法哲学、历史哲学、考古哲学、生物哲学，还有跨哲学（Pilosophy）、政治学（Politics）和经济学（Economics）的综合学科 PPE 等等，都是最有活力、最有发展前景的新的理论形态。它

哲学系是长寿系。摄于 2011 年

们体现了马克思所说的"面对世界的一般哲学"即"大哲学"的发展方向。

"大哲学"的观念对我们现在发展中国哲学的现代形态也有重要的作用。由于受"纯哲学"观念和前苏联的学科分类法的影响，我国哲学界把马克思主义哲学、中国传统哲学和外国哲学当做独立的学科领域，在中国的哲学中形成了三足鼎立、以邻为壑的状况。这是不正常的，对中国的哲学发展是不利的。现在，很多人认识到分崩离析的痛楚，哲学界人心思合，大谈"中西马的对话和融合"。但是，"中西马融合"谈何容易？有感于此，我的一个朋友做了一副对联，曰"打通中西马，吹破古今牛"。这是在嘲笑空喊口号而不潜心钻研学问的浮躁学风，而不是说"中西马"根本不应打通，或不能打通。相反，打破"中西马"三者的隔阂刻不容缓，但需要做大量艰苦、细致的研究。"学贯中西""史论结合"不是空洞的口号和大话，那是一个人要穷尽毕生的精力和才华、一个民族经过世代的学术积累才能达到的目标。

第六篇　我在北大的乐和忧

在北大图书馆前

一、乐在图书馆

考察一个大学首先要看它的图书馆，第一流的大学无不有第一流的图书馆，会读书的学生在图书馆寻宝，勤奋的学者在图书馆安身。北大有许多令人梦牵魂绕之处，最吸引游人之处是"一塌（博雅塔）糊（未名湖）涂（图书馆）"。我的精神家园是北大图书馆，我的每一本书、几乎每一篇论文都有北大图书馆的贡献，而我却没有在任何书和文章中表达对北大图书馆的谢意；每思于此，总有一分歉意，作文聊表北大图书馆的滋养之恩。

1988年回国不久，为完成导师陈修斋先生当年对我留学所寄托的希望，决定写一本中世纪哲学的史书。虽然在国外已购买了不少书籍，复印了一些资料，但书到用处方恨少，写作中每每遭遇"卡壳"的烦恼。令我惊喜的是，每次都能在北大图书馆补充到攻克堡垒的"弹药"。我没有料到，北大图书馆藏里有几百卷的希腊教父文集和拉丁教父集，以及托马斯·阿奎那《神学大全》的拉丁文和英文对照版。抚摸这些高耸在书柜上满是灰尘的图书，不禁对图书馆采编管理人员充满敬意。要知道，这些书是改革开放初期用宝贵的外汇购置的，即使有那么多的科学技术和社会科学的图书资料急需进口，北大图书馆仍然保持了对西文历史资料的敬意。这些冷门的藏书也许多年没人使用，但它们的存在就是价值，在我看来，它们是填补历史空白的无价之宝藏。

在北大图书馆，我还淘到了 1929 年出版的 Mckeon 编的两卷本的 *Selections from Medieval Philosophers*。我在中世纪建校的卢汶大学没有找到这本书，想不到回国后读到了。北大图书馆里有一批 19 世纪末到 20 世纪初的外文书，上面盖着"国立北京大学图书馆"或"燕京大学图书馆"的大印，我爱在书库里翻看这些老书，寻觅被人遗忘的信息和灵感。

在书房

《基督教哲学 1500 年》交稿后，人民出版社的美编要设计有时代感的封面，一时想不出合适图案。我恰巧在北大图书馆里看到一本关于文艺复兴时期印刷物的画册，复印了其中的一幅画，编辑在这个底本上加工修饰，用作该书第一个版本的封面。可惜当时版权意识差，没有把这幅画的来源记下来。

最初使用电脑只是打字录入，随着北大网络越来越发达，电脑的用途越来越大。上网功能首先是查资料，现在北大图书馆的电子资源，以及在互联网搜索到的电子资源，可以基本满足哲学研究的需要。最初网速慢，按流量计算，下载一个文件就要十几甚至上百元；这十几年来，在北大上网的费用一降再降，极大方便了网上资源的共享和通讯联系，即使远在天边，电子邮件也会拉近到眼前，古人"千里眼，顺风耳"的想象已经变成现实。老子说："不出户，知天下；不窥牖，见天道"，如果把"不窥牖"改为"窥视窗"，那么这句话可以读如当下网络世界的真实写照。

记得 1991 年帮系里接待天普大学哲学教授斯维德勒（Leonard Swidler）时，他告诉我说，由于使用计算机，他虽然年逾七旬，发表的成果却比过

图书馆的瞬间与永恒
——北京大学图书馆110周年纪念文集

北京大学图书馆

2012年10月

书山有路"网"为径，学海无涯"馆"作舟

哲学系 赵敦华

考察一个大学首先要看它的图书馆，第一流的大学无不有第一流的图书馆，会读书的学生在图书馆寻宝，勤奋的学者在图书馆安身，北大有许多个人梦牵魂萦之处，最吸引我的地方是北大图书馆，我的每一本书，几乎每一篇论文都有北大图书馆的贡献，而我却没有在任何书和文章中表达对北大图书馆的谢意；每想于此，总有一份愧疚。恰逢北大图书馆一百一十年馆庆之际，作文聊表北大图书馆的涓涓之恩。

1988年回国不久，为完成导师陈修斋先生毕生对我留学所寄托的希望，决定写一本中世纪哲学的史书。虽然在国外已购买了不少书籍，复印了一些资料，但书到用处方恨少，写作中每当遇到"卡壳"的烦恼，今我焦急的时候，每次都能在北大图书馆补充充到到处去借全的"神药"，我没有料到，北大图书馆藏有几百种的希腊教父聚文和拉丁教父文集，以及托马斯·阿奎那《神学大全》的拉丁文和英文对照图版，我接道这些珍贵的对北大上满起来全的图书，不想对图书馆采编管理人员充满敬意，要知道，这些书是改革开放初期图书贵的外汇购置的，那使多么

56

去翻番，当年期许自己70岁也能如此，想不到在50岁之前就做到了。虽然身兼行政职务，我的教学工作量不减，每年都有新的著述发表。如果说我有什么诀窍的话，那就是较早使用计算机和网络。百年校庆之后，我们见证了北大网络和办公自动化的迅速发展，感谢计算中心、图书馆等主管部门为师生提供的设置和资源，有了学校建设世界一流大学的发展和北大人的成就。真所谓：书山有路"网"为径，学海无涯"馆"作舟。

我出国总要去外国大学的图书馆，他们的进步也很快，尤其是近年新盖的图书馆，有大落地窗的明亮，无处不有的工作间的宽敞，多媒体讨论室的便利，甚至还有专设休息区域的舒适。我欣赏那里的环境，但不羡慕他们，因为我已经适应了北大图书馆的那种拥挤而安静的氛围，熟悉了它的书库和网络，在这里我总能体验到莘莘学子的青春活力，总能在文山书海里发现惊喜和满足。

二、创办宗教学系的喜悦和烦恼

2009年，北大在110年校庆之际，推出了刊登校友回忆感怀的《精神的魅力》第二辑。我写了《创办宗教学系的喜悦和烦恼》一文如下：

精神的魅力
2008

赵为民 龚梅件 主编

北京大学出版社

1994年，哲学系迎来80年系庆，举办了建系以来最为隆重的系庆活动。系友佳宾盈门，提出了很多保持优良传统、发展哲学事业的好建议。在众多的建议中，有一条建议引起了我们的关注。有几个海外系友提出，北大有宗教学研究的传统，汤用彤、周叔迦的佛学，老

燕京赵紫辰的基督教神学，马坚的古兰经翻译，王明的道教典籍注释，等等，都是中国宗教学研究的开山扛鼎之作；北大哲学系从1982年开始办起了全国最早的宗教学专业，现在应该百尺竿头，创办宗教学系。系领导很重视这条建议。我们在系庆期间邀请系里十多位老师座谈，对成立宗教学系的必要性和可行性进行论证。到会老师一致建议，北京大学应尽快成立宗教学系。大家有这么一些理由：首先，一所现代综合大学，如果没有宗教学系，它的学科体系是不完整的；其次，建立宗教学系是促进国家稳定、和谐的需要；第三，是了解世界和扩大对外文化学术交流的需要。

从我们自身情况来说，北大现在具备了办宗教学系的条件。1959年10月13日，毛泽东把任继愈找去，问道："你们哲学系有多少人？"任答，师生加起来有500人。毛说："500人一个系怎么能没有人研究宗教呢？"1963年12月31日，又在周总理的一份报告上批示：如果没有对佛教的研究，就不可能写好中国哲学史、中国文学史、中国艺术史、中国政治史和中国文化史。同样，如果不研究基督教，不可能写好西方哲学史、西方文学史、西方艺术史、西方政治史和西方文化史。根据这个指示，任继愈等一批教师被抽调到科学院，组建了世界宗教研究所。留在哲学系的老师和世界宗教研究所紧密合作，培养了宗教学专业最早一批本科生和研究生。现在北大有全国最强的宗教学专业的师资和良好的生源，完全可以办好宗教学系。

任继愈先生和校领导

宗教学系成立大会

在这次会议之后，我们走访了时任中央统战部二局局长叶小文，国家宗教局局长张声作，以及国家民委副主任、我系系友图道多吉，他们都对北大成立宗教学系的想法表示支持，并提出一些很好的要求，比如，宗教学系成立以后，可以设"中国宗教管理和法规"课程，为政府的宗教管理和民族事务工作输送毕业生，提供咨询、调研等服务，加强中国宗教现状的对外宣传，还可以开展对宗教人士的培训，等等。由于后面将要谈到种种原因，这些好建议在建系以后没有很好落实。现在看来，这些建议确实很有远见卓识，没有落实是件很遗憾的事。

我们把老师们的论证和政府部门领导意见报送学校领导，得到校领导的肯定。尤其是常务副校长王义遒和副教务长周起钊等人，给予大力支持和具体指导。对北大宗教学系成立作出贡献的人，我们应该记住他们，感谢他们。经过两年的论证和筹备，北大终于在1996年决定成立宗教学系，与哲学系实行联体运作。就是说，宗教学系有独立的师资、学生和教学计划、研究项目，但行政管理与哲学系合在一起办公，宗教学系主任由哲学系主任兼任。两系联体运作，既没有占有北大的额外资源，又扩展了学科体系，加强了学科队伍，是北大学科建设和行政管理的一个新模式，值得总结和推广。

海外媒体反响

1996年9月2日至5日，我们召开了"北京大学宗教学系成立暨宗教研究国际学术研讨会"，群贤毕至，中外咸集，盛况空前。与会代表表现出的热情和兴奋，有点出乎我们意料。更出乎意料的是，北大成立宗教学系的消息传开后，在海内外产生了热烈反响。美国、日本和中国港台的媒体纷纷报道，视之为中国改革开放、学术自由的一个标志，展现了中国思想开放、宽容、和谐的良好形象。我当时搜集了不少这样的报道，后来一气之下都给丢了。只记得有一篇给我留下深刻印象的评论说，中国被认为是无神论指导的国家，但是，现在中国最著名的国立大学成立了宗教学系。反观港台地区，没有一所公立大学设有宗教学系，看来，中共的气魄要比国民党大啊！（当时在台湾执政的还是国民党——笔者注）。

北大办宗教学系之后，越来越多的高校也认识到开展宗教学教育和研究的重要性，纷纷开办宗教学系，短短几年时间，中国人民大学、复旦大学、武汉大学、南京大学、四川大学等著名高校，都成立了宗教学系，而且也采取了北大的与哲学系联体运作的模式；还有不少高校成立了宗教学方向的研究所（中心）。高校的宗教学队伍异军突起，与原有的社科院系统的宗教学队伍相互配合，成果累累，标志着我国的宗教学研究进入了繁荣时期。看到自己辛劳的丰硕成果，我们由衷高兴。

正如世界上很多事情一样，有一喜则有一悲。正当我们专心致志地进行学术研究和学科建设的时候，却受到各种流言蜚语的干扰。有人毫无根据地说，大学都不办哲学系了，都改成宗教学系了，为的是得到外国人的钱；宗教学系成立之后，外国宗教势力渗透高校，很多大学生信教了，大学周围的教堂人满为患。令人匪夷所思的是，这些不实之词居然来自宗教人士。本来，教育界和宗教界，大学的国民教育和宗教团体的神学教学，属于两个领域，两个系列，如能合作更好；没有合作，井水不犯河水也不错。但不知什么缘故，某些宗教人士就是看不得大学里有宗教学系，对北大宗教学系大加鞭笞，对北大宗教学学者的学术成果横加指责。他们散布的不实之词已经到了无理取闹的地步。且不说北大宗教学系与其他院系一样，绝大多数师生都不信教，即使有少数学生信教，在全国宗教信徒人数增长的大环境中，也是可以理解的。全国教堂都有人满为患的现象，何以见得北大附近的海淀堂里的人就都是北大人呢？再者，宗教学系并没有取代哲学系，只有自己钻在钱眼里的人，才会以己度人地说办宗教学系是为了赚钱。外国人捐助的为数不多的款项都由北大基金会管理，专款专用，用于奖学金。至于外国宗教势力渗透一说，更是无稽之谈。北大外事活动有规定，我们除了严格执行规定外，还针对宗教学系特殊情况，制定了外籍教师的行为准则。外籍教师们也都理解国民教育与宗教传播相分离的通则，自觉遵守

我和方立天先生

与罗跃军（左一）和徐弢（左二）教授，张晓梅（左三）和刘素民（右一）研究员

我们的规定，多年来没有一起违反外事纪律的现象。

针对流言蜚语，我们作了耐心的解释。2002年第4期《中国人民大学学报》发表的方立天、卓新平、何光沪和我的《中国宗教学研究的现状与未来》笔谈，主要就是为了解释中国大学宗教学系的"合法性"和合理性问题。值得宽慰的是，教育部和学校的领导，乃至政府宗教管理部门理解和相信我们，一如既往地支持宗教学系。但是，现实中的流言蜚语往往有效，北大的宗教学科建设因此受到干扰和损害。全国人文社会科学的重点研究基地中，宗教学方向的基地有三个，却没有北大一席之地，2001年评全国重点学科，北大宗教学也没有评上。北大宗教学历史长、建系早、成果多、实力强，但在激烈的学科竞争中，又因流言蜚语的伤害而落后。每思于此，不胜烦恼。

如果有人问：你是否为办宗教学系而后悔呢？我可以用孟子的一句话来回答："君子有三乐，而王天下不与存焉。父母俱存，兄弟无故，一乐也。仰不愧于天，俯不怍于人，二乐也。得天下之英才而教之，三乐也。"办宗教学系也有此三乐。虽然我父母在此期间逝世，但我体悟到"天乾地坤、民胞物与"的宗教情怀，此一乐也；宗教学系利国利民，问心无愧，此二乐也；看到宗教学系学生有了更多、更好的学习机会，成为社会英才、国之栋梁，此三乐也。

三、中国宗教学研究的几个问题 [1]

1996 年，北京大学率先成立了宗教学系，在国内外引起的反响很好，国外媒体把这一举动称为中国改革开放的成果之一。1996 年以后，高校宗教学的教学和研究发展很快，部属重点高校有的建立了宗教学系，有的建立了宗教学研究所或中心。高校宗教学研究异军突起，与原有的社科院系统的宗教学队伍相互配合，成果累累，标志着我国的宗教学研究进入了繁荣时期。

1. 北大宗教学系的办学目标

当时在写给上级的申办报告中，我们陈述了这样一个理由：世界一流大学大多设有宗教学系，北京大学要朝向世界一流大学目标努力，如果缺了宗教学这一块，学科体系就不完整，会影响到其他人文社会学科的发展。据哈特主持完成的美国宗教科学院的《美国高等教育的宗教学和神学》报告，美国有 2335 所研究宗教的机构，其中 1311 所属于有四年制本科的正规大学或学院，这些大学或学院中的 873 所有宗教学系或专业。关于宗教学研究的前景，46%

宗教学与大学教育研讨会发言

被调查的学者认为将进一步发展，43% 的学者认为会维持现状，只有 19% 的人认为会萎缩。

当然，我们办宗教学系不能照搬美国或其他国家大学宗教学系的模式，我们既瞄准世界一流水平，又要办出我们自己的特色。有特色的与世界性的两个目标并不矛盾。人眼约等于 5.76 亿像素，视角约 120 度，世界是丰富多彩的，视角是多元的。只有具备自己特色的东西才能在多元化的世界

1　本节摘自方立天、卓新平、赵敦华、何光沪：《中国宗教学研究的现状与未来》，载《中国人民大学学报》2002 年第 4 期；于光：《访中国第一学府，探宗教学术堂奥——与北京大学宗教学系主任赵敦华一席谈》，载《世界宗教文化》2001 年第 9 期。

中占有一席之地，没有自己的特色只能成为别人的某一种特色的一个附庸。

在开办北大宗教学系的时候，我们提出了五个目标，它们是：

——以宗教学的理论为基础，开展多宗教、跨宗教的研究；

——以宗教对话的理论为基础，促进外部研究与内部研究之间的对话；

——以马克思主义宗教观为导向，促进无神论与有神论之间的相互理解和对话；

——以跨学科研究为导向，对宗教现象进行全方位、多层次的综合研究；

——以跨文化研究为导向，对中外宗教文化进行比较，促进不同文化传统的相互理解。

我们相信，按照这样的目标来发展，中国大学能够办出自己的特色，办出高水平的宗教学系。

2. "内部研究"与"外部研究"的区别和对话

宗教团体的宗教教育与大学宗教学的关系实际上是"内学"和"外道"的对话。"内学"是宗教信徒的研究心得，它的长处是有宗教体验。宗教学不完全是纯客观的学问，它的很多道理是主客观交融的，没有宗教体验很难把它讲清楚。

在这个问题上，有必要把宗教学中的外部研究与内部研究做区分。苏

左起：钟志邦、赵敦华、许志伟、张志刚

轼著名的哲理诗《题西林壁》云："横看成岭侧成峰，远近高低各不同。不识庐山真面目，只缘身在此山中。"从外部看和在内部看观念不同，看到的宗教对象不同，但可以通过对话，相互理解，相互学习。我们作为外部研究者应该首先向内部研究者学习。内部研究者用他们熟悉的材料或亲身体验，了解自己宗教内部的不同学派，以及它们之间的同异，把各种解释有机地结合在一起，进而揭示出本宗教的教理教义发展的内在逻辑。汤用彤先生在《汉魏两晋南北朝佛教史·跋》中说，研究佛教"如仅凭陈迹之搜讨，而无同情之默应，必不能为真"。虽然外部研究者可以不信仰它，但要了解它理解它，首先要有同情的态度，然后才会有客观的理解。如果没有起码的同情，那么你就无法理解它，没有理解，你也就只能站在外面讲外行话，就只能仅仅是宣传，只是把自己的观点传播出去，至于别人是否接受就不管了。"同情之默应"，这是"客观之叙述"的前提，做到这两条，最后达到"批判之超越"。这三条结合起来就比较全面了，能够把宗教学当做一门科学来研究。

3. 关于宗教学的跨学科研究

宗教学本来就是一门跨学科的学问，除了宗教哲学外，还包括宗教社会学、宗教人类学、宗教考古学、宗教语言学、宗教心理学、宗教现象学、

跨学科的宗教学研究者。第二排左二卓新平、左三赵敦华、右二刘宗坤

宗教史和比较宗教学、宗教艺术和神话学，等等。但我国的情况比较特殊，宗教学的学术研究以哲学为主，宗教学系一般和哲学系联体。我国研究宗教学的人不是学哲学出身，就是学历史出身，还有一些是学外语出身的，大多是凭着思辨、考据和文字功夫做学问的，社会调查或田野调查做得很少。有人可能认为实际调查对实际问题是必要的，对研究宗教学理论和历史就不重要了。其实不是这样。宗教学不是哲学，也不只属于人文学科，而是跨学科的，社会科学的成分很重，特别是它的方法，离不开社会科学的实证态度和方法。宗教社会学不仅仅是宗教学的一个分支，宗教社会学的方法在宗教学各分支学科有广泛的运用。另外，研究传统宗教也需要田野调查。现在的传统宗教，如道教、佛教的仪式保留在民间习俗之中，需要田野调查来发掘，光靠义理的阐述是不够的。另外，史前宗教这一大块，除了需要考古和古籍的相互验证之外，更需要人类学家在少数民族保留的原始习俗中找证据，找线索。

当今的宗教学研究的重大课题，都带有跨学科研究性质。比如，要研究各门宗教的传统，而宗教传统又多又长，既有经典，又有义理，还有仪式和各种各样的宗教活动史，每门宗教的每一方面都是一个大课题，需要

国际学术研讨会召开

各学科的学者协同工作，做好了都是功德无量的事。我们现在对宗教传统的研究不是太多，而是太少了。不要把古今割裂开来，以为两者一定是厚此薄彼、此长彼消的关系。对于世界各大宗教，不了解它们的过去，如何知道它们的现在和将来？当然，过去不能说明现在和将来的一切，所以关注现实也同样重要。关于现实的课题也很多，比较重要的是两方面。一方面是宗教学各理论学科的建设，即我们在上面提到的宗教社会学、宗教心理学、宗教人类学和宗教语言学等学科。在这些理论学科，我们现在还停留在翻译介绍西方著作的初级阶段。我们现在的一个任务就是要联系中国宗教的情况，用宗教对话的方法，用各大宗教的基本事实，去纠正、补充和发展宗教学各个分支的理论。另一个现实课题是对世界新兴宗教的研究。国外把cult当做新兴宗教的一个重要组成部分，我们现在把cult翻译为邪教，认为邪教不是宗教。为了避免不必要的混乱，可以这样说，但要真正了解cult的性质和一些带有规律性的东西，恐怕还是离不开跨学科的理论。比如，不谈宗教社会学和宗教心理学，只从一般的科学知识出发，很难把cult的影响力和发展趋势讲清楚。

　　宗教学研究的课题很多，范围很广，一定要有分工合作，各个单位要有自己的重点、自己的特色，相互补充，不要大家一窝蜂都去搞相同的课题，也不要强求一律。不同的单位可重点研究某一二个主要宗教，不可能面面俱到；有的还可突出地方特色（如西北地区的伊斯兰教）和民族特色（如少数民族宗教），有的注重经典和思想史，有的注重现实研究，有的偏重于宗教哲学或宗教学理论，有的偏重于历史方面的研究，有的偏重当代新兴宗

我们和傅有德（左一）、陈亚军（左二）合影

教的调查研究。百花齐放，才能有大面积的丰收。

4. 关于宗教学的跨文化研究

宗教现象是跨文化的，世界各主要宗教都不限于一个文化圈。从中国人的角度看，过去有"内三教"（儒释道）和"外三教"（犹太教、基督教、伊斯兰教）的区分，但除犹太教外，这些宗教在中国的内外都有广泛的分布；它们在世界各国也都有广泛传播，对这些宗教的研究是世界性的。研究"内三教"要注意吸收国外的研究成果，如，研究佛教就不能不注意日本人的成果。另一方面，研究"外三教"也要注意研究这些宗教在中国的"本色化""处境化"和"本土化"。

中国的宗教学研究要有自己的特色。建构宗教学研究的中国化学派应该成为我们学术界的一种自觉。有这个自觉和没有这个自觉的结果是大不一样的。中国化学派除了要强调中国特色外，还需要有世界意识，最后得出的理论、观点，中间使用的方法，都要有世界的意义。这一点上，中国学者还需要做出努力。民族特色、文化传统与世界性理论和意识并不矛盾。我们提出创建中国化学派的目标，研究的结论不能只对中国适用，"中国特色"不能成为仅局限于本土的一个借口，不要把创建中国化学派的目标与理论世界性的要求对立起来。

四、网络世界的乐和烦

2018 年北大 120 年校庆之际，推出了《精神的魅力》第三辑，登载了我的一篇文章。转载如下：

1988 年回国时带着刻录 DOS 和 WORD 等软件和博士论文等文件的几盒 5 时软盘，到北大却用不上，因为没有个人用的电脑。1990 年代初哲学系和外哲所分别只有 1 台 386 的电脑，是用国家资助重点学科的 5 万元买的，由专人保管和使用，负责打印公文通知。我回国后写书写文章仍然是在稿纸上"爬格子"，从图书馆卡片检索借出的书中逐字逐句查资料，几年下来，眼镜片增加了几百度，像酒瓶底那样厚。更糟糕的是，千辛万苦誊写的书稿随时可能损毁丢失。1990 年我把《基督教哲学 1500 年》的全部书稿交给

电脑之乐

哲学系电脑房

北京某著名书店，承诺列入"哈佛燕京丛书"一年后出版。谁知等一年后找到责编，他竟说前3章10万多字的稿子找不到了。幸亏我交稿时留了一手，把1千多页的书稿复印1份。由于这家书店爽约，我把复印稿转交到人民出版社，由于室主任陈亚明的重视和责编严平的精心编辑，这本书才得以出版。受这件事的刺激，我拿出教育部回国留学人员基金资助项目的两万元，再掏出回国出版的三本书稿费，买了一台IBM电脑。自1994年之后，所有发表的著作论文都有了电子版，以前的稿纸反倒成了我收藏的稀有之物。

网络世界和现实世界一样，既有条条坦途通达，也有处处坎坷陷阱。在中国的网络环境中讨论哲学，一个特殊干扰是遭遇"民哲"。中国盛产"民哲"和"民科"，他们总是抱怨"知识精英"对"草根民众"的歧视，他们不懂现代哲学不能脱离学术专业化发展的大趋势。由于哲学地位在中国被抬举为"自然科学和社会科学的结晶"，而学哲学又曾在群众运动中被庸俗化，以致人们以为哲学无非就是几条原理，不经过专业学习和训练也可以成为哲学内行。这样的肥沃土壤滋生出为数不少幻想出人头地并成为深刻思想的人，他们动辄用自以为懂得的几个原理或概念编织出哲学体系，自诩唯一正确思想。如果这些仅是"民哲"们的自娱自乐也就罢了，偏偏他们执着地想得到专业哲学家的认可，或者到大学或研究机构谋得职位。我一向主张"为政不在多言，顾力行何如耳"，愿做"慢、稳、刚"的"寡言君子"，但不能容忍对哲学系和北大的无端攻击和不实之词，因而在网络上曾与一群"民哲"有场遭遇战。

事情起于2006年春季，有个民哲先生给北大哲学系和我寄来他的哲学

画家李川的漫画

体系，我如常把它扔进废纸篓。我的电话和电邮在系网上是公开的，他屡屡打电话、发邮件催问是否收到，如何评价，被我搪塞过去。有天正在开系办公会，他又来电话了，我有点不耐烦，回话说："对不起，你的大作我看不懂，现在正在开会，以后不要再打电话了！"说完撂了电话。第二天这位先生发个帖子，说我傲慢，不虚心，不愿请教自己看不懂的道理，有违北大"学术自由，兼容并包"传统，云云。不知为什么，这个帖子在一段时间内被挂在百度搜索"赵敦华"的第一条。此后，网上出现了北大哲学系主任傲慢、北大哲学系衰落之类的帖子，这些帖子带有明显的意识形态色彩和政治情绪，不值一驳。暑假期间，我又发现署名陈琛网民写的帖子，指出本人《西方哲学简史》中十几处"错误"。我觉得可以以此为戒，回击那些别有用心抹黑北大哲学系的人，于是实名写了一个帖子"答陈琛同学"。帖子开头是这样写的：

近日在关天茶社上漫游，先看到陈琛同学"北大哲学带头大哥的水平"带括弧的"好贴"。我很不喜欢这个帖子的标题，系里的老师从不叫我"带头大哥"，我也不敢如此自诩，系里比我资历深、水平高的老师多的是。我更不喜欢把我个人的水平与北大哲学的整体水平联系在一起。有人问：北大半个世纪以来产生几个哲学家？我的回答是，最近半个世纪（1956—2006）北大哲学系出了不下二三十位不亚于"五四"前后的高明哲学家。如果陈同学没有偏见地读读他们的作品，大概可以同意我的这个基本判断。虽然不喜欢那两点，看到有人批判我的《西方哲学简史》，我开始还是高兴了一番，这倒并不是因为我这个人闻过则喜（我知道这本书无大过，充其量有一些拼写错误），而是因为我想从别人的批判中找出可争论的题目。但读完这个帖子，深感失望。这些批评如果是在课堂上提出的，一句话就可以回答，无文章可做。没过几天，又看到陈琛同学的新贴"赵敦华《西方哲学简史》的另十个错误"，虽然是没有加括弧"好贴"，这个帖子的题目和内容比前一个有了进步，所谓"士别三日，当刮目相看"。但其中九个也属于一句话就可以化解的"错误"，只是第五个还有些意思。

第五个"错误"是说，柏拉图《斐多》中苏格拉底最后一句话："我们还欠阿斯克雷皮阿斯一只公鸡，还了这个愿吧"，而赵敦华把希腊药神"阿斯克雷皮阿斯"解释成苏格拉底的邻居。其实，我只是写苏格拉底面临死亡的幽默感，并不是在解释《斐多》。为了注释《斐多》最后一句话，我写了《与神为邻》的短文附在帖子后面，最后回应"民哲"们的挑战：

《西方哲学简史》简而不俗，明而不易，好像是一块压缩饼干，里面有很多集约的知识。我承认，这并不是一本适合自学者的书，很多内容需要教师在课堂上展开。……另外，鄙人还著有十四本其他著作和八九十篇学术论文，欢迎陈琛同学和其他哲学同学们提出更多问题，以便我有空闲时（这样的时间不多，我没有秘书帮助处理日常事务），在网络上展开我的思想。

之所以提到没有秘书，因为一个网民自称"想质问北大哲学系主任赵敦华：北大半个世纪以来产生几个哲学家？如果没有，那北大哲学系何以号称自己是哲学家的摇篮？这个问题被秘书挡住了。"我意在申明我没有什么"秘书"，愿意自己回答这个问题。果然，目标纷纷出笼了。网民"王江火"承认："最初的论争主要是围绕着陈琛针对《西方哲学简史》的批评进行的，但由于赵敦华教授的深奥、功底扎实，这个问题的争论很快就变为次要，而主要的论争开始转向另一个问题：关于北大哲学系是哲学家摇篮的争论。"

我的回应以及多个媒体的报道起了作用，"天涯社区"网征求我的同意之后，发出

循循劝诱

天涯网络论战

预告：

　　一名普通网友在社区挑战北大哲学系主任赵敦华教授，瞬间引起激烈的争论。赵敦华教授以实名登录社区认真回答网友的质疑。争论迅速深入，牵涉的话题从赵教授的著作扩展到当代哲学界的成就、北京大学哲学系教师的水平、高校的哲学教育等问题。天涯社区有幸邀请到赵敦华教授做客天涯，接受我们的访谈。欢迎各位网友积极提问题，我们整理后提交赵教授，由于现场访谈时间有限，由赵教授挑选回答。访谈时间：8月1日下午2—4点。

　　我按时来到位于清华科技园大楼里的"天涯社区"网站，主持人为我照相留念。走进网站，只见大厅里摆开上百台计算机，分配几个机位用作此次访谈，我要像一个棋手同时对弈几个对手那样针对这几个机位显示的问题，口述回答，由打字员录入。在我到来之前，网民已有几百条褒贬不一的留言，不少人责问我，北大近50年来出的二三十位哲学家究竟是谁？这个问题正中下怀，我答道：

　　不少网友要我列举出二三十个北大哲学家的名单。我说要分老中青三代。老一辈人且不说冯友兰、汤用彤、金岳霖、贺麟、洪谦、朱光潜、宗白华、张岱年等人，他们的学术地位在50年代前就已经有了（虽然后来还有新的成就），也不说调到外单位的哲学家，如任继愈、陈修斋、汪子嵩、杨祖陶、叶秀山、王树人、余敦康等等，单说一直在系里的老师就有：汤一介、朱伯崑、楼宇烈、张世英、周辅成、王太庆、王宪钧等等。至于中青年，外部有北大"四大天王""四小天王""四小虎"的传说，不是我说的，不要问他们是谁。大家看看他们的书，然后再判断他们的水平是不是超过五四时期的哲学，有了根据再争论好不好？

　　你们说北大没有哲学家的前提是我们没有解决"什么是哲学"的问题，

就说北大没有哲学家，由此再说中国没有哲学家，北大不是世界一流。这是什么逻辑？哲学中从来没有"什么是哲学"的标准定义。有人说，要难倒一个哲学家很容易，只要问他什么是哲学就可以了。但做哲学的人从来都不是从定义出发的，亚里士多德说哲学是最自由的学问。待人接物，世事文章，皆可以成为哲学。哲学也不是某些人喜欢卖弄的小聪明。在别人习以为常或想不到的地方，提出一个问题，提出自己的方案，有了这个方案或没有这个方案，思想或生活会根本不一样，这对一个做哲学的人来就够了。我承认，由于中国的特殊原因，北大哲学的思想近来没有对社会起到引领作用，但这不是哲学本身的问题，而是社会变化使然。以前按照国家、社会指导者的要求来衡量哲学家，于是说只有马恩列斯毛是哲学家，其余的只是卑躬屈节的"哲学工作者"，想不到现在还用这种逻辑来贬低中国哲学家，贬低北大的科学民主传统。你们说我们都是吃马列的奶长大的，还不知道谁是吃狼奶长大的呢？

这番话遭到几个不怀好意的网民的谩骂、污蔑和无理取闹。大多数网民表达了对少数网民的胡搅蛮缠的不满。特别是系友"千叶宝莲"仗义执言。他自称在校对西方哲学不感兴趣，听老赵课没有听到什么门道，毕业后不从事哲学（我至今也不知道他的真实姓名），他对我所说现在北大哲学系不输于他们前辈的看法表示支持："看来看去这里面好像除了老赵是北大哲学系的，就剩下我是了，上来说几句吧。各位对北大哲学系的了解其实有可能是片面肤浅的，应该说老赵跟网友的对话不在一个平台上，因为他了解哲学系，但是网友们并不清楚那个北大的四号院里出出进进的人都在干什么，想什么。网友们所自以为然的所谓的北大哲学系，大部分就是自己想象或者杜撰的。因此，老赵说东，各位估计也闹不清哪边是东，老赵说北大确实有哲学家啊，各位也想象不出哲学家是个啥样。这实在是个没办法的事情，如果我没在哲学系呆过，对北大也丝毫不了解的话；如果有个北大哲学系的系主任出来说：ok，我们这里成梯队的有哲学家，而且有很多；如果他不是吹嘘自己如何了得，他只是说如果你要了解哲学，了解人生的问题，欢迎你来我们这里，至少是让你知道北大哲学系这里可能有你

哲学门的守门人

想要寻找的人或者思想；那么，我想我会相信，至少是会动心的。"

访谈比预期延长了半个小时，对话和交锋都记录在网络上。现在回想这段经历，有一点体悟：网络给人们开辟了无限空间，安心做学问的人不愿为无聊之事浪费时光，但面对网上出现的无端攻击，要敢于担当，起而捍卫学术尊严，维护北大荣誉。另一方面，对网上不时出现事关北大声誉的负面信息，也不能一味护短遮羞，只有说出事情的原委真相，才是对北大最好的爱护。

五、北大教学改革：由文史哲试验班到元培计划

1995 年，北大开办文科综合试验班，2000 年决定停办。有人说试验班"无疾而终"，这一评价抹平了北大人对试验班的种种评价和议论。我听到的关于试验班的意见毁誉参半，作为创办试验班的参与者，我有时关心这样一个问题：不知这一试验给北大人留下了什么经验或教训？虽然没有"问卷调查"之类的统计资料，我也能略知一二。北大人对这个班的称呼就很能说明问题。他们一般称之为"文科试验班"，或干脆称"文

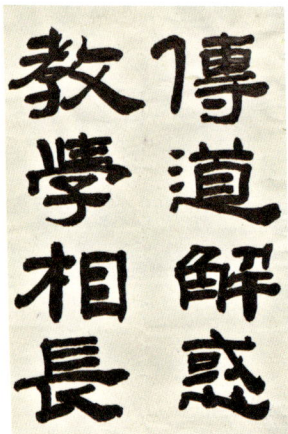

传道解惑
教学相长

史哲班"。这些当然是简称，但简略总有简略的道理，人们之所以把"综合"或"文科"简略掉，那是因为这个班的综合性并没有给人们留下深刻的印象，倒是它的试验性质引人注目；而且，人们也很清楚，这个班是文史哲三系合办的，而文史哲不等于文科全部，故称它为"文史哲班"更名副其实。

人们的直观印象是正确的。我们从开办文科综合试验班的时候起，就不断地在探讨这样一些问题：如何把文史哲的课程综合起来？如何把从文史哲开始的试验推广到整个文科？五年时间过去了，探索还没有答案，但我们举办文科试验班所积累的一些成功的经验和失败的教训，至少可以为我们在不久的将来正确地解决这些问题提供一个向导。

文科试验班前两年的教学计划基本上是文史哲三系主干基础课的组合，人们不无道理地称之为"拼盘"，我对此很有意见。但要把"拼盘"变成综合体，却不是那么容易的事情。人们提出不少建议，如精减课程，增加原著讲解课程，开设综合性的新课程，等等，但这些建议都不能解决根本问题。精减课程只是把一个"大拼盘"变成"小拼盘"，并不能创造出一个综合的课程体系；同样，把通史课改为原著课，也只是教学内容上的调整（调整幅度大小可由任课教师自行掌握），并不涉及课程体系的根本改变。至于需要新设的综合课程，一些人提出了中外"文化史""文明史""思想史"这样的课目。翻一翻国内外已有这方面的著作或教科书，就可发现，这些课程更适合作为普及性或通识课目开设，并不适合用做文科学生的主干基础课。这些课程的内容并没有超出我们三系的基础课，如中外"文学史"、

西方哲学史第一课

答疑解惑

中外"哲学史"、中国和世界"通史"等，只是把这些中外课程简略拼凑在一起而已。

办好文科综合试验班，关键是要有一个综合性的课程计划。我们之所以到现在还没有拿出像样的综合性课程计划，主要原因是综合的目的不清楚，想要综合的范围太宽，把一些本无内在联系的课程硬凑在一起，当然达不到综合的效果。现在文史哲三系的课程可以说是古今中外无所不包，从现代逻辑到古代诗歌，从当代文学批评到古埃及纪事，都是基础课要讲的内容。这些课程在自身的学科体系中都是必要的、不可或缺的，但并不是某些学科的综合所必需的。我们应该研究一下，在文史哲众多的二三级学科中，哪些学科的内容是可以综合的，哪些是不能（或至少在当前的条件下不能）加以综合的，这样才能决定设置哪些学科的基础课和跨学科的综合性课目。除了学科之间的内在联系之外，决定综合范围大小以及综合能否成功的另一个因素是综合的目的。我们要培养哪方面的综合性人才？培养通晓古今中外一切学问的人才是不切实际的目标，在本科阶段我们要在尽量广博的范围里给予学生专业训练。"尽量广博的范围"也不可能涵盖文史哲的全部学科。总之，对于文史哲综合的范围，我们需要根据综合的目的和学科间的内在联系作出取舍，有所为，有所不为，方能奏效。

以上说了一番道理，其实结论是很明显的：文史哲综合的交汇处在中国传统文化。文史哲的分野，是西学传入之后，在现代大学教育体制下才

人才济济

参加本科生哲学文化节

出现的。我们现在不能指责这一历史事实，因为三者的分化毕竟是现代大学教育的产物，适应了现代社会对人才的需求。我们现在需要检讨的是，文史哲三系独立的体制，难以培养出精通中国传统文化的人才。中国传统文化也有科目的区分，但不是文史哲的区分，而是文化典籍经史子集的区分。"经史子集"与"文史哲"是相互交叉的范畴：经史子集的每一部中都有文史哲的内容；相反，中国古代文史哲的每一学科都以经史子集为典籍。我们习惯于按文史哲的区分来分割处理经史子集的典籍，分别抽取中国文学史、中国历史和中国哲学史的资料，以建立起与西学各学科（外国文学史、世界历史和西方哲学史）相对应的学科体系。这种做法对于促进中西文化的对话和交流有功绩，但也为此付出了代价：经史子集中那些西学无法与之对应的部分被忽视，甚至被淡忘了。比如，直至英人李约瑟的巨著《中国科学技术史》出版，现代中国人才知道祖先拥有如此丰富的科技思想。但这些思想毕竟还是参照西方科学思想而被发掘出来的，还有更多的，与西学不相对应的文化资源和历史资料等待着我们用新的方法发掘整理、发扬光大。文史哲综合试验班要以培养具有综合处理中国古代典籍的能力的人才为目标，而不要受现有的学科划分的限制。中国古代经史子集的分类能够为我们设置综合文史哲的课目提供有益的指南。

　　经史子集的古代典籍的部类，我们不能简单地把它们变成大学课目。如果文史哲综合课程只有经史子集这四门，那未免太简单，而且这样的课

切磋古籍

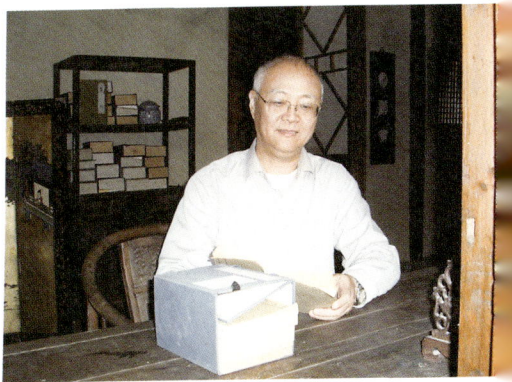

从古籍汲取精华

程计划也难以操作实施。我们说经史子集部类的指南作用，指的是围绕这些部类的内容，按照各部类之间的联系，设置中国传统文化方面的课程。这并不是现在才有的设想，早在20世纪初，"国学保存会"在《国粹学报》第三卷第一期（1907年出版）上刊登了一份"国粹学堂"的课目表。这份课目表至今对我们仍有启发和典范意义，现抄录如下：

经学：源流及流派、汉儒经学、宋明经学、近儒经学、经学大义

文字学：源流及流派、字音学、偏傍学、训诂学、析字学、论理学（即现在的逻辑学——赵注）

伦理学：古代伦理学、汉唐伦理学、宋明伦理学、近儒伦理学、伦理研究法、教育学

心性学：古代心性学、中古心性学、近代心性学

哲学：古代哲学、佛学哲学、宋明哲学、近儒哲学

宗教学：宗教派别

政法学：历代政法史

实业学：历代实业史、计学

社会学：古代社会状况、近代社会状况、社会研究法

史学：年代大事表、历代兴亡史、外患史、政体史、外交史、内乱史、史学研究

典制学：历代行政机构、官制、法制、典制、兵制、田制

考古学：钟鼎学、石刻字、金石学史、美术史

地舆学：中国自然地理与人文地理、直隶鲁晋豫陕、江苏两湖江西四川、闽浙两广云贵、东三省新疆外藩、研究法

历数学：历代算学之派别、九章算学、元之一法、四元各法、中西算法异同、历学、算学大义

博物学：中国理科学史、中国植物、植物动物、矿物古生物、理科大义

文章学：文学交流考、文章派别考、文章各体、著书法、作文

音乐学：单音唱歌用古诗歌、单音复音、复音读古乐府、古词与古乐器、戏曲学、律吕学、诗歌练习

　　国画学：国画史、毛笔笔画实习、历代画字派别、铅笔实习、用器、绘影

　　书法学：书法派别、古碑帖字实习

　　武事学：古柔术、古兵法、外国操

　　译学：东文、拉丁文、希腊文、梵文

　　"国粹学堂"没有办起来，这份课目表大概也从未实现。但我们都清楚，那时的学者们是有能力讲授这些课程的。他们熟知古代典籍，又初步接触了西学。这份课目表上的课程虽以国学为主，但也开出了一些西学课程，引入了一些西学研究法。令人汗颜的是，一百年过去了，我们已推动了讲授这些课程的才识。北大刚开办文科试验班时，社会上曾有传闻说，北大要用"填鸭式"的快速方法培养"国学大师"。实际上，明眼人看到试验班的课目表就知道，这个班的教学内容根本没有多少"国学"的内容，遑论培养"国学大师"！除非我们能够真正实施像上面那一份以国学教育为主的课程计划，"国学大师"只是一个遥不可及的目标。

　　有人也许会质问：难道文科综合试验班的出路只是办成"国学班"吗？"国学"以外的其他学科就不能综合了吗？我上面说的意思是，文史哲综合的最佳结合点在传统文化，因此，文史哲综合课程应以"国学"为主。但是，这并不排除文史哲三系其他学科，乃至政经法、社会学等其他文科系和专业，也都可以，而且应该联合开办一些综合课程班。"文科综合课程"应该是多样的，而不是单一的；应该覆盖文科各系各专业，而不限于文史哲。

　　如果留心考察，就会发现世界上很多大学都办起了各式各样的综合课程班。综合课程教育早已走过了"试验"阶段，早就打破了传统的专业界限，已发展成为大学教育的普遍趋

留学生教学

215

势。试以牛津大学为例。在这一据说拥有哲学家人数最多的大学里，仅与哲学课程有关的综合课程班（programs）就有七个：PPE，PPP，PP，MP，PML，PT 以及 Classics。

PPE 是哲学（Philosophy）、政治学（Politics）和经济学（Economics）的缩写。可以预言，21 世纪的领导人既要懂政治、经济，又要有哲学头脑，这三门学科的综合训练的目标是培养未来的领导人。

PPP 是哲学、心理学（Psychology）和生理学（Physiology）的缩写。这三门学科都是对人的研究。从哲学、心理学和生理学三个方面研究人，解开"司芬克斯"千古之谜，不但有理论意义，而且对很多社会工作和行业都有裨益。

PP 是哲学和物理学（Physics）的缩写。从古典到现代的物理学，都包含着许多哲学问题。哲学和物理学的综合不但有利于培养基础理论功底深的物理学家，也有利于培养有自然科学理论功底的哲学家，它的目标是培养未来的伽利略、牛顿、爱因斯坦。

MP 是数学（Mathematics）和哲学的缩写。哲学、逻辑学和数学在历史上有着亲缘关系，当代分析哲学与数理逻辑和数学基础研究之间更有密切关系，这些领域的跨学科复合人才将是未来的数学家和计算机理论科学家。

PML 是哲学与现代语言（Modern Language）的缩写。现代各国哲学，一般是以本国语言表达的，能从原文原著来研究各国哲学的人才，比如，精通德语、法语、现代希腊语、意大利语、西班牙语、葡萄牙语、俄语、捷克语和阿拉伯语以及用这些语言表达的哲学，才是真正的语言学家和哲学家。

Classics 在本国号称国学，在外国被称为古典学。这是古代哲学、古典语言、古代历史和考古学的综合学科。这些学科的复合型人才即是社会早已企盼着的新一代的国学大师，以及我国前所未有的外国古典大师。

看了牛津大学综合班的多种项目之后，心情并不轻松，深感在办综合试验班这一世界高等教育发展的趋势面前我们落后了。我们常说未来世界各国的竞争是人才的竞争，而人才的竞争归根到底是教育方式和体制的竞争。试想，在未来国际舞台上，我们在政治经济界面临的是经过哲学、政治学

与外国留学生合影留念

和经济学全面训练的人才，在文化界面临的是经过人文社会科学各门学科全面训练的人才，在学术界，面临的是经过哲学和数学、自然科学全面训练，或人文学科和语言全面训练的人才，我们的年轻一代能够赢得竞争吗？如果我们再不奋起直追，我们输掉的将不仅是过去，更可怕的是，我们也将输掉未来，这是我们万万输不起的。结论：面向 21 世纪，课程体系的改革的方向，是努力创造多种多样的综合课程。

2001 年北京大学成立元培计划实验班，设立的第一个综合课程计划是中国式的 PPE，名称为："经济学－政治学－哲学"。至于现在名曰"中国特色的博雅教育"，与上文的建议更没有什么关系了。

六、古典学传统的启示

为了推动中国式的 Classics 的课程项目，我在 2009 年 6 月 30 日《光明日报》上发了一篇文章，从西方古典学谈到中国经学研究对现代大学课程体系和当代中国学术研究的启示。

虽说"言必称希腊"在中国已成为调侃之词，但治西学者必称希腊，已然是一个学术传统。最早的西学文献，先用希腊文，后用拉丁文写成。在黑暗时代，古希腊和古典拉丁文文献毁于一炬，文本遗失的直接后果是文明的断裂。文艺复兴时期，当西方人重新读到罗马人的文本时，把古典拉丁文称为"优雅"语言，而把中世纪流行的带有俚语、俗话、不合文法的拉丁文看成"野蛮"拉丁文。人文主义者反对中世纪文本（大多数是神学著作）的权威，把古典文本作为榜样，开创了注释、整理古希腊和古典拉丁文本，以及圣经希伯来和希腊文本的古典学研究。我们常说西方思想传统源于希腊，其实这个传统不是希腊罗马思想的自然延续，而是在文艺复兴时期以后的古典学研究基础上形成的新的学术传统。古典学对西学从神学到人文学范式转化的重要性，怎么评价也不过分。

就拿西方哲学来说，我们现在看到的古代哲学经典，经历了漫长的整理和编辑过程，19世纪后期才被翻译成英、法和德文。在此过程中，近代早期沿用的拉丁文衰落，英、法、德文成为西方哲学的主要语言，由此形成了近现代西方的"三国演义"。但古典希腊文和拉丁文始终是西方哲学的基本语言；虽有现代西文的译本，古典学依然是研读哲学经典的基本功；即使研究近现代哲学，如不回溯古希腊哲学文本，终成无本之木、无源之水。

在很大程度上，现代解释学不过是对古典学为基础的西学传统作出哲学解释。按照解释学，学术传统是以文本为中心的效果历史，这一历史起源于经典，传世于经典的评注、改造和转化；这一历史的每一时刻都沉淀着过去，适应着现在，创造着未来；连续的思想在不同时空、不同语言的文本之中和之间前后流动，上下跳跃；经典和古典学为新文本提供思想材料，每一时代的新作在经典中都灌注着生机和活力，从而为古典学提供新的目

回到古希腊

在希腊德尔菲讲苏格拉底和孔子。左为希中文化协会主席，右为中外文化友协主席陈昊苏

标和方法。

从古典学到解释学的西学传统，对中国学术不乏启示和借鉴作用。如果说经学与古典学相媲美，那么，中国古代的"汉学"和"宋学"之争，"小学"和"义理"的分殊，"我注六经"和"六经注我"的张力，也可视为现代解释学问题。近代以来，经学衰微，文本解释传统断裂，追求新的学术范式充满争论，如中西之争、古今之争、科学和人文之争、史论之争，等等；这些争论大多是没有文本依据的空疏之论，既无助于经典的新生，也未促成文本的创新。在新旧学术断裂之际，回顾征实有据的经学传统，借鉴从古典学到解释学的西学传统，建立以经典、文本为中心的学术范式，已成为当代中国学术的任务。为此，我提出文本的初学、入门、批判和创新的四阶段论，就教于方家。

在初学阶段，文本以经典为主，但也不能忽视思想史和第二手研究的文本。如果没有思想史的概括，经典阅读只是停留在私人感悟之中，而不能进入学术共同体的交流平台。不同时代的第二手研究的文本有着不同的方法和侧重点，把不同时代的第二手研究的文本与经典相互参照阅读，可在有限的时间里尽快掌握千百年中前人的成果；更重要的是，能够遵守今人的学术规范。

遵守学术规范，不能简单地归结为道德问题，而是长期学术训练养成的职业习惯。敬畏学术的品格和风气只能在长期阅读钻研经典、尊重他人文本、慎重写作自己文本的学术生涯中形成。我们过去不屑一顾的"书呆子""象

前排左二为北大古典学研究中心主任彭小瑜，后排左四为副主任吴天岳

本科生课堂授课

牙塔",其实是文本学习初级阶段的基本素养;如果说这是某种弱点的话,那也只能在后来的阶段超越之,而不能从一开始就嘲笑之抛弃之。实际上,我们现阶段的问题不是"书呆子"多了,而是"书呆子"太少;不是要走出"象牙塔",而要在更纯粹的"象牙塔"中接受更严格的训练。

入门阶段是钻研经典文本的专业化、细致化,必须有语文学的专业知识。不掌握经典著作的古典语言,就谈不上对经典的深入研究,这不仅是古典学的通则,也是经学的惯例。在古代,没有训诂、考据、音韵等小学功夫的人没有资格研究经学,这是应该继承的治学方法。但现在的学术风气则是按照现代汉语理解中国经典,按照现代西文(主要是英文)译本理解西方经典,不解文义,泛泛而谈,学术研究成果多是读书笔记式的译介、普及读物式的讲解,低水平的重复甚多,深入细微的洞见太少。研读经典不能满足于理解"精神实质",见微知著、"微言大义"更值得提倡。深入的诀窍在细节,经典的细节在文字,语文学研究要在文字的细节中揭示出经典的意义。固然,没有被古典文字一劳永逸决定的经典意义,古典语文学受现代语境的制约,但这一切并不影响语文学研究总能在经典中读出常变常新的意义。现代解释学认可"误读",但我们不能无原则地提倡误读;要区别有价值的、

研究生讨论课

博士生培养。前排导师左起：李超杰、张志伟、赵敦华、尚新建、韩水法、王成兵；后排博士左起：常宏、花威、曹青云、刘素民、陈江进、邱忠善、刘时功

选派学生出国深造。左起：李科林、陈建洪、刘哲、吴天岳

能够融入学术传统的误读与自说自话、昙花一现的误读，区别两者的标准在于有无语文学研究的基础。这个标准又适用于一切文本研究，没有古汉语、古文字功底不能从事中国古代文本的专业研究，不懂德文就不能进行德文文本的专业研究，不懂法文就不能进行法文文本的专业研究，如此等等。如果不设置语文学这个专业门槛，学术共同体的普遍水准就无法得到保障。

如果说前两个阶段是"钻进去"，那么批判阶段就是"跳出来"，用批判性的眼光审视经典、文本。尊重经典不等于迷信经典。穷经皓首，对经典内容滚瓜烂熟，却没有自己的不同想法，这是对经典的教条主义态度，对文本的本本主义态度。《圣经》曾是神圣不可批判的经典，但西方近200年来圣经研究的主流是圣经批评，即使虔诚的神学家和神父、牧师，在学术界也用批评的方法解释圣经。其他经典也无不接受批判，第二手研究文本更不待言。学术批评不是简单的肯定或否定，不是在非此即彼的阵营中表明立场，而是前两阶段研读的继续发展。批评要从原文原著出发，以思想史文本的概括为起点，以第二手研究文本为问题，以语文学研究为基础，才能以批评和争论为动力，推进学术进步。否则，批评和争论不断回到"卫道"和"叛道"的原点。现在人们常有人文社会科学领域无进步的印象，究其原因，与学术界中的批评和争论缺乏学术性和专业性有关。

冯友兰有"照着讲"和"接着讲"的说法，现在又有"学问家"和"思想家"的区分。其实两者不是割裂的，而是以经典文本为中心的相通。如果说第一二阶段是经典的"照着讲"，第三阶段是向经典"接着讲"的过渡，第四阶段则是接着经典的新思想、新理论的创造。历史上的新理论，无不是站在经典文本的肩膀之上。就拿西方哲学来说，柏拉图和亚里士多德对前苏格拉底和同时代的文本极为熟悉，引经据典，批判总结，才写出传世经典。以后的哲学家也是如此。启蒙时代号称批判时代，但哲学的创造更离不开经典和同时代的文本。康德总结了唯理论和经验论，取长补短，才提出了他的批判哲学。黑格尔对哲学史的文本做了系统梳理，把过去的文本当做一个个辩证发展的环节，最后都包含在他的哲学全书之中。现代哲学的创造也没有离开哲学经典，这在欧陆哲学中表现得尤为明显，现代的欧陆哲学家没有不同时是哲学史家的；越是著名的哲学理论，它所涵盖的哲学史知识越多。海德格尔、福柯、德里达、德勒兹做得比较系统，他们在对哲学史、思想史的文本所做的反传统解释的基础上，发展出个人的独特思想。早期分析哲学家不重视哲学史研究，但最近的英美哲学家开始跳出分析哲学的非历史性的模式，这种转变首先发生在政治哲学、道德哲学和科学哲学等分支领域，最后蔓延到分析哲学的核心领域——语言哲学。政治哲学中剑桥学派和利奥·斯特劳斯，道德哲学中的麦金太尔，科学哲学中的历史学派，都是从经典和历史文本出发论证自己的主张。这里举例说明，在哲学和人文学科，创新的方法是"史论结合，论从史出"。

以上四个阶段不只是个人研究的渐进道路，应与大学和研究院人文教育的阶段性相适应。大致说来，大学本科是初学阶段，研究生是入门阶段，博士生应进入批判阶段，博士毕业之后应进入创新阶段从事教学、研究。按照这一人才培养路径，可望提升我们学术共同体的水准，开创学术繁荣的局面。

第七篇　学术争鸣

　　我 59 岁时，长春的《社会科学战线》约我写学术自述，写了《我的西方哲学研究问题域——甲子学术自述》，刊登于该刊 2008 年第 8 期。开头写道：

　　在北大哲学系，靳希平、张祥龙和我都是"共和国同龄人"。今年 6 月 16 日，外国哲学研究所和教研室为我们三人举办了一个"甲子学术报告会"，让一些同仁、同学对我们的学术思想进行评述。对本人的评价中有这样四句：学识渊博，为人宽厚，化繁为简，思想融汇。这些评价一方面令我愧不敢

三个同龄人同访中文大学。左二张祥龙，右一靳希平

当，另一方面又觉得不很切题。每一个合格学者在本领域内学识都很渊博，任何通情达理的长者都宽厚待人，我并无特别之处。至于思想融汇，则可褒可贬；如果融汇的是欣快而时髦的思想，那是学术文化人和民间学人的特点，与我无关。只有"化繁为简"这一条，我觉得还算比较切题。我写过两本教科书《西方哲学简史》和《现代西方哲学新编》，篇幅虽然不大，但概括了从古到今西方哲学的主要思想。听说这两本书化繁为简的风格被看好，因而被不少学校用作教材或参考书，从2001年到现在已重印三四十次。令人遗憾的是，一些读者只看到简明的论述和结论，而看不到被省略了的复杂的背景知识和问题，往往忽视这套学术性教科书的思想力度。承蒙《社会科学战线》"学术名家"栏目抬举，要对我的学术成果进行评议。借此机会，兹按西方哲学教科书的顺序，自述"简"是如何从"繁"中化出的，以此对读者作一交代。

甲申学术自述按照古希腊、中世纪、近代和现代的顺序，对我发表的专著和论文做了个综述，没有必要重复了。最后总结道：

哲学家不能像黑格尔那样声称把握了绝对真理，却不能不相信绝对真理的客观存在，客观真理在历史中向人显现，"天命"是人注定要接受的真理显示，人把他所理解的真理显现写出来，那就是哲学。孔子说"五十而知天命"，我年近甲子方知天命，时犹未晚，有生之年当顺天命，求真理，是为自勉。

以后的10年，"六十而耳顺"，"耳顺"者，听到不同意见而心平气和也，争鸣而有理性焉。我选几个讲稿和随笔，权当近十年学术争鸣集吧。

一、简谈金银铜铁律

讲金银铜铁律是我对中国哲学的一些理解，不是讲金属的趣味化学，而是讲一种价值观。价值观是有普遍性的，我们把它叫做价值规则。我把这些规则概括为金规则、银规则、铜规则、铁规则。

这几个规则的区分跟西方哲学和宗教有关系，最早不是从中国哲学和文化里来的。西方伦理学最早有一个说法，叫金规则，伦理学的金规则虽然是西方人提出来的，但他们认为标准的表达是孔子的"己所不欲，勿施于人"。他们认为这是金规则。金规则最近在世界上得到普遍重视，背景是全球伦理运动。

全球伦理运动是德国神学家孔汉思发起的。孔汉思一直关心中西文化的对话和东西宗教的对话。最近一段时候，宗教的冲突特别剧烈。政治冲突和军事冲突的背后，往往是宗教冲突的原因。中东地区可以说是现在世界上的火药桶，就是因为耶路撒冷是三大主要宗

"全球伦理"是灵丹妙药吗？

教的策源地，犹太教，基督教、伊斯兰教，都是从耶路撒冷这个地方发源的，这里是这三个宗教的圣地。全球伦理运动看到了这样的事实，提出了两个口号：第一，没有宗教的和解，就不会有世界的和平；第二，没有宗教的对话，就不会有宗教的和解。孔汉思发起这个全球伦理运动，就是要世界各主要宗教开展对话，对话的目的是要求同存异，找到一些共同的教义、共同的信条，然后在这些共同的教义信条的指导之下寻求和平共存。大概在1992年的时候，召开了全球伦理大会，世界各大宗教领袖和代表参加。会后发表了全球伦理宣言，从世界上主要宗教的经典中概括出两个共同的原则：第一个就是要尊重生命，第二个就是作为金规则的"己所不欲，勿施于人"。除了《论语》里有这样的表达之外，另外在其他12种不同的宗教文化传统当中，都找到了类似的表达。按照这两条共同的原则，就要尊重生命；己所不欲、勿施于人，不要把自己的信念强加于人。各个宗教如果按照这个共同信仰的原则，就可以消除冲突，达到宗教间的和解。

联合国教科文组织为了把这个《全球伦理宣言》变成联合国的一个正式宣言，专门组织在世界各地开了一些会议，征求各国专家的意见。孔汉思本人几次来到中国。我曾在会上谈了一个意见，总体上我很赞成他们的

美好愿望，也赞赏他们为促进世界和平做了这么多努力。在最后一次和孔汉思开会时，我向他提了两点意见：第一，"己所不欲，勿施于人"不是金规则，不应该被称为金规则。确切地说这个应该叫银规则，在银规则之上还有一个更高的金规则，但是这个金规则不是"己所不欲，勿施于人"。不能混淆金规则和银规则。第二，除了金规则和银规则这两个道德准则，要进行对话就要考虑到，宗教信徒们不仅仅是按照道德准则来行事，他们的日常生活当中还有一些非道德的准则，这些准则跟道德没什么关系。比如要做生意，利益上的往来。这种利益上的往来不是道德准则能完全概括的。利益的往来交换，也是按照一定的价值观来进行的。这种支配着利益往来交换的准则，不完全是道德准则，应该承认有一种非道德准则，我把它叫做铜规则。另外一点，还要防止冲突，防止犯罪。因为在冲突中，很多人是抱着害人的动机、抱着犯罪的动机来挑起这种宗教冲突的。要防止这种价值观。这种价值观，讲得简单一点，就是损人利己，靠害人来达到自己的目的。这同样也是一种价值观，我把它叫做反道德的价值观，把它叫做铁律。所以就有金银铜铁的"四律"了。我用了金属的价值作为比喻。金律价值最高，可以说是一种崇高的道德理想；银律次之，价值也很高，它可以指导我们日常的道德行为；铜律，价值低一点；铁律价值最低。孔汉思回应说关于四规则的区分是"天才的构想"[1]。我不敢掠人之美，应该承认只是利用了一点学术常识而已。

《中国教育报》2001 年 11 月 1 日会议综述

"金银铜铁"律的文字表达是这样的："己所不欲，勿施于人"是银律；"己之所欲，亦施于人"是金律；"人之施己，反施于人"是铜律；"己所不欲，先施于人"是铁律。"己之所欲，亦施于人"：你要别人帮助你，

1　余冠仕：《当今世界需要什么样的道德律令》，载《中国教育报》2001 年 11 月 1 日。

你就要帮助别人，你要别人尊重你，你就要尊重别人。"己所不欲，勿施于人"：你不想别人伤害你，那么你就不要伤害别人，你不想别人骗你，你也不要欺骗别人。"人之施己，反施于人"：别人怎样对待你，你就怎么对待别人，如果别人伤害了你，那么你就要惩罚别人，如果别人对你有恩，那么你就要报答。"己所不欲，先施于人"：关键在"先"，你不想别人伤害你，你就先去伤害别人，你不想别人欺骗你，你就先去骗别人。金律和银律是道德的准则，铜律涉及到利害交换，是非道德的规则。铁律教人以不正当、反道德的方式来谋求自己的利益，是反道德的价值观。这是我的总结。

我从中国哲学儒家、墨家、法家这三家的角度，来谈谈他们对这四种价值观有什么论述。当然他们没有用"金银铜铁律"的术语，但他们的很多论述中包含了很多这样的思想。

首先，金规则和银规则的区别。据我所知，最早做出这个区分的人是一个英国传教士，他的中文名字叫理雅各。这个人做了一件很了不起的事情，把中国的四书五经都翻译成英文了，名字就叫《中国经典》，他在翻译《论语》的"己所不欲，勿施于人"这句话时写了一个注释，他讲，"己所不欲，勿施于人"，有人认为是金规则，其实这不是金规则，而是银规则。金规则是《福音书》里面耶稣讲的："你要别人怎样对待你，你就怎样对待别人"，他认为这才是金规则。如果用我们的话来说，就是"己之所欲，亦施于人"。

夏威夷大学讲座

他的意思就是说，金规则只是在《圣经》里面有，儒家的经典里面只有银规则。言下之意就是说《圣经》比儒家的经典更高一筹。

对于这个区分，我认为是正确的。但他认为儒家经典里面只有银规则，而没有金规则，说明他对中国文化还是不太了解。《论语》里面孔子说了一句话："吾道一以贯之"，曾子解释说："夫子之道，忠恕而已矣。""忠"，是"己欲立而立人，己欲达而达人"，"恕"，是"己所不欲，勿施于人"。如果用我们现在的话来讲，"忠"就是金规则，"恕"就是银规则。你要自己能够立，那么你就也要帮助别人立，你要自己达，也要帮助别人来达。这正是一个金规则的表达。冯友兰先生在《中国哲学简史》中明确地指出："忠"就是金规则，它提倡的是一种利他主义。"己欲立而立人，己欲达而达人"是"忠"。"恕"是一种道德的良心，相当于银规则。

《论语》里除了"忠""恕"，金规则、银规则之外，还有铜规则。铜规则在《论语》里的概念是"直"。"以德报德，以直报怨"。"直"怎么解呢？朱子在《论语集注》里面写过这么一句话："爱憎取舍，公而忘私，所谓直也。"我觉得朱子的这个解法未免把这个"直"拔得太高了，朱子又讲了一句，我觉得很精当，在《中庸章句》里面，他讲君子治人之道，"即以其人之道，还治其人之身"。在我看来，所谓"直"就是这个意思。在儒家的另外一本经典《礼记·表记》里，讲得就更清楚："以德报德，则民有所劝"，以德报德可以劝人为善，"以怨抱怨，则民有所惩"，就是说，如果你伤害了别人，就要受到报复，就要惩罚你，使你能够戒恶。一个劝人为善，一个是惩人之恶，赏罚分明。所以"直"是一个公平对等原则。

我们在《论语》中可以看到，它既有金律，也有银律和铜律。更重要的是，儒家不是抽象地谈价值规则，它是把它落实到人和人的日常生活的层面、落实到政治管理的层面。以前我们都认为儒家讲"义利之辨"，好像儒家只讲义、不讲利，实际上这是不正确的。义利之辨是在道德的领域，不能够牺牲公义去谋求私利。但是在公共政治的层面，儒家还是讲利的，讲的是社会共同的利益、整体的利益，这个时候就需要铜律。

现在我们再来看墨家。墨家是提倡兼爱的，墨家指责儒家，认为儒家讲的尊尊亲亲是偏爱。墨家主张要像爱自己的父母那样去爱别人的父母，像爱自己的兄弟那样去爱别人的兄弟。孟子在

与美国听众合影

反驳墨家的时候说墨家无父，一个人如果把别人的父母当做自己的父母，不就是无父吗？杨朱无君，因为杨朱拔一毛而利天下而不为。"无父无君，是禽兽也。"在这里可以看到一个争论：墨家批评儒家的爱太偏私了，不是大爱，兼爱才是天下大爱；而儒家反驳兼爱是无父，把亲情变成社会所能共享的爱。墨家是从逻辑推理出发，而不是从亲情出发。墨家有一个推理，"爱人者，人必从而爱之；利人者，人必从而利之；恶人者，人必从而恶之；害人者，人必从而害之。"这就是铜律：如果你爱人、利人，别人也会爱你、利你，如果你恶人、害人，别人也会恶你、害你。

　　关于铁律，在中国古代的经典当中找不到"己所不欲，先施于人"这种反道德的表述。但是我们在法家，尤其是韩非子的著作中，可以看到一些类似的话语。韩非可以说是继承了他老师荀子的思想，但韩非走出了儒家的范围，他既反对儒家的仁义，也反对墨家的仁义。他说君主根本不能谈什么仁义，只能谈"贪图私利，好利自为"，这是人的本性，并且是不可改变的。所以君臣之间的关系一定是：君主要谋求自己的利益，而臣下也肯定要谋求他的利益，不可能真心为君主的利益服务。所以他就讲君和臣是势不两立，"冰炭不同器，寒暑不同时"，利益是完全对立的，不可能有共享的、双赢的利益。君主要利用他的权力，先下手为强，来剥夺臣下能够用来为自己谋利的任何手段，使他只能全心全意地依靠君主，靠君主的恩赐来生活。他做了一个比喻，一个明主，其牧臣之道就好像是养鸟一样，先是断其下翎，把鸟的翅膀的前端剪掉，鸟就不能飞了，不能自己觅食了，只能靠养鸟人来喂养它，就驯服了。君主管理臣下也就是像养鸟人这样。韩非总的一个思想就是先下手为强，君主一定要首先使用手中的权力来剥夺臣下谋利的权力，这样才能把臣下控制得服服帖帖的，让他全心全意为你服务。当然也要有法，不然为什么叫法家呢？在铁腕统治的前提下，臣下服务得好，就奖赏他；服务得不好，就惩罚他，赏罚分明，这就是法。法只是在用权势把臣下制服了以后才会起作用。法家有三个关键词：势、术、法。势是第一位的，首先要掌握和利用权势。术是要用一些方法，这些方法是暗藏于胸的，不能让臣下知道。法是用来赏罚的，虽然法确实是建立在铜律的基础之上的，但是它的前提是铁律，就是"己所不欲，先施于人"，你如果不想被臣下所制服，那你就先去制服你的臣民。这是韩非的思想。

秦代之后，君主就比较聪明了。比如汉代，汉元帝说，我们汉家是王霸道杂之，是王道和霸道的混合。就是后世人们讲的：外儒内法，或者是阳儒阴法。在外表上是儒家，要谈仁义道德，内心是法家。阳儒阴法一直是汉代以来封建帝王的统治术。

在台湾大学演讲

现在讲价值四律主要是针对全球伦理提出来的，也可以说是对全球伦理的补充。全球伦理光讲金规则是不够的，并且把银规则当成了金规则。这个是第一点。第二点，即使区分了金规则和银规则，也还是不够的，还要有铜规则和铁规则，或者说，要知道铁规则的破坏作用，否则你就达不到消除宗教冲突的目的。宗教冲突之所以不断发生，并不是因为宗教家、宗教信徒不知道金规则、银规则。他们知道，都写在他们的经典里面，是他们信仰的一部分。只是他们认为金规则、银规则是在我这个宗教内部实行的，我的兄弟姐妹是我圈子里的人，所以我要爱他们，不能伤害他们。但对于圈子之外的人，他就实行铁律，他要剥夺别人的信仰自由，认为别人的信仰都是错误的。宗教上不宽容，就要伤害人，就要发生冲突，最后导致宗教之间的战争。既然找到这个根源，怎么消除宗教冲突呢？首先让大家都有一种博爱的心理，还是儒家的思想：推己及人，你既要爱自己的宗教，也要爱其他人的宗教；尊重自己的宗教信仰，也要尊重其他人的宗教信仰。但是推己及人还是不够的，还要强调铜律，这样才会有一个公正的社会秩序。铜律按照利害交换的关系，要建立一种奖惩的机制。如果你尊重别人，宽容别人，帮助别人，那么其他的宗教也会尊重、宽容、帮助你，反之，你就要被惩罚。要达到这么一个共识，这个共识是建立在铜律的基础之上的：害人者，必须得到惩罚，利人者，也要得到别人的帮助，这样，铜律就很重要了。

为了要让铜律得到普遍承认，就要抵制、预防铁律。在很多情况下，人们按照"己所不欲，先施于人"的规则去伤害别人。铁律不仅是存在的，甚至在很多情况下泛滥横行。要防止铁律横行，第一要有按照铜律建立起来的赏罚的机制；第二要提倡推广爱心，靠道德的金规则和银规则。我想，对于全球伦理运动来讲，铜律的机制和预防铁律，与推广金律、银律同等重要，甚至在有些情况下更加重要。在全球化的时代，怎么样消除冲突，特别是消除由于文化传统和宗教信仰的差异而产生的冲突，这是一个思路。

现在讲价值四律对我们社会内部也是很有启示作用的。我们现在处于社会转型期，社会上存在很多不道德的、无序竞争的现象。政府制定了一系列方针政策，从80年代讲"五讲四美三热爱"，后来讲"精神文明建设"，还有"公民道德规范"，讲"八荣八耻"，现在又评选道德模范。总的精神就是在提倡金律和银律。但是，光有这种道德的教化还是远远不够的。光靠道德教化，既不能制止社会上的不诚信现象、欺诈的行为，也不能制止腐败行为。还要按照铜律建立一种奖惩的机制。一方面要规范行为，如果你损害了别人，用欺诈、腐败的手段来谋求自己的私利，就一定要得到惩罚；另一方面，如果你奉公守法，那就保护你的利益，并且还要奖励。这就是铜律的机制。同时，更要防范铁律，防范比规范更加重要。我曾经打了一个比喻：人的欲望好像是条河流，你不能让它随便泛滥，泛滥的话

与英国前首相布莱尔谈"全球伦理"

就是铁律横行。如何让它不泛滥？第一要给它一个闸门，要防范它，闸门就是一个防范机制。但是，闸门把它挡住了以后，它往什么地方流呢？这个时候就要建立一些河沟、渠道，让被挡住的欲望洪流服服帖帖地在预先规定好的渠道里平稳地流淌。如果说闸门是一个防范的机制，渠道就是一个规范的机制。人的欲望是应该得到保护的，人的正当的欲望应该得到发展。但必须在规范的渠道里，用规范的方式来满足欲望。一个和谐的社会，必须是一个有序的社会。我们既要提倡金律和银律的道德规范的作用，同时也要提倡铜律的奖惩的规范和对铁律的防范。所以我想，金银铜铁律对国内的道德建设和制度建设也有帮助。

二、关于国学的几个理论问题

1993 年 8 月 16 日，《人民日报》以整版的篇幅发表一篇名为《国学，在燕园悄然兴起》的报道。编者按说："国学再次兴起，是新时期文化繁荣的一个标志，并呼唤着新一代国学大师的诞生。""国学"的名称第一次出现在中共中央的机关报上，但围绕着对国学的性质和评价，当时引起了一番争论。人文学者采取了"不争论"的低调态度，只是扎扎实实地做国学研究。2000 年，

听余敦康先生讲国学

北京大学才正式挂牌成立"国学研究院"，并招收国学方向的博士生。

2005 年 10 月，中国人民大学国学院招收本科生；11 月北京大学国学教室开班，面向社会推广国学。国学再次成为学术界和社会关注的焦点，"国学热的利和弊"成为《文汇读书周报》和《学术月刊》共同评出"2005 年度中国十大学术热点"之一。

与十几年相比，社会各界普遍以积极的、理性的态度迎接"国学热"的到来。学者们开始对国学的理论问题召开深入的讨论。比如，《光明日报》发表了任继愈、汤一介、袁行霈、余敦康等著名学者的"国学与 21 世纪"

的笔谈，他们在肯定了国学的时代特征后指出，"千万不能把国学只当做国故。否则，国学就只是过去的、古老的东西，成了一个故事堆。" 在海外颇有影响力的《亚洲周刊》以封面新闻重点报导了中国大陆"让国学插上翅膀，成为全民之学"的创举，并评论说，"国学热"是中国政府加强全民道德建设举措的产物。

国学不再是悄然兴起，而是蓬勃兴起。在这里，我想谈谈对国学几个理论问题的认识。一是国学之名：该不该称国学，为什么要称国学，而不只是笼统地称"中国传统文化研究"？二是国学之实：在全球化的时代，国学有什么意义，国学与西学是什么关系？

首先谈国学之名。开始时北大曾为此困惑过，不是理直气壮地打出"国学"的旗号，而是笼统地讲"中国传统文化研究"。北大国学研究院的前身叫"中国传统文化研究中心"，近几年才改为"国学研究院"。有人认为，"国学"就是中国传统文化研究，研究传统文化，大家都没有什么意见，

2009 年哲学系庆贺楼宇烈先生（二排中间）执教 50 年

因此不需要用"国学"这个有争议的名称。首先应该承认，国学当然是中国传统文化研究，但是，不是所有的传统文化研究都可以叫国学。从逻辑上来分析，"中国传统文化研究"和"国学"的关系是属概念和种概念的关系，种概念的内涵等于属加种差。"国学"是一种特殊的"中国传统文化研究"，它的特殊性何在，"属差"是什么？

这是提倡和从事国学的人首先要弄清楚的一个问题。我以为，国学的特殊性首先是对中国传统文化的自觉担当意识。搞国学的人之所以要研究中国传统文化，不是为了个人的生计、名利，也不是为了某种具体的功利，而是要自觉地担当起保护、弘扬中国传统文化的使命。而研究中国传统文化，并不一定要有文化自觉、文化担当的使命感和积极参与的意识，既可以用"价值中立"的态度和方法研究中国传统文化，也可以把它当做统治性的意识形态来顶礼膜拜，还可以把传统文化研究当做如同欣赏、鉴定古董那样的职业或专业。很明显，国学与这些门类的中国传统文化研究都不同。

国学是历史的产物。只是在中国传统文化发生深刻危机的历史时刻，中国人的文化自觉意识才会凸显出来，国学的旗号才会打出来。清朝统治被推翻，中国传统文化受到西学越发强劲的冲击，尤其是"五四"期间，热爱中国传统文化的人士则深切地意识到传统文化危机的到来。

"国学"的提法在这个时候应运而生。但当时提倡国学的人有不同的价值取向，有的人是复古派，他们尊孔读经是为了恢复名教和过去的礼制，甚至要恢复帝制。这些人心目中的"国"是封建王朝，"国学"是封建王朝的意识形态。这些复古派与西化派是对立的两极。值得注意的是当时的"学衡派"，他们中的一些人全盘否定新文化运动，甚至反对使用白话文，当然失之偏颇，常被复古派引以为后援。但总的来看，《学衡》杂志是国学派的主要阵地，其中的多数观点既不主张复古，当然也不主张西化。我们现在称作国学大师的人物，如陈寅恪、王国维、太虚、柳诒徵、吴宓、汤用彤等人，都在《学衡》上发表文章。他们面对西学的冲击，有着非常强烈的危机意识，但不主张复古，而是采取积极应对的态度，提出了很多在今天看来仍然很深刻、很有现实意义的思想和观点。我甚至觉得，他们在90多年前对国学的认识和把握，比今天很多人说得都要好。国学不是主流意

读书人既要有文化，更要有气节

取其精华，弃其糟粕

识形态，也没有取代主流的意识形态的奢望。这一点学衡派已经说得很清楚，他们把"论究学术，阐求真理"和"无偏无党，不激不随"作为办刊宗旨，把国学作为学术研究，而不是把它作为决定国家制度的指导思想。现在，大多数从事国学研究的学者也继承了这一思想。不可否认，过去和现在的复古派确实想把国学"抬举"为统治的意识形态，他们把国学等同于儒教，又把儒教说成是"国教"。但复古派的主张从来没有、将来也不可能实现。

有人说，我们的指导思想是马克思主义，讲国学是不是要用中国传统文化取代马克思主义？首先应该澄清的一点是，过去我们把马克思主义哲学理解为"斗争哲学"，的确与中国文化的基本精神相抵触。正如冯友兰说，中国传统哲学讲"仇必和而解"；"斗争哲学"讲"仇必仇到底"。有必要进一步指出，"仇必仇到底"的"斗争哲学"不是"马学"的哲学观。为了正确理解什么是"马学"的哲学观，重温马克思的下面一段话是有益的。

马克思说："任何真正的哲学都是自己时代的精神上的精华，因此，必然会出现这样的时代，那时哲学不仅在内部通过自己的内容，而且在外部通过自己的表现，同自己时代的现实世界接触并相互作用。那时，哲学不再是同其他各特定体系相对立的特定体系，而是变成面对世界的一般哲学，变成当代世界的哲学。各种外部表现证明，哲

让中国文化走向世界
——国际学术主流

235

学正获得这样的意义，哲学正变成文化的活的灵魂，哲学正在世界化，而世界正在哲学化，……哲学思想冲破了令人费解的、正规的体系的外壳，以世界公民的姿态出现在世界上。"

马克思在这里讲了四层意思，每一层意思都与国学的精神相符合。第一，马克思认为，任何一种真正的哲学都是自己时代的精华，国学是现代中国的时代精神。第二，马克思说，哲学是文化的活的灵魂，国学就是中国文化活的灵魂，是中国的民族精神。第三，马克思说哲学不是相互对立的特定的正规体系。这一点符合国学的综合特征，国学既不是儒家或佛教的一个特定体系，也不是从整体上与西学相对立的体系，更不是意识形态的体系。第四，马克思认为，哲学正在世界化，世界正在哲学化。他的预见正在被西学东渐、国学西被的中西文化双向交流的趋势所实现。总的说来，国学符合"马学"，两者相辅相成，相得益彰。我们真正理解了国学，也就真正理解了中国的"马学"研究的精华所在；反过来，我们真正理解了"马学"的精髓，也就能真正理解国学的时代精神、民族精神和它在全球化时代的历史使命。

三、关于西学的理论问题

我记得，2006 年我们哲学系开办了"国学教室"，在全国引起了很大的反响，大家都给我们这个教室以很高的评价。但是，在网上我们也看到一些不同的声音，有些人讲，现在是"国学热"，好像北大是在追逐风尚、赶时髦才办了"国学班"。2007 年，我们又办了一个"西学班"。我想我们"西学班"的建立，不会再有人提这样的意见了，不会再说我们赶时髦了。为什么呢？因为现在西学"不时髦"。我们当时办"国学班"，不是为了赶时髦；现在西学不时髦，我们也要办西学班。西学现在不仅不时髦，甚至有时候讲西学，还会带来一些非议。比如在 80 年代的时候，反对资产阶级自由化，其中有很大一部分都是针对西学的。现在我们又在反对"西化"，有很多人就把"西学"和"西化"等同起来了，说你们宣扬"西学"就是在"西化"。这些都是一些误解，但是"人言可畏"，

有时候也会给西学的学习和研究造成一定的障碍。所以我们在西学冷落甚至是有些风险的情况下，还是要办"西学班"，就是因为西学对我们国家的未来、对我们国家的现代化是太重要了。

西学和国学是中国现代学术的两条腿，缺一不可。我们可以这么说，国学如果没有西学的话，就是瞎子；西学如果没有国学的话，就是聋子；西学和国学不是对立的，是相得益彰的。所以我们不管社会上对西学会有什么样的非议和误解，为了普及我们的学术，为了引领中国思想的新潮流，我们还是要办"西学班"。正如我们办"国学班"在一定程度上引领了中国思想的一个新潮流，我相信我们办"西学班"，也会再一次引领中国思想的新潮流。

我想，在国学和西学两个方面引领中国思想的新潮流，这不仅仅是从今天开始的，这是北大的一个传统。至于北大，大家都很熟悉，有很多的国学大师，一提到很有影响的国学大师，大家都能说出很多人来。但是大家可能不知道，北大同样也有很多西学大师，那也是太多了。我先给大家举一个例子，那就是北大的校长，大家看北大的三任校长：一位是严复，蔡元培先生曾评价严复是"中国西学第一人"；另一位是蔡元培，当然，蔡元培先生是学贯中西的，但是他的主要的学术贡献还是在西学，他是从

在东京大学宣讲现代大学的理念

德国留学回来以后，把德国大学的理念带到了北大，才使北大面目一新，成了中国第一所新型的大学；还有一个校长，就是胡适，他也是一位西学大师，当然，他在中国哲学史方面也很有研究，但他是用西学的方法来整理中国哲学史。北大校长之外，在文史哲领域，我们西学的大师就更多了，像在座的张芝联先生是一位当之无愧的西学大师，大家听他讲课，就会领略他西学的底蕴了；我们哲学系也是这样，除了有一大批国学大师以外，也有不少西学大师，像贺麟先生、洪谦先生就是我们北大哲学系西学大师的代表。其实很多国学大师，他们本身就是中西贯通的，比如冯友兰先生，现在一般都把他叫做国学大师，其实冯友兰先生西学的根基是非常深厚的，如果没有西学的根基，他是不能这样做中国哲学史研究的，也不能在国学上取得那么大的成就。

我们北大的传统，从来就是西学和国学并重。我们现在还是要坚持这个传统，这不仅仅是关乎我们北大的特色，我们的优势，同时也是关乎我们国家的未来，关乎我们中国现代化的成败。所以我想，我们正是出于这种考虑，不仅仅要求我们自己的本科生、研究生一直坚持国学和西学的并重，我们同时也要用同样的力度把它推广到社会上去。我们也希望社会上的各界人士，包括各行各业的成功人士，不但能在北大的国学班受益，也能在北大的西学班受益，这是我们办学的一个宗旨。

"西学"这个概念，大家平时在报纸上，在各种新闻媒体上可能见到的比较少，不如"国学"那么"热"，对西学的介绍也不如国学那么多，所以在这个开班典礼上，我就来讲讲"西学"。但是"西学"的内容很多，我在这里就讲讲几个理论的问题吧。

第一个问题就是关于"西学"这个概念。"西学"这个概念是一个历史的产物。它首先指的是在西方产生但是传播到了中国的一些学说，这样一些学说就叫"西学"。这样一来，最早的西学应该就是印度的佛学，因为印度是在中国的西土，它也是最早在中国传播的，但是我们一般不把佛学或者印度学叫做"西学"。

实际上"西学"这个名称是从17世纪开始的，就是西方的传教士来中国传教，在传教的同时也带来了西学。西方的传教士里面最著名的代表就

2010年在陕西师范大学讲西方哲学

是利玛窦，他是1600年到北京的，这是一个很有纪念意义的年代，就是17世纪的开始。他来到北京以后，就开始逐步扩大他的影响。当时明朝的皇帝明神宗就接见了他，明神宗就问利玛窦是哪国人，利玛窦是意大利人，但是他不说自己是意大利人，他说他是"大西国"人。后来朝廷的官员一查，发现世界上没有一个什么大西国，就认为他是一个骗子，但是当时的皇帝和一些士大夫还是很信任他的，于是就把他的学说叫做"太西"的学说。"太西"就是指印度、波斯以西的地方，就是比印度、波斯更远的西方，实际上就是指欧洲。这就是"西学"的一个来源。

　　实际上利玛窦传播的基督教也就是西学，但是利玛窦也知道，要让中国人接受基督教太难了，所以他就不从传教入手，他从科学入手，搞了一个"科学传教"。他想从中国人最不懂的、同时又比较容易接受的、而且又很能显示西学优势的这样一部分来入手，所以他首先传播的是西方的科学。比如西方的数学，他首先就是讲几何学，因为每个人只要有一定的逻辑思维能力都可以理解几何学。当时中国有一个大臣叫徐光启，现在我们对他的评价很高，说他才是第一个睁开眼睛来看世界的中国思想家。徐光启和利玛窦合作翻译了《几何原本》，就是欧几

古代书院也要现代化

里德的几何学，徐光启在序言里提到中国人最缺乏的就是西方人那种逻辑的、演绎的思维能力，他认为几何学对我们中国人是非常有益的。那个序言很精彩，我们现在来读还会有许多的感受。利玛窦在中国的事业最成功的应该就是介绍了《几何原本》这本书。利玛窦去世以后，当时就有几个传教士把利玛窦安葬在北京，现在利玛窦的墓就在北京车公庄北京市委党校里面。当时人会觉得，怎么可以把一个外国人的墓放在我们中华帝国的京城呢？后来就有大臣说了，就凭利玛窦翻译了《几何原本》这本书，他就有资格安葬在北京。

自从利玛窦引进几何学以后，西方的代数学、天文学都被引进中国了，当然中国也就吸收了。首先吸收的就是数学、天文学，但是如果采纳西方的天文学，就要采用西历，就要放弃中国采用了几千年的中历，这里面就有了很长时间的斗争。因为天文学对于中国封建王朝来说是太重要了，观察天象不仅仅是一个科学的观察，它和国家的兴亡、人事、政治都是紧密联系在一起的，因为中国一直在讲"天人相类""天人相通"，如果有什么样的天象，对国事、对政治都有很大的影响。于是就经过了几次对比，看看到底是中国的历法精确还是西方的历法精确。经过对比以后发现，还是西方的历法更精确一些，所以到了崇祯末年的时候就颁布了"崇祯历法"，这个立法实际上就是一个西历法。清朝初期也沿袭了"崇祯历法"，但是到康熙的时候又发生了一次争论，是以杨光先为代表的很保守的一些顽固派的大臣首先发难，说我们堂堂的中华大清帝国，怎么能够采取西洋立法来作为国家的根本？现在拍了一部电视剧也讲到这个事情。康熙时候坚守西历的是传教士汤若望，康熙差一点把汤若望的头砍了。后来有人求情说我们还是再来比较一下吧！又比较了好几次，发现还是西历更准确，比如说哪一天有日食、哪一天有月食，它都能很精确地预言到。虽然在康熙的时候就颁布了"禁教令"，把在中国的传教士都赶出去了，但是康熙还是采用了西洋的历法。

康熙实际上对西学非常重视。尽管他把传教士赶出了中国，但是他把一些觉得有用的传教士留在了宫里面给他传授西学，有几年的时间里他每天都要花上几个小时来向这些传教士学习。学习西学多了以后，康熙就产

商务印书馆汉译名著选题会。左起：王路、徐奕春、赵敦华、陈启伟、汪子嵩、焦树安、钱广华、陈宇清、朱德生、李玉章、武维琴

生了一些想法，他想这个西学是不是从我们中国传过去的，他有一个说法叫"西学中源"，就是说西学来源于中国。他还写了一篇文章《三角形论》，西方三角形有一个 "毕达格拉斯定理"，他说这个"毕达格拉斯定理"我们中国以前就有了，叫做"勾股定理"，这个"勾股定理"就写在《周髀算经》里面，这个《周髀算经》传说是周代人写的，而周朝的年代要比毕达格拉斯的年代早，所以他就想是周朝的人发明了"勾股定理"，但是到了西周末年的时候，周王室的一些人流落到西方，就把中国的包括《周髀算经》的数学、天文学带到了西方。

在康熙之前，"西学中源"说就有了，但是经过康熙"金口玉言"一定论，在当时就形成了一个普遍的结论。我们都知道，"康乾盛世"以后，中国就开始走下坡路了，我想很重要的一个原因就是没有抓住这个历史的机遇，反而沾沾自喜，学了一点西学就觉得西学也没什么大不了的，就觉得还是属于我们中国的学问，这是一个教训。

到了"鸦片战争"之后，西方人再次打开了中国的大门，西学就再次涌入了中国，而且从洋务运动开始，中国人就开始大量地介绍西学。当时洋务运动设立了两个翻译馆，一个就是位于上海的江南制造局翻译馆，一个是位于北京的同文翻译馆，这两个翻译馆介绍了几百种西学著作。

讨论中西哲学汇通

在西学再次涌入的情况下，当时又提出了一个说法，就是张之洞提出来的"中学为体，西学为用"。他讲的"中学"是什么意思呢？就是"三纲五常"，西学就是声光电化。他认为西学只是在科学上对中国有价值，但是中国的纲常根本是不能够动摇的。这种思想提出来以后，就引起了很长时间的争论，一直到五四运动才树立了"民主"和"科学"这两面大旗，这也是我们北京大学提出来的。"民主"和"科学"可以说是对"中学为体，西学为用"的一个反驳。但是，五四运动之后，关于"体用"的争论并没有结束，有各种各样的学说，有的讲要"西学为体，中学为用"，有的讲二者要互为体用，等等，有很多的争议。我们哲学系的汤一介先生有一个很形象的说法，他说到现在你还用一个传统的术语"体用"来概括西学和中学的关系这是很不恰当的，你现在讲什么"中学为体，西学为用"或者"西学为体，中学为用"，就好像是在说"驴体马用""马体驴用"；因为驴有驴的体马有马的体、驴有驴的用马有马的用，你不能把这二者结合起来，说是"驴体马用"或者"马体驴用"，这样的说法是很不恰当的。

虽然这些学贯中西的老先生看出了几百年的体用之争的弊端，但是一直到现在，我觉得张之洞的"中学为体，西学为用"还有很大的市场，包括我们的社会舆论上、我们的宣传上就是有一种片面性，就是过分抬高国学而贬低西学；我们强调国学是应当的，但是不能够因为这样就贬低西学，如果这样做，实际上还是"中学为体，西学为用"在作祟。

清华大学的何兆武先生发表的一篇文章，说了以下的话："学术是不分东西的，学术只有真假之分、高低之分，但是没有中西之分"，这样讲我觉得是正确的，因为我们以前讲"中学"也好，讲"西学"也好，是一个历史的产物，是因为我们刚开始的时候不了解，把西方传过来的学问叫做"西

研究"原滋原味"
的西方哲学

学",把我们传统固有的叫做"中学",但是这只是暂时的、在没有弄透"西学"和"中学"关系的情况下、没有发现人类价值或普遍真理的情况下的一种说法。但是到了现在这个时候,我们应该承认,我们以前把它叫做"西学"的东西里面,不仅仅是西方人的学问,有些是全人类的真理,比如说科学,一开始是数学,接着是天文学,然后是物理学、化学,大家觉得这是普遍真理。在清朝的时候,有很多东西,比如修铁路,那个时候都不承认有什么价值和用处。中国的第一条铁路是在上海铺的,铺了以后,当地市民说它破坏风水,又把它拆掉了。我们现在看来是普遍的科技成就,当时都把它看作是"淫技奇巧"加以排斥。现在中国人的心态是越来越开放了,对待科学技术已经没有问题了,认为这是普遍真理。在社会科学里面,有一部分也没问题了,比如马克思主义,一开始的时候不也是西学么? 我们现在讲马克思主义是放之四海而皆准的真理,是全人类真理。另外还有一些,比如经济管理的一些学问,现在也认为是搞市场经济全球化适用的。所以说都是一步一步地,逐渐得到大众的认可。

第三个问题,讲一下"国学"和"西学"的关系。我想,"西学"不应该被简单地理解为西方人的学问,因为有些人可能是

中西文化传统的中介

243

"望文生义"，认为"西学"就是西方人的学问，"国学"就是中国人的学问，我想这是一种比较简单的理解。"西学"是中国人研究西方的学问，这一点我们要强调，这就是我一开始讲的，是在西方产生的但是在中国传播的一种思想，我们把它叫做"西学"。当然，一开始是西方人在中国传播的，现在呢，我们对西方的学问研究得越来越广泛了，越来越深入了，所以把我们中国人自己研究的西方的学说叫做"西学"。

西方人是从来不把自己的学问叫做"西学"的，只有中国人才把西方的学问叫做"西学"。西方有几个词，一个叫"sinology"，就是"汉学""中国学"，西方人就把中国人的学说叫做"中学"或者"汉学"，把东方人的学说叫做"orientology"，就是"东方学"，这在字典上都可以查到。但是你们在字典上绝对查不到这么一个词"occidentology"。"occident"是"西方"的意思，"occidentology"这个词是和"orientology"（东方学）相对应的，但是在西方的字典上你们只能查到"东方学""汉学"，就是没有"西学"这个词。为什么呢？就是因为西方人不把自己的学说叫做"西学"，只有中国人才把西方人的学问叫做"西学"。这一点我们要清楚，"西学"，确切地说，不是西方人的学说，而是中国人用汉语表达的西方的学说。

既然是中国人研究的西方的学说，是由汉语表达的学说，不管你愿意不愿意，不管你自觉不自觉，里面就有一个中国人的立场、中国人的眼光的问题。我们强调要用中国人的眼光来解读西方哲学，用中国人的眼光来研究西方哲学，而中国人的眼光其实是不可避免的，因为如果要用中国的汉语来翻译、思考、表达，那么中国人的思维方式、汉语的语言特点就不可避免地要渗透到你的研究对象中，好比西方人和中国人就是同一个对象，但是西方人和中国人看问题的方式肯定是不一样的，就看你自觉不自觉。有些人觉得我们研究西学，就应该跟西方人一样，就应该以西方人为标准，西方人怎么说我们就怎么说；我想你是做不到的，作为中国人，你无形当中就已经戴了一副眼镜，你只能通过这副眼镜去看西方人的学问。或者我们讲得更确切一点，不是一副眼镜，而是一个视网膜，你们看到的是同一个东西，但是在视网膜上呈现的影像可以不一样。所以我想，不在于你能不能用中国人的眼光来看待西学，而在于你自觉还是不自觉。有些人是自觉，

Archive for Phenomenology & Contemporary Philosophy, Department of Philosophy, CUHK
Inaugural Conference

Phenomenology and History of Philosophy

23 - 24 January 2006

有些人是不自觉，我们现在研究、学习西学，就要提倡自觉地用中国人的眼光来看待西学，提倡一种自觉性。不仅要有这种自觉，我们还要有一定的国学根底，学习西学离不开国学，我们在学习西学的时候也必须学习一些国学。

再说国学。有些人说"国学"就是"中学"，把"国学"等同于"中学"，我觉得也不全面。以前张之洞讲"中学为体，西学为用"的时候，其中的"中学"指的就是"三纲五常"，就是指的传统的意识形态，那就叫"中学"。但是我们现在讲的"国学"，不是传统意义上的"中学"，而是指研究中国传统思想的现代学术。

"国学"可以说是"五四"前后才出现的一个概念，在当时已经有一批中西贯通的学者，他们以西方的学说为参照来自觉地研究中国传统的学说，来"整理国故"、保留国粹，这种情况下才出现了"国学"这个概念。所以说"国学"是一个现代人学术的概念，不是传统的经史子集，而是要以现代的眼光来重新诠释、重新理解、重新整理中国传统的资料，这才是"国学"。

西方哲学的中国气派

四、百年回首话"五四"

提起"民主与科学"这句口号，人们自然会想到北京大学。北京大学建校伊始，指导思想仍然是张之洞的"中学为体，西学为用"。经过一二十年时间，人们发现老的思想不灵，国家的危难仍然在不断加剧，这才促使人们面向外国寻找真理，终于在以北京大学为策源地的新文化运动和五四运动中，提出了"民主和科学"的口号。"民主和科学"在当时虽是作为两位洋先生（"德先生"和"赛先生"）被请到中国来的，它代表的却是中国知识分子爱国进步的夙求与中华民族解放振兴的历史趋势。因此，"民主与科学"的口号一经提出，便风靡大江南北，开启了一代新风，包括马克思主义在内的新思潮广泛传播，在20世纪40年代后期造就了新民主主义的建国纲领。

我们今天重温这段与北京大学有关的历史，是为了强调："民主和科学"不是一句口号，更重要的是与社会发展的现实紧密结合在一起的时代精神。"时代精神"这个词是通过马克思著作的翻译才在中国流行开来的。马克思在 1842 年说："任何真正的哲学都是自己时代的精神上的精华（die geistige Quintessenz ihrer Zeit）。"[2] 在此意义上，五四的时代精神不属于西学东渐的一个思潮，与清末和民国初学术思潮也属于两个时代，甚至和 1915 年开始的新文化运动也不尽相同。胡适把新文化运动称做中国的文艺复兴，这样说是准确的。新文化运动是思想解放思潮，而五四运动则是社会政治运动，两者既有联系也不相同。新文化运动的思想解放对两千年中国文化传统和新传入外国思潮进行理性"审判"，虽然"法官"们有不同的理性标准，但他们遵循相同的裁判规则，共同造就了中国现代语言、学术和政治。无论有多么大的政治分歧，复辟帝制已不可能，开历史倒车不得人心，原封不动地照搬古语旧学没有立足之地。任何没有偏见的人都不会否认，一代学术宗师的涌现和民智大开的新风尚是新文化运动的历史贡献；而五四运动则是大批先进分子推动的现代政治变革的社会效应。两者相互激荡、彼此呼应，而又不相混淆。我曾把五四精神称作中国式启蒙的时代精神，基于以下历史事实和分析。[3]

评价新文化运动和五四运动

五四精神的"民主和科学"和"爱国与进步"不是两条分离的、平行的思想路线，而是同一时代精神的两个方面。中共创始人和第一代核心是在五四精神熏陶下成长起来的，五四时期的知识青年在抗战时期大多去了延安和其他根据地，有统计资料表明 80% 跟随共产党，只有 20% 去了国统区，其中还有一些是地下党。我认为这个结果不能只用两党争取人才的政策不同来解释，更深层次原因是顺应还是违背五四的时代精神差别。国民党 1927 年得到政权后开历史倒车，在思想上否定五四精神。比如，1931 年蒋介石说，共产主义不适合中国国情，共产党"毁弃了民族固有伦理、道德、精神、文化"。再如，1934 年国民党中央通过"尊孔祀圣"决议，规定各地学校必须读经；

---

2 《马克思恩格斯全集》第 1 卷，人民出版社中文 2 版，第 220 页。

3 赵敦华：《何谓"中国启蒙"——论近代中国的三次启蒙》，载《探索与争鸣》2014 年第 10 期。

重温西南联大的爱国进步传统

摆事实，讲道理

蒋介石在南昌发起以"礼义廉耻"为中心准则的"新生活运动"，与伪满的复古运动遥相呼应。日本帝国主义为了实现"大东亚共荣圈"的侵略美梦，乞灵于封建主义意识形态，伪满洲国的国文教材充斥着"靖国神社、仁德皇帝、忠孝一本、孝子故事、曾国藩谕子书"等内容，伪满"总理"、清朝遗老郑孝胥用"仁义道德"和"王道政治"的谬论来配合日本侵略者的"王道乐土"[4]。还如，1943 年蒋介石在《中国之命运》一书中，把抗战胜利后建国纲领的思想基础定位于"四维八德"。与此针锋相对，中共坚持五四运动反帝反封建的进步方向，把从苏俄引进马克思主义与从西方引进法德启蒙思想结合起来，1931 年之后，倡导抗日救亡、民族解放、人民民主、社会开明和个性自由"五位一体"的"新启蒙运动"。一些倡导者后去延安，成为中共理论家，与毛泽东等领导人集体创立了新民主主义，成为中国共产党夺取政权的理论纲领。国民党倒行逆施的结果是，既没有人才也没有理论；违背五四时代精神的结果是，丧失了人心，失败实属必然。

前几年纪念新文化运动 100 年之际，学术界有不少负面的批评意见。有论者认为，五四运动前后引入各种新学，割裂了中国传统文化的命脉，"德先生"和"赛先生"俨然成了"德菩萨"和"赛菩萨"。我不敢苟同，因为不符合事实。

"五四"前后"新学"的滥觞是多元的，既有向西看，也有向东看，比如梁漱溟立足中国的东西方文化分别；既有科学精神，也有人文精神，例如学衡派引进美国白璧德的新人文主义而主张"融合新旧，撷精立极，

---

4 转引自陈亚杰：《"马克思主义中国化"的起源语境》，中共中央党校博士论文，2005 年 5 月，第 17、18 页。

昌明国粹，融化新知"，张君劢引进柏格森的形而上学而引起"科玄之争"。总的来说，五四时期思潮可分西化派、保守派和革命派三种类型，但三者的眼界都试图融汇中西思想或新旧学说。比如，梁漱溟认为引进西方文化之中的民主与科学这两种精神是中国文化的"当务之急"，保守派另外一个代表杜亚泉主张"中西文化融合论"。再如，西化派的胡适坦陈，"就全体来说，我在我的一切著述对孔子和早期的仲尼之徒如孟子都是相当尊崇的"，他身体力行"整理国故"，和学生顾颉刚、俞平伯等人创立新史学，根本没有"割裂"而是接续了中国传统文化的命脉。还如，革命派的经典《中国革命和中国共产党》，深入批判"中国封建时代的经济制度和政治制度"，同时充分肯定："中国是世界文明发达最早的国家之一"，中华民族"以刻苦耐劳著称于世，同时又是酷爱自由、富于革命传统"并拥有"优秀的历史遗产"[5]。

再者，民主和科学在中国从来没有成为被盲目崇拜的"菩萨"，"民主和科学"的精神无论怎么强调也不为过；相反的倾向倒是值得警惕防范，现在打着"弘扬国学"旗号的愚昧和迷信，还不令人触目惊心吗？

当然，我们今天对"民主与科学"的理解不能停留在历史诠释的层面，更不能局限于"五四"前后的一二十年。中国社会已经发生了天翻地覆的变化，在迈向现代化和民族复兴的历史时刻，我们应当赋予"民主与科学"新的时代精神和思想内涵，使这一光荣的历史传统仍然能够成为推动社会进步的精神动力。对"民主与科学"的精神，我们要有新的探索，新的实践。

在肯定"民主与科学"

评实证主义和功利主义，右一为叶秀山先生

---

5 《毛泽东选集》第2卷，人民出版社1991年版，第623—624页。

的历史功绩的同时，应该看到它在被引进中国之时就有先天不足的弱点。20世纪初叶，西方思想界的主流，一是实证主义，一是功利主义。当中国人从西方引进"民主与科学"观念时，不可避免地把实证主义的科学观和功利主义的民主观带了进来。这两种思潮在后来的发展中与马克思主义分道扬镳，且不能适应中国社会实际。受此连累，"民主与科学"的应用范围受到很大限制，没有普及和发展，也未能真正溶化在国民素质之中。即使在"民主与科学"思想的故乡，西方思想家也认识到了这种危害：实证主义的科学观导致唯科学主义，产生出一种新的教条主义；功利主义的民主观主张用忽视甚至牺牲社会正义为代价，来换取"最大限度的幸福"，其后果或是流于自由放任，或是沦为极权专制。这些批判出自深奥的学理或哲学，但有强烈的现实针对性，有其合理性与可借鉴之处。我们需要从中国社会的实际出发，对"民主与科学"的精神实质做些反思。

"民主与科学"不只是分别适用于科学界与政治界的两种分离的思想，也不是只适用于这两个领域的局部观念。它应是适用于全社会的时代精神，应成为全民族的思想素质的要素。提倡"科教兴国""科技强国"，在我看来，首先需要提倡的就是"民主与科学"的精神。科教之所以能够兴国，固然因为科学技术是第一生产力，但只有人才是生产力的第一要素。我们理解的第一生产力，不仅仅是高科技的手段，更重要的是具有科学精神、因而能够正确掌握并不断创造科技新成果的人。同样重要的是，民主与科学不能分家。缺乏民主的精神氛围以及民主制度所能保障的思想和学术自由，科学难以发展，甚至会被窒息。同样，没有科学的开放精神、理性标准、求实态度和创新作风，也不会有真正的民主观念与制度。只有达到了民主与科学相统一的精神，才不致把"科学"与"民主"分别局限在科学家和政治家的职业范围之内，而让"科教兴国""科技强国"的成果惠及人民。

实证主义和功利主义也曾想把民主与科学推广到全社会，但是，他们只是把民主与科学作为达到某个预先确定的目标的手段。按实证主义科学地实现社会成员幸福的手段，其唯一途径就是"大多数人的统治"，就是以全民选举为合法性基础的代议制。实证主义和功利主义有共通之处：他们一方面以预定的目标来限定民主与科学的精神内涵，另一方面把民主与科学的功能归结为一些狭隘的手段和方法，这不

维护思想自由、兼容并包的传统

符合"民主与科学"的批判创新思维方式和自由开放的价值取向。我们应该把民主与科学理解为一种动态的机制，渗透于这一机制的精神，从肯定方面说，就是实事求是，即按照事实的变化，不断地设置、调整和修订自身的目的和手段；从否定方面说，这也是自我批判的精神，即不断地主动地清除自身的错误、落后和腐朽的成分。在这两种情况下，民主与科学都是一种参与和对话的动态机制，科学的活力在于信息的交流与竞争，社会的活动在于权力的分化、配置与制衡。

北京大学作为"民主与科学"思想在中国的摇篮，更有责任在新的历史条件下弘扬这一光荣传统。一个首要的任务是按照"民主与科学"的时代精神，培养跨世纪的新人。现在，素质教育已成为北京大学教学改革的一个重点。北京大学的素质教育和专业教育，除有丰富的中外文化资源之外，更有"民主与科学"这笔宝贵的精神遗产，值得我们好好地开发利用。北京大学素有学术自由的氛围和风气，我们应该珍惜它、爱护它，不容许任何人破坏它。只有在学术自由的氛围中，才会有百花齐放、百家争鸣的思想繁荣，才会有创新的源头活水，才能弥补北京大学半个多世纪以来大师稀少、没有学派的缺憾，才能让北京大学跻身于世界第一流大学的那一天早日到来。北京大学在很多青年人的心目中是一片精神上的净土。这是"民主与科学"传统给北京大学带来的荣誉，也要靠"民主与科学"的精神来维护。现在，腐败风气无孔不入，学术界、教育界也不是世外桃源。我们要正视问题的严重性：学术界、教育界的腐败是严重、危险的腐败。古人云："常

人以嗜欲杀身，以财货杀子孙，以政事杀民，以学术杀天下后世。"试想：如果未来一代是在腐败的环境中接受教育的，如果连高尚的学术和师生道德也要屈从于金钱和权力的交易，我们的国家还有什么前途，我们的民族还有什么希望？为了抵御和清除学术界、教育界的不正之风、腐败之风，我们依然要借助"民主与科学"的精神，因循科学的态度和措施、民主和作风的管理，维护学术的尊严和教育的纯洁。

五、"学以成人"的通释和新解

第一届世界哲学大会1900年在巴黎召开，引领当时思潮的法国哲学家亨利·柏格森曾担任国际联盟设在巴黎的"国际知识文化合作委员会"（二战后改为联合国科教文组织）的主席，1927年获诺贝尔文学奖。在写给评委会的信中，柏格森说："诺贝尔奖的尊严在于理想性和国际性"，激发崇高活力的作品是理想主义的，而各国心灵共同体的理智价值是国际性的评价标准。将近120年来，世界哲学大会努力实现人类心灵共同体的理想性，见证了从世界大战到全球化、从西方哲学单极化到世界各国哲学多元化的巨大变化。就其目标和性质而言，把世界哲学大会称为思想界的奥林匹克赛会，或许是一个不恰当的比喻。奥林匹克比赛的口号是"更快，更高，更强"，各国运动员不断刷新世界纪录，争当世界冠军，而世界哲学大会的精神不是竞争，没有"世界冠军"。如果现在世界哲学大会也需要一个口号，我想应是"更多样，更和睦，更美好"。上一届世界哲学大会在希腊举行，本届（第24届）转移到中国。哲学界有一个普遍流行的说法，认为人类文

在第24届世界哲学大会上　　　　　　"学以成人"的中国语境

明的突破发生在"轴心时代",中国地处东边,希腊处于西端,按照这个说法,不妨把世界哲学大会想象为横亘在各民族文化传统之间的一座桥梁。本届世界哲学大会的主题词"学以成人"是一个古老而又充满活力的话题,早在"轴心时代",孔子和苏格拉底全面而深入地讨论了这个话题。

《论语》中的"学"有多层含义,从哲学的观点看,孔子论学可被分析为循序渐进五个阶段。先是初学阶段,《论语》第一句话"学而时习之"的"学""习"指经常温习夫子的教诲,在熟记消化前人知识的基础上"举一反三"(《述而》),"温故知新"(《为政》)。第二阶段的"学",不但对外物"多识"而能"一以贯之",更重要的是认识自己。孔子对同时代沽名钓誉的学风感到失望,他说"古之学者为己,今之学者为人"(《宪问》)。荀子解释说,"为己之学"是"君子之学","美其身","一可以为法则",而"为人之学"是"小人之学",为满足他人胃口甘当"禽犊"(《劝学篇》)。用现在话来说,"君子之学"升华自身,以自律为普遍的行动准则;而"小人之学"媚俗取宠,骗取名利。这些思想堪与康德的道德哲学相媲美,而孔子进一步提出更高要求。孔子有句名言:"三人行,必有我师焉",向他人学什么呢? 孔子接着说:"择其善者而从之,其不善者而改之"(《述而》)。第三阶段的"从善之学"向他人学习,他人的好处要效仿,他人的不好之处要引以为鉴,"见贤思齐焉,见不贤而内自省也"(《里仁》)。"学"的第四阶段是"成人"之学。孔子列举的"成人"品格包括"知""不欲""勇""艺""文","成人"的行动准则是"见利思义,见危授命,久要不忘平生之言"(皇侃注曰:"久要,旧约也。平生者,少年时也"),恪守年少时的志向和承诺,终生不渝,"亦可以为成人矣"(《宪问》)。就是说,"成人"不等于"成年人",而是成熟的、完全的人格。"学"的最高阶段是"修己安人",孔子说:"修己以安百姓,尧舜其犹病诸。"(《宪问》)连尧舜也不能做到,但仁人志士不妨而且应该把"内圣外王"作为理想来追求。

在"学"和"人格"等话题上,苏格拉底和孔子可谓心有灵犀一点通。在柏拉图的《理想国》中,苏格拉底在不同层次上谈论爱智慧。首先,自然城邦护卫者的学习好比猎犬的训练,"爱学习和爱智慧是一回事"(376b),

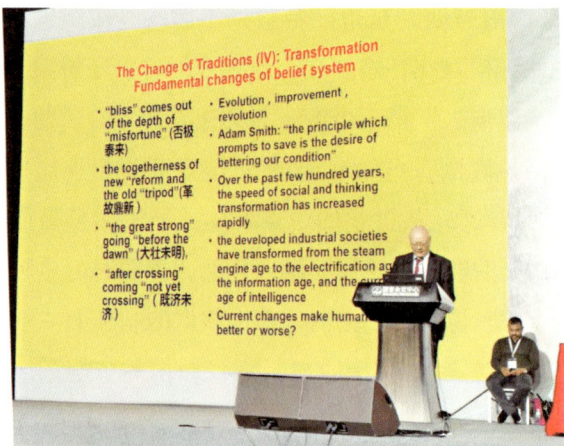

第 24 届世界哲学大会主旨发言

主持全球化哲学分论坛

这相当于孔子所说"不亦悦乎"的初学。其次，在灵魂中，爱智慧是理性控制欲望和激情的节制（442d），以及指导灵魂各部分和谐状态的正义（443e—444a），这相当于"为己之学"。再次，在正义城邦中，爱智慧是立法者、辅助者和生产者各司其职，或用中国经典的话来说，"君子思不出其位"（《易·艮·象》，《论语·宪问》），各司其职而竞相为善的正义，相当于"从善之学"。复次，哲学家爱智慧是爱真理，爱美本身，爱善本身，本性爱智慧的人成为哲学家，经历了艰难曲折、上下求索的学习过程，最后实现了少时天赋，成为"具有良好的记性，敏于理解，豁达大度，温文尔雅，爱好、亲近真理、正义、勇敢和节制"的完人，这相当于"成人之学"。最后，苏格拉底问道："难道不是只能把国家托付给这样的人吗？"（487a）由此得出"哲学家王"的结论。苏格拉底知道，他的结论只是一个理想，"或许天上建有它的一个原型，让凡是希望看见它的人能看到自己在那里定居下来。至于它是现在存在还是将来才能存在，都没有关系，反正他只有在这种城邦里才能参与政治"（592b）。不能不看到这个理想与"内圣外王"之道有异曲同工之处。

孔子和苏格拉底当然有很多差异，我们之所以强调他们的对应和趋同之处，是为了以两人为例说明，无论孔子格言式的教诲还是苏格拉底戏剧式的对话，都属于"人同此心、心同此理"的世界哲学的原初形态，他们

与分论坛发言人和参与者合影。左起：徐响、刘金山、骆长捷、赵敦华、李元、骆夷、姜帆、李科林

的智慧是人类思想的宝贵资源。诚如黑格尔所说："每个人都是他的时代的产儿，哲学也是这样"，在"轴心时代"的历史条件下，"君子"或"爱智者"只是少数精英或绅士，但古今中外哲学家们提倡精深学问，致力于塑造人格尊严的认识和实践，如同历史长河涓涓清流，不绝如缕，当人类社会发展到生产发达、科学昌明、人心思变的时代，便成为不可抗拒的潮流。17—18世纪，孔子的"成人之学"传播到西方，"孔夫子学"（Confucianism）成为中国思想的标记，在西方风靡一时，为方兴未艾的启蒙运动提供了重要的思想根源。西方的"中国之友"借助中国古代人文道德批判压抑人性的神权统治，用变易通达的历史观取代神学命定论。西方人本主义的启蒙哲学原本得益于中国传统思想，然而，它不久就遗忘了中西会通的源头活水，走向"欧洲中心论"。

在全球化时代，西方哲学与东方各国哲学如何汇合为世界哲学是一个难题。20世纪的中国哲学家为解决这个难题做出示范性的努力。胡适、冯友兰借鉴西方哲学的方法和理论，创立了中国哲学史这门学科；而中国哲学史被确立为世界性学科，戳穿了"中国古代无哲学"的神话，又反过来为西方哲学提供了一个新的参照系，有没有中国哲学史这一参照系，研究和理解西方哲学的结果大不一样。中西哲学的良性互动的经验，给予冯友兰以世界哲学的底气。1948年，他发表了题为《中国哲学与未来世界哲学》的文章。他说："在我看来，未来世界哲学一定比中国传统哲学更理性主义一些，比西方传统哲学更神秘主义一些。"冯友兰在"人生境界"的意义上谈论中国哲学的贡献。他说："哲学的功用是训练人成为完人，完人的最高成就，是与宇宙合一。""完人"即孔子所谓的"成人"；冯友兰亦承认，"与宇宙合一"不必是"神秘主义"的圣人境界，而是"在日常生活之内实现最高的价值，还加上经过否定理性以'越过界限'的方法"。如果用现在的话来说，"越过界限"，就是要突破自我，向他者学习，既要突破哲学史上独立体系的界限，向其他哲学体系学习；也要突破自身文化的界限，向其他文化传统学习；还要突破哲学学科的界限，向自然科学和社会科学各门学科学习。撤除了自我设定的藩篱，哲学的过去与未来、思辨与生活、不同的文化传统、不同的学科领域，就能够相互学习，彼此会通。这就是世界哲学定位的目标，世界哲学现在不是、将来也没有特定的体系，始终是各国哲学家朝向这个目标探索的过程。

　　求同存异是不同国家和文化相互学习、共同前进的原则，这也是世界哲学的探索遵循的原则。当代中国哲学家无不思考中西哲学同异问题。唐君毅在《中西哲学思想之比较论文集》中说："人类文化之前进实赖殊方异域之思想"，为了在人类不同民族哲学思想中找到"其汇归之交点"，就要"知其大异者，进而求其更大之同"。古今中外哲学思想千姿百态，分殊繁复，从其大异而求更大之同，确实是求同存异的不二法门。各国哲学在不同领

从中国传统的视野看　　　　　　从中国文化的角度看

域、不同方面都有"大异中更大之同"，从"学以成人"的话题看，这个最大公约数指向人的独立和尊严。由于"学"主要是道德人格的塑造过程，古代士人大多有强烈的人格独立和尊严感，他们中埋头苦干、拼命硬干、为民请命、舍身求法的人被鲁迅称作"中国的脊梁"。但是，更多的士大夫沦为没有人格的奴仆。对此，黑格尔有一个解释：中国古代的肉刑和株连的刑法太残酷了，摧毁了士大夫阶层内心的尊严和道德性，因此，黑格尔说，即使清代"在善良高尚的君主统治之下，各级官员却都陷入贪污腐败，并由此引发革命"。虽然黑格尔是"西方中心论"的哲学家，但他依据德国启蒙提倡人的尊严学说所做的诊断，值得我们反省。马克思把康德的"绝对命令"从道德领域扩展到政治领域，把人的尊严学说归结为自由解放的实践。马克思说："人是人的最高本质这样一个学说可归结为这样的绝对命令：必须推翻使人成为被侮辱、被奴役、被遗弃和被蔑视的东西的一切关系。"

20世纪伊始，中国有识之士向西方学习救亡图存的真理，首先引进的是人的独立和自由思想。比如，梁启超把《大学》中"新民"与西方近代哲学融会贯通，倡导独立思想和人格尊严，他把培根、笛卡尔的贡献归结为"摧陷千古之迷梦"，"自破心中之奴隶"，做到"我有耳目，我物我格，我有心思，我理我穷"，既不当中国旧学之奴隶，也不当西方新学之奴隶。

中西思想对照看：法国当代哲学家利科与老子

阴阳两面的中国现实看。左一为王秀玲

从世界发展大势看

熊十力则要使中国礼制"脱去封建之余习……一本诸独立、自由、平等诸原则，人人各尽其知能、才力，各得分愿"。在北京举办的世界哲学大会，以"学以成人"的主题，为各国哲学家和思想者提供一个框架，思考和实践"国国自主，人人独立"的人类尊严，以促进世界和平的理想和世界哲学更多样、更和睦、更美好的愿景。

六、如何看待中西哲学传统？

本场世界哲学大会的主题是"传统"，中国人提起传统，自然会想到《论语》，特别是《论语》第一段，很多人童蒙时就会背诵。第一段第一句"学而时习之，不亦说乎"，和我们大会的主题词"学以成人"相关；第二句"有朋自远方来，不亦乐乎"，现在已成为在中国举办各类国际会议时常用的欢迎辞。我就从这两句开始讲传统。

我们要注意，《论语》中一些语词的意思，和现在通行的汉语不一样。比如，"有朋自远方来"中的"朋"，不等于现在所说的"朋友"（friends），在孔子时代，"同门曰朋"，"朋"指师从孔子的同门弟子们（法文和英文的 condisciples）。不但如此，《论语》第一段的三句话的意义，不是孤立、不相关的，它们实际上构成了《论语》的一个序言。这个序言寥寥数语，刻画出《论语》的创作经过。先是弟子们在家中，念念不忘孔子的言传身教，"学而时习之"，愈加快乐；第二句话是说，不时有远方的同门弟子来访，大家一起交流当时聆听和在家温习孔子教诲的心得体会，更加欢庆，就像今天的学术研讨会；会议的记录包括孔子教诲和师生间对话，还包括大伙陪同孔子周游列国的经历。第三句话"人不知而不愠，不亦君子乎"，说的是弟子们共同见证，孔子无论受到公侯们的礼遇或误解，还是被各界人士鄙视、责难，甚至被围攻，都荣辱不惊，不矜不愠，不怨天，不尤人，以下学上达为天命，"不亦君子乎"，更加显出君子风范。

在所有这些场合，弟子们出场时机不同，领悟不同，他们的记录构成不同见闻的合集，这或许可以解释为什么《论语》缺乏统一的叙述结构。但在我看来，这本语录至少保持了一部理论著作必备的序言和结论。看了第一段的序言，再来看看《论语》的结论。

《论语》最后两卷《子张》和《尧曰》，是汉武帝时从孔府宅壁发掘出来的，虽然清代考证学家对这两篇的真实性有争议，我们不妨把最后一卷读作《论语》的结论，盖因这个结论概括了孔子继承和融合先贤传统的政治主张。《尧曰》先是彰显尧舜禹和周文王周武王的政治德性，接着子张问孔子如何从政，孔子回答说："尊五美，屏四恶。"虽然只有六个字，在我看来，这个回答堪与柏拉图《理想国》的政治主张相媲美。

通过合适的理解和翻译，不难设定"五美"与柏拉图"美好城邦"的"四主德"之间的对应："惠而不费，劳而不怨"，之于"正义"；"欲而不贪"、"欲仁而得仁"，之于"节制"；"泰而不骄"，之于"理性"；"威而不猛"，之于"勇敢"，皆有"书不尽言"的相似性。

同样，"四恶"与《理想国》中四种不正义城邦也有关联："不教而杀"的"虐"，之于"僭主制"；"不戒视成"的"暴"，之于贵族"荣誉制"；"出纳之吝"的"有司"，之于"寡头制"；"慢令致期"的"贼"，之于当时雅典无节制的"民主制"，皆有"言不尽意"的相关性。请大家看是不是这样呢？

我在这里解释《论语》序言和结论，还与《理想国》相对照，是为了说明传统起源的故事。我们知道，雅斯贝尔斯（Karl Jaspers）提出了东西方伟大传统都起源于公元前800—200年"轴心时期"的概念，但他认为"轴心时期"的原因是个谜，因此转而讨论"轴心时期"的意义问题。我愿意把"轴心时期"的原因归结为经典形成的过程。在古希腊，柏拉图著作记载的主角是苏格拉底，而荷马等诗人、前苏格拉底哲学家、同时代作家和活动家都参与苏格拉底的对话，栩栩如生地再现希腊和周边地区多种文化的过去和现状，由此成为希腊理性主义传统的源头活水，怀特海（Alfred North Whitehead）甚至把欧洲哲学的传统都概括为柏拉图著作的脚注系列。在中国，孔子自称"述而不作，信而好古"，孔子删定的六经，和记录诸子思想的《论语》《道德经》《庄子》等经典，开创了中国思想传统。

下面我要讲比传统的起源更重要的故事，这就是传统的变化。传统起源的故事只是告诉我们，所有为人所知的传统，是因为它们有文字记载。更重要的是，所有遗留至今的传统，是因为它们在变化；而所有对人类文明发生重要影响的传统，是因为它们的变化彼此汇合。中外古今的史书，几乎都要总结传统的变化和流传的经验，我只能简要讲几句。

让我从孔子同时代的另一部经典《周易》开始讲起。《周易》的核心思想是"变"，包含很多中国人耳熟能详的格言，如"一阴一阳之谓道""生生之谓易""穷则变，变则通，通则久""上下无常，刚柔相易，不可为典要，唯变所适"。冯友兰认为，《周易》的哲学体系"特别表现在《系辞传》中"。问题是，那些格言如何能表现一个哲学体系呢？冯友兰后来解释说，《周易》的哲学是"宇宙代数学"，即"《周易》本身并不讲具体的天地万物，而只讲一些空套子，但是任何事物都可以套进去"。如果把这个"空套子"当做传统之变的形式，和当今学者表述传统的历史、经验和变革等内容结合起来，那么，对我们今天理解古今中外传统的特征和趋势，或许不无启发。

传统之变是历史的变通。《系辞传》说，卜占传统的卦象源于上古，易经作于中古，"作《易》者其有忧患乎？""故其辞危""惧以终始，其要无咎，此之谓易之道也"。

历史证明，任何一个传统在历史中都会遭遇障碍和危机，只有变通才能长久，否则就要衰落和灭亡。历史趋势是检验传统的试金石，顺之者昌，逆之者亡。当代法学家伯尔曼（Harold Berman）把传统理解为"过去和未来之间持续的历史连续性"，他还引用历史学家帕利坎（Jaroslav Pelikan）的话说，"传统主义是活人的死教条，而传统则是死人的活信条"，又引用社会学家希尔斯（Edward Shils）的话说，传统"不是来自过去的僵死的手，而毋宁是园丁的手，培养和引发不能从自身中出现的强健趋向"。

按照传统变通的历史观，现在流行的历史传统，其实形成于"轴心时代"的起源期之后。11—13 世纪的基督教世界为了应付内外危机，整合了希腊理性主义、希伯来宗教精神和罗马法制度这三种不同传统，培育出现在被称作西方传统的新开端。而在大致相同时期，中国儒释道这三个传统，也变通合流，成为现在被称为中华文化的大传统。

七、什么是马克思哲学?

"马克思哲学"的提法引起种种异议。有论者认为"马克思哲学"专指马克思个人哲学,消解恩格斯和其他马克思主义经典作家的地位;或认为使用"马克思哲学"名目而不用"马克思主义哲学",是受西方"学院化"的"马克思学"和"西方马克思主义"诸流派影响的产物。此外,西方也有人一直在质疑马克思是否本人提出一种独立于他人的哲学思想,宁可把马克思思想归为社会政治思想或政治经济学史的一个阶段。这些异议事关马克思主义创始人哲学的"合法性问题",不可不辩。

在马克思与恩格斯的关系问题上,"马克思哲学"与"马克思学"截然有别。"马克思学"的创始者吕贝尔提出了恩格斯与马克思的"对立论",在西方颇有影响。"对立论"显然不能成立。伊格尔顿引用一位男性作家的话:"当我提到'人'(man)这个词的时候,我指的是'男人和女人'(men and women)。"他接着说:"在此,我也想以同样的方式声明,当我提到马克思的时候,我指的是马克思和恩格斯。不过他们两人之间的关系就与本书无关了。"[6]同样,"马克思哲学"指的是马克思和恩格斯的哲学,但有必要辨析两人的关系。恩格斯是马克思的忠实追随者和亲密朋友,这一点不但有各种传记的证明,而且有文本证据。马克思和恩格斯的文本如此接近和配合密切,以致有的未署名政论甚至不能区分作者是马克思还是恩格斯或两人合作,以致不可能把《马克思恩格斯全集》分开编辑成马克思和恩格斯两套全集。"马克思学"解释"对立论"的文本分析,充其量只是证明了两人的差异。"世界上没有两片完全相同的树叶",何况两个人,更何况两个思想家!马克思和恩格斯的个性和思想有差异,这是无需考证论说的明摆着的事实。问题的关键是,"差异"不等于"矛盾",更不等于"对立"。马克思和恩格斯文本的风格和侧重点的差异,大多数情况是"和而不同",少数情况在特定语境和环境中被人引申放大为对立关系,那与恩格斯的原意无关。

6　特里·伊格尔顿:《马克思为什么是对的》,李杨、任文科、郑义译,新星出版社2011年版,第4页。

年少学习马恩

坚信时代变革

"西方马克思主义"从卢·卡奇、葛兰西开始，与黑格尔哲学结下不解之缘。他们的哲学解释在不同程度上显示了黑格尔与马克思哲学的相关性或因果性。西方马克思主义流派繁多，一个原因是各家各派对黑格尔辩证法态度和理解不同；更重要的是，他们用 20 世纪重要哲学家的学说观点解释评判马克思哲学，用"六经注我"的态度和方法对待马克思文本。

西方马克思主义形形色色，观点纷杂，但罕有全面梳理马克思恩格斯文本的哲学解释。常见的做法是把不符合自己心意观点的马克思文本，以"不成熟""前年和老年不一致""没有代表性"等为由，轻易地把它们排斥在外。阿尔都塞算是熟悉马克思全部文本的西方马克思主义者，但他囿于结构主义的观点和方法，难免荒谬之处。比如，他把马克思思想分为"意识形态"和"科学"两个阶段，甚至认为连《资本论》也没有跨越这两个阶段之间"认识论断裂"，直到 1877 年之后的《哥达纲领批判》和《评阿·瓦格纳的〈政治经济学教科书〉》才符合他的科学标准。西方马克思主义对马克思文本的断章取义或过度诠释完全有违马克思恩格斯的科学态度。恩格斯说："一个人如果想研究科学问题，首先要学会按照作者写作的原样去阅读自己要加以利用的著作，并且首先不要读出原著中没有的东西。"[7]"不要读出原著中没有的东西"是理解马克思思想的必要条件，但还不是充分条件。要

7　《马克思恩格斯文集》第 7 卷，人民出版社 2009 年版，第 26 页。

对马克思恩格斯的文本做全面研究，在写作背景和语境中，读出文本中蕴含的意义，充分理解马克思哲学不同文本连结起来的综合意义，或文本中遗留的问题，并试图在其他作家尤其是后来的马克思主义经典作家的文本中寻求这些问题的解决方案。

对马克思文本的哲学解释，要避免受包括西方马克思主义流派在内的各种先入为主观点的影响，但这不意味着可以忽视西方学者的研究成果"闭门造车"。实际上，研究马克思思想的西方学者大多数秉承独立的学术观点，不能简单地把他们划归"西方马克思主义"或狭义的"马克思学"范畴。我国马克思主义哲学界近三十多年讨论的热点问题，西方学者都已经提出并进行过深入研究。虽然我们不一定赞成他们的结论，但必须承认他们在仔细研读文本方面做的功课值得认真参考借鉴。

既然马克思主义哲学已是一门成熟的发达学科，为什么还要"马克思哲学"呢？按照列宁的经典定义，"马克思主义哲学"是与"政治经济学"和"科学社会主义"并列的学科领域，在中国语境里，它包括马克思主义、列宁主义、毛泽东思想、中国特色社会主义等发展阶段；而"马克思主义哲学史"学科则按照时间顺序梳理辩证唯物主义和历史唯物主义原理的起源和发展。"马克思哲学"则是限定在马克思恩格斯文本解释范围的一个哲学纲领。马克思哲学对文本的梳理和哲学解释所围绕的问题，不等于辩证唯物主义和历史唯物主义原理的分门别类，也不按照"马克思主义哲学史"学科的时间顺序，而是按照马克思恩格斯主要文本的主题，如启蒙、批判、政治解放、实践和辩证法等，对文本作哲学解释。这些主题包括不同时期的文本，有交叉重叠之处，哲学解释的长处在于能从不同侧面和层次，把在不同领域的关于这些主题的思想贯穿、联结和综合起来，使之成为连续发展而又有内在联系的思想，具备这些特征的文本解

与黄楠森先生合影

与马哲领军人物座谈。左侧袁贵仁（北师大），中间左起刘大椿（人大）、陶德麟（武大）、陈晏清（南开），右一俞吾金（复旦）

释被黑格尔称作科学（Wissenschaft），即使在当代也不失为标准意义的哲学。要之，"马克思哲学"不是一个标签，而是实现在文本解释中的具体的哲学思想整体。

　　研究纲领与学科建设的一般关系是，研究纲领充实和校准学科内容，学科发展方向界定研究纲领的范围和重点。同样，马克思哲学与马克思主义哲学相辅相成，那种认为马克思哲学有取代或僭越马克思主义哲学之嫌的担心大可不必。马克思哲学固然"以马克思的文本为中心"，但并不因此而不能"以我们正在做的事情为中心"。从理论上说，唯物史观通过对人类社会发展的研究，马克思经济学通过对劳动时间的把握，把传统哲学理解的"过去""现在""未来"三个时间维度，勾连成"过去－现在－将来"的时代精神，马克思哲学既有对过去的反思，也有现实性的关注，还有面向未来的展望。正因为如此，马克思哲学的不同发展阶段、不同地区的后继者们得以继承马克思的历史反思，不但对马克思哲学的现实性和世界性抱有同等强烈的现实感和迫切感，而且把马克思对未来的展望转变为自己所处时代亟待解决的问题。马克思主义发展史已经并正在表明，对马克思恩格斯文本全面准确的把握，与我们现在正在做的事情息息相关。

《马克思哲学要义》座谈会。前排左起：丰子义、赵敦华、侯才、吴晓明，后排左起：鲁从阳、仰海峰、李元、张亮、贺来、汪兴福、张文喜、夏莹、张双利、戴亦梁、汪意云、杨建平。本书 2021 年获第五届中国出版政府奖图书奖提名奖。

八、40 年来西方哲学问题争论

1978—2018 年的 40 年，西方哲学在中国的进展不仅只是翻译西方名著，也不仅是介绍和复述西方人的观点，而且有中国语境的问题意识，围绕中国人关心的问题开展学术争鸣。由于"论题众多"，本文难免中国人"以十为全"的观念，选择自己认为有代表性的 10 个问题加以讨论，实际上值得讨论的重要问题不止 10 个。毋庸讳言，笔者对这 10 个问题的选择和概述做不到客观中立。贺麟在《当代中国哲学》"序言"中批评"对于同时代人的思想学术不愿有所批评称述"的"错误而不健全的态度"，他认为"率直无忌公开批评"与"合理的持平平正"不相抵触。[8] 笔者深以为然。笔者不敢说自己的批评是确定的公论，但为学术氛围的活跃和发展

贺麟先生

---

8 贺麟：《当代中国哲学》，时代书局 1974 年版，第 2—3 页。

计，发表出来以求教于专家学者。

1. 西方哲学研究方法论问题

西方哲学史属于历史科学，现代西方哲学是对过去和当前流派的回顾和追踪。中国传统中经史关系的见解不可避免地嵌入西方哲学研究中。一方面，"哲学就是哲学史"或"哲学是认识史"等主张，犹如古人说"六经皆史"或"我注六经"；另一方面，"哲学史家不是哲学家""思想家胜于学问家"等主张，犹如古人说"先立乎其大""六经皆我注脚"。

40年来，西方哲学方法论的史与论、述与评关系的讨论，绝大多数人持史论结合、评述搭配的中允之论，似乎面面俱到、不走极端。其实这种主张是对前一阶段大批判专断极端的否定，以及对带帽穿鞋式评论点缀的不满。真正的问题在于，马克思主义一般原理固然不能取代哲学史研究，但用黑格尔辩证法带动哲学史，或把西方哲学史当做柏拉图著作的脚注等方法，也只是西方哲学一家一派的做法。如果试图避免这些"极端"，西学东渐带来的以论代史或以论带史的方法已形成一种惯性，人们不知道中国处境中史论如何结合的具体途径，依然模仿西方某一流行解释，比如，海德格尔的哲学史观不知不觉成为哲学研究的一种"集体下意识"。另一

讨论史论关系。左二起：刘莘、傅有德，中：我和余平，右：韩水法、李秋零、傅永军

种倾向是据史论史，以史料的堆砌或编撰为详实，或把编译和转述当创见。

史论结合的创新方法在于论从史出，把社会和思想的"外史"和哲学史自身发展的"内史"相结合，把某一学说的主题和逻辑线索与有选择的文本材料融为一体，用哲学历时性的纵切面表现或证明学说的共时性横切面；论从史出需要更细致的文本分析和更丰富的史料为资源，才能开出新论。论从史出需要长期的训练、积累和传承。在尚未具备这些条件的情况下，据史论史、以论带史和论从史出的各种尝试和互动是必要的、有益的，不宜急切地否定。

2. 西方哲学术语中译问题

西方哲学的中译术语大多是 20 世纪初从日本引进的，不过日本人在翻译时借用了不少中国古代已有的词汇，如"形而上学""本体""宇宙"；或把中国单音词合成为多音词，如"哲学""存有"。这些"出口转内销"的借词是东西交流的产物，对西方哲学处境化的历史贡献怎么评价也不为过。

在翻译《马克思恩格斯全集》中文 1 版和黑格尔著作的过程中，西方哲学的学者对已经流行的西方

我和安乐哲

哲学术语精雕细琢，体味在不同语境中的含义。随着马克思主义哲学中国化推行，原本源自西方哲学的概念成为中国哲学界的"普通话"。

在深入理解的基础上，中国学者对西方哲学概念进行重译。如"存在"抑或"是"，"先验"还是"超验""超绝"，"唯心论"还是"观念论"，"唯物论"还是"物质论""质料论"，等等。在不同语境中，西方哲学概念意义有所不同，中译术语随之改变无可厚非。有争议的问题是：具体文本具体对待，还是术语一律、意义统一？不过，中译术语只要标注外文原文，只要在上下文中自圆其说，使用不同术语无碍大局。关于中译术语问题继续争议，可以深化对西方哲学概念的理解，乃至把翻译问题提升为"汉

语哲学"。

3. 中世纪哲学性质问题

哲学和宗教关系是哲学和宗教学共同研究的问题，围绕中世纪哲学性质和地位问题的讨论，代表了宗教哲学研究不同的视角和观点。比如，中世纪哲学只是西方哲学史中的一个断代史，还是宗教哲学的典范？如果强调前者，则中世纪哲学主要问题是逻辑与语言、唯名论与唯实论、存在与本质、意志与理智等西方哲学史一直讨论的共同问题；如果强调后者，则中世纪哲学的主要问题是信仰与理性、神学与哲学关系问题，哲学问题、范畴和方法在信仰和神学的框架中获得特殊意义。再如，中世

我和普兰丁格

纪哲学的性质是基督教哲学，还是一般意义上的宗教哲学？如果是前者，突出基督教在西方文明中整合希腊哲学、希伯来宗教和罗马法制的作用；如果是后者，突出基督教、伊斯兰教和犹太教的宗教哲学的平等对待，强调中世纪哲学的多元性。还如，中世纪哲学的起始如何划分？是按世界史划分的公元5—14世纪的哲学，还是按照思想史划分的从早期教父到15—16世纪的哲学？较短的中世纪哲学基本上是天主教哲学，与近代哲学有断裂；而较长的中世纪哲学包括新教继承的使徒统绪和社会思想，可与近代哲学相衔接。显然，这些问题的讨论对西方哲学的研究具有全局性意义。

4. 康德与黑格尔的重要性和相互关系问题

作为马克思主义的重要来源，黑格尔曾在中国的西方哲学研究中独领风骚。1981年有人提出要康德还是要黑格尔的问题。现在看来，主张康德比黑格尔更重要的理由不能成立，但正如现代解释学所说，偏见和误解是思想的传播和接受的常态，回到康德的呼声再次唤醒了五四时期对康德的兴趣，康德哲学的翻译和研究成为显学。与此同时，由于增加了来自西方

我和邓晓芒

马克思主义和现代西方哲学译介研究的助力，黑格尔哲学研究势头不减。哲学界普遍认为康德和黑格尔同等重要，但更重要的问题是如何更全面地理解两者的关系。黑格尔对康德的批评，或者马克思主义哲学与黑格尔相接近的程度，未必是看待康德与黑格尔关系的标准或最佳视角。在更宽阔的视野中，看待康德开启的现代性哲学变革和黑格尔按照理性思辨的辩证思维的拓展推进，以及他们在包括马克思主义哲学之内的现代哲学中的各自影响，对中西马哲学具有重要意义。

5. 中西哲学会通问题

黑格尔关于中国古代有宗教而无哲学的论断，在 20 世纪中国哲学史成为世界性学科的情况下，似乎已经难以成立了。但是，2002 年，德里达访华时褒奖"中国古代无哲学而有思想"的一句话，却引起了"中国哲学合法性"的讨论。德里达的话之所以有如此影响，在于迎合了复古思潮。当今复古派不是五四期的保守派，当时的保守派和自由派从不同的方向推进中西会通，而当今复古派则釜底抽薪，如果中国古代没有哲学，中西哲学会通岂不是根本就不存在；而如果"中国思想"与哲学在本质上完全不同，也就否定了中西思想会通的可能，如果把现代汉语的中国哲学表达当做"汉话胡说"，认为"古语体系"才是中国思想的正道，这样的"中国思想"岂不自我孤立于世界文明之林之外？

不那么极端的复古派和保守派可以承认中国哲学的存在，主要通过"比较哲学"表明立场。比较哲学现在不是成熟的学问，没有明确的界定和方法。抱有明确原则和立场的人大多强调

我和德里达

中西哲学的差异，但他们的价值判断可以相反。复古派从中西差异中看到中国优于西方，而自由派则相反。两者似乎重演五四时期"向东走"还是"向西走"、"以俄为师"还是"照搬欧美"的争论。跨文化比较的目的应是以对方为镜子照看自己的缺点，本应保持"多讲自己的缺点"和"自己的优点留给对方讲"的"伟大谦虚"。比较哲学如果靠贬低对方来抬高自己，难免背离比较的初衷而陷入"那喀索斯式自恋"。

6. 西方哲学与西方马克思主义哲学关系问题

我和俞吾金

马克思主义哲学的来源是西方哲学史，现代西方哲学的流派各有自己的马克思主义解释。由于马克思主义哲学和西方哲学分属不同的"二级学科"，不少西方哲学专家对马克思主义哲学退避三舍；而马克思主义哲学专家对西方马克思主义的研究往往被同行讥为"西马非马""以西解马"，对马克思哲学与黑格尔、康德联系的研究被当做"以黑解马""以康解马"。在西方，马克思主义哲学与西方哲学同根同源、不可分割；在中国处境中，西方哲学与马克思主义哲学相辅相成、难解难分。这个道理好懂，但实行起来就不那么容易了，这里用得上"知易行难"这句话。现在迫切需要在马克思主义哲学与西方哲学专家之间开展专题性的讨论争鸣，推动马克思主义哲学中国化与西方哲学处境化共同发展。

7. 启蒙与现代性的是非功过

从笛卡尔、培根、洛克、卢梭到康德、黑格尔的哲学用不同的理论形式表现科学、平等、自由、共和的启蒙时代精神，这是西方哲学史上罕有社会影响如此巨大的时期。马克思主义哲学对其资产阶级革命的局限性的分析批判，也充分评估其积极作用。在中国境遇中，这些哲学家因启蒙精神而受到重视和积极评价。近来随着民族复古主义和文化保守主义勃起盛行，反对启蒙声浪高涨，新文化运动和五四时期被当做"全盘西化""割裂传统"的祸端，甚至与"文化大革命"捆绑在一起批判。从方法论的角度看，即使采用据史论史的文本研究，也不能支持启蒙与传统对立、民族性与时代性割裂的学理。反启蒙的学术只能以古学为标准，重估现代性，颠倒进步和倒退的价值。通过古经解读和近

左起我、哈布马斯夫妇、迟惠生（时任北大副校长）

现代文本批判，恢复人心和社会正道，挽救现代衰落的危机，纠正文化变动的偏差；这也可算"论从史出"，只是断章取义，裁剪历史，失去了应有的"大历史"的见识。严肃的西方哲学研究以此为戒，继续发力，深入研究近代和德国古典哲学文本，在启蒙时代的背景和视野中，作出史论结合的新解释，以及推陈出新、实事求是的评价。

8. 后现代主义的哲学评价问题。

西方反现代性、批判启蒙的生力军是后现代主义。启蒙思想中科学、平等与自由的张力已包含现代性与后现代分歧的萌芽，尼采以自由否定平等，用意欲取代理性，以艺术的浪漫反对制度的规范，成为后现代的祖师爷。尼采以个性解放的启蒙形象在中国流行。即使在五四时期，个性自由与民主科学的追求也有张力，20世纪80年代，个人诗化创造与社会改革实践在价值观上有不同取向，只不过当时启蒙的氛围掩盖了这种分歧。后现代主义被引入中国以后，具有多重面相，既迎合了反科学实用、推崇艺术和美文的浪漫文人习气，又迎合了热衷于激进左翼知识分子的无政府主义思潮，还与反对权利平等的高贵精英的复古保守心态相呼应。由此不难理解，它在中国被当做时髦新潮受到热捧，甚至在西方哲学领域，也受到礼遇，被当做纠正理性主义弊病的划时代转折。后现代主义在哲学上没有超越时代，非但不能纠现代性之偏，相反，它执现代性内部张力之偏，从一个极端走向另一个极端，偏执于艺术和审美的个性，否定科学的普遍有效性和公共

我和罗蒂

道德。"后学"的解构不过是无本质、无结构、无真相的否定，建构性的"后学"在实践上是无能的。在政治上，"后学"对资本主义激进的文化批判和心理批判，而不伤及经济制度和政治体制的皮毛，不触及社会不公正、不合理的实质，只是通过无政府主义的宣泄不满来安慰民众，换取对不正义现实的承认和接受。正如哈贝马斯批判的那样，他们貌似激进，实际上是新生的保守派。

9. 政治哲学中"左""右"之争

中国哲学界历来有借外国学说为己张目的传统。五四时期自由派借英美自由主义，保守派借欧陆保守主义，抗战时期爱国主义借助德意志民族主义，新中国成立后照搬苏联的马克思主义。近四十年，政治哲学的译介研究繁荣，但研究者仍没有摆脱挟洋自重的心态，借助西方左派与右派的名声造势。

然而，中国处境中的"左"和"右"与西方的价值观大不相同，甚至相反，因此要打引号。比如，西方的文化保守主义和政治自由主义都守护自由主义基本价值，两者没有泾渭分明的界限。而在中国境遇中，两者被引申为保守传统的"左派"与鼓吹西方价值的"右派"的怒怼。再如，当代自由主义与经济利益、公共政策直接挂钩；主张国家调节、福利社会属于自由主义左派，主张自由竞争的不干预主义属于自由主义右派，而兼顾左右的主张属于中间派或温和派；而在国际事务中，左派和中间派倾向于"人权高于主权"的人道主义干预，而右派则倾向于国家利益第一的孤立主义；西方的左中右的区分只是相对的、暂时的，因时事和局势变化随时转化。比如，

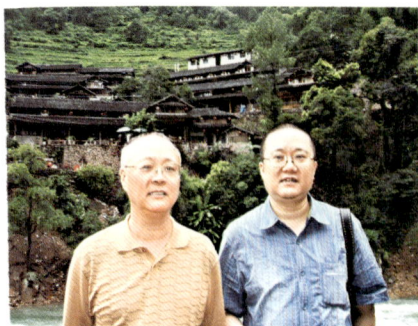
我和刘小枫

利奥·施特劳斯和卡尔·施密特的政治哲学在美国被用于强化传统宗教价值和国家权威，属于右派，但转口中国后，与批判现代性和反对启蒙主张相结合，成为"新左派"重要的西学资源。"左""右"对立有其敏感性，一些学者避谈、忌谈这个问题，因此缺乏公议辩理的学术争论。不过，学界人士心知肚明，即使一些看似纯学术问题的讨论，也有同声相应、同气相求的不同原则和立场。只有了解中国国情，才能悟得其中三昧，而西方"新左派"把中国打着同样旗号的人引以为同道，岂不滑天下之大稽吗？

10. 海德格尔与纳粹关系问题

在此问题上，西方舆论界和学术界多次兴起轩然大波。海德格尔这个20世纪最有影响力的哲学家之一与纳粹这个人类历史上臭名昭著的罪恶有瓜葛牵连，在西方是一个爆炸性新闻，从 1945 年至今一直是政治与学术关系的典型案例，材料越挖越多，看法趋于一致。中国学者与舆论对这个问题比较淡定，看法比较平和。大多数专家认为这样或那样的牵连无损于海德格尔哲学极为深奥的原创性和划时代的影响，学者只在牵连的程度与性质问题上有所分歧。有的认为海德格尔与纳粹只是偶然邂逅，并无过错；有的认为海德格尔只是短暂介入纳粹运动，没有罪责；有的认为海德格尔只是犯了普通德国人当时都犯的过错，无需专门道歉；有的认为海德格尔过错严重，哲学家比普通人负有更大社会责任，但这些都是政治问题，应与哲学分开。

"政治正确性"的中西标准不同。在西方，只要触犯了反犹主义的底线，就要受到道德和政治上审判，如果有学者身份，更要深挖思想根源。在中国境遇中，德语哲学专家多少有些德意志情结，一些人对纳粹和反犹主义无切肤之痛。海德格尔对现代技术的彻底否定，对现代性的全面批判，对诗化语言的偏好，引起众多文学、艺术和哲学爱好者

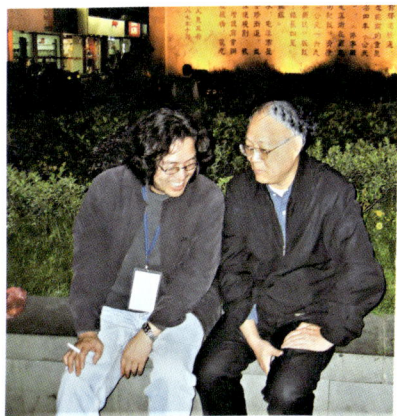

我和孙周兴

的共鸣和青睐；而他在现象学运动中的显赫名声和地位，似乎是难以挑战的哲学权威。即使在透露海德格尔反犹思想的"黑皮书"公开出版之后，海德格尔在中国热度不减，取代德国，成为世界"海学"中心。

九、我看哲学的危机和未来

我的《现代西方哲学新编》2002 年版的结束语标题是"西方哲学的危机和出路"，今天发言可以说是近 20 年后的重新反思。1987 年 Kenneth Baynes, James Bohman & Thomas Mccarthy 编写一本论文集 *After Philosophy: End or Transformation*？[9] 这本论文集收录了当代重要哲学家思考哲学未来的文章。文集编者把他们的观点分成三派：终结派有罗蒂、李奥塔、福柯和德里达等通常被称作后现代主义者的人；转型派又分两类：一类是英美分析哲学家和他们的德国同伴戴维森、达米特、普特南和阿佩尔、哈贝马斯；另一类是人文主义哲学家伽达默尔、利科、麦金太尔、伯鲁门伯格和查尔斯·泰勒。这个名单涵盖了 20 世纪后半期名气最大的哲学家，其中一些人现今依然健在，在中国影响也很大。我感到这三派其实组成两个阵营：第一和第三派组成修辞的、人文的、后现代的阵营（Rhetoric，简称 R 阵营），而第二派属于分析的、逻辑的、现代性的阵营（Analytic，简称 A 阵营）。

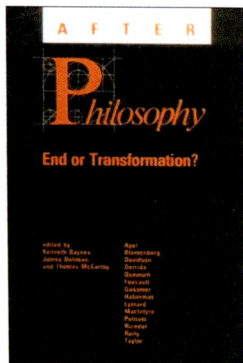

这两个阵营的分歧其实不能用"终结或转型"来概括，After Philosophy 概括了两者思考的共同问题，After 作为时间副词，指 20 世纪之后，而 after 作为表示顺序的连词，则有"追随"的意义，20 世纪末的重要哲学家无不思考 20 世纪之后哲学的性质和发展方向。R 阵营感到来自自然科学和高技术挑战的压力，转向人文学科寻找出路，致力于把西方哲学的理性主义传统转变为哲学话语主导的跨文本、跨文化的对话；而 A 阵营直面科学技术前沿问题，寻求自然科学和社会科学相统一的新图式和方法论。虽然 R 阵

9　Kenneth Baynes, James Bohman & Thomas Mccarthy ed. *After Philosophy: End or Transformation?* MIT Press, 1986.

营和 A 阵营的转型主张都言之凿凿、自圆其说，但 20 世纪中期之后，R 阵营的形形色色观点大行其道，社会影响广泛，而 A 阵营限定在技术性的职业哲学家圈子里，两者或相互批评，或互不往来。致使 R 阵营中极端的"哲学终结论"兴起，而 A 阵营缺乏共同主题、方法和共识，未能为科学技术提供一个范式。

21 世纪已经过去 18 年，情况正在起变化。科学技术作为第一生产力，发展日新月异，推动人类社会进入智能时代，智能革命正在改变世界和人的存在方式。舆论、媒体和学术界都在关心高新技术的成果及其引起的后果。哲学家不能无视高科技创新的经验和可能的结果，不能不在新的条件下思考哲学与科学技术关系等问题。哲学的趋势似乎开始向 A 阵营倾斜，连 R 阵营的大盘——德法哲学界也出现了分析哲学化的倾向。但是，20 世纪西方哲学遗留的问题没有解决，21 世纪当下和未来哲学转型的任务和方向也不明确。我拟从历史、理论和现实三个维度谈谈自己的意见。

虽然从词源上说，"批判"（Critique）来自"危机"（Crisis），虽说"终结"（Ausgang）有"终结"和"出路"双重含义，如果我们不满足于修辞的文字游戏，那么回顾哲学与科学结盟的经验是有益的。17 世纪科学革命之际，中世纪的经院哲学统治着大学的讲坛，现代早期哲学家无不批判经院哲学论辩的体系和方法，他们不但参与新兴自然科学革命的发明创造，而且创立了与新科学结盟的哲学体系，这些体系以新兴的科学为榜样，用新的形而上学、认识论、道德政治学说改变人的思维方式和价值判断，不但改变了西方世界的面貌，而且成为影响世界的强势思潮。19—20 世纪之交的学术思想发生变化，数学、物理学和哲学同时遭遇危机。为了应付危机，20 世纪初分析哲学和现象学的"哲学革命"应运而生。"哲学革命"为化解数学和自然科学危机提供思路，却没有消解哲学自身的危机。我认为哲学在整个 20 世纪都在危机的乌云笼罩之中。

哲学的本性要对自身"存在还是不存在（to be or not to be）"进行自我反思，在危机的处境中，哲学家都要求哲学的转型。但 20 世纪哲学的危机比哲学史上前几次危机更加严重和复杂，它从根本上怀疑甚至全面否定传统哲学的世界观、真理观、价值观、道德观、人性论、科学观和方法观。

从知识大海的水平面起步　　　　　　　　遥看探索的高峰

相比而言，R 阵营的"话语"比 A 阵营的"逻辑"的挑战和威胁更大。

伽达默尔的代表作号称《真理与方法》，但既没有告诉人们什么是真理，也没有方法。麦金太尔把"诗和传奇"作为某个"语言共同体"不断地制作"勇敢、正义、权威、主权和财产等概念，乃至理解和没有理解什么的概念"的"真经文本的样例"。[10] 后现代主义更加极端，否认真理，否认本质，否认中心，否认结构，否认能够承载意义和价值的主体性。德里达在《人的终结》中说，要用尼采《查拉图斯特拉如是说》中"存在之家外面快乐的跳舞者"的比喻代替黑格尔《精神现象学》中"我们的自我意识"，德里达认为海德格尔对形而上学的摧毁和对人道主义的批判是"人的终结"的入口。后现代主义从"上帝死了""作者死了""读者死了"到"人死了"的解构是彻底的虚无主义。I. C. Jarvie 批评说，相对主义"限制了对人类作品的批判性评价，使人们解除武装，失去人性，不能相互交流，不能从事跨文化、跨文化所属领域的批判，相对主义最终取消了任何批评……在相对主义背后笼罩着虚无主义的阴影"[11]。

R 阵营多数人不赞成哲学和自然科学结盟，在反科学主义的旗号下竭尽

10　Kenneth Baynes, James Bohman & Thomas Mccarthy ed. *After Philosophy: End or Transformation?* MIT Press, 1986，p.392.

11　I. C. Jarvie,"Rationality and Relativism", in *The British Journal of Sociology*, Vol. 34, No. 1 (Mar., 1983), p.45

攀登有障碍，驻留回头看　　　　　　　　高处不胜寒，脚踏实地行

批判科学精神之能事。罗蒂的代表作《哲学与自然之镜》一书中企图终结从"笛卡儿－康德模式"开始的近现代哲学，包括分析哲学和一切职业化哲学。他认为未来的哲学"不再是一门有着永恒主题的学问的名称，相反，它是一种文体的形态，一种'人类交流的声音'。这种交流在某一时间转绕某一问题而展开"[12]。李欧塔虽然看到后现代主义是计算机时代，但认为计算机的信息规则是游戏，而现代主义是科学主义依赖的"宏大叙事"（grands récits），后现代主义是用信息的叙事代替科学的游戏。即使在社会领域，查尔斯·泰勒也把"人文"与"科学"截然两分，他认为，行为主义、功能主义和基于人工智能的心理学等"人的科学"的基础是关于自我、语言和知识的还原论和自然主义的认识论；泰勒进而批评胡塞尔在《笛卡尔沉思》中"自我责任"的确定性，连同自由、尊严、自律的现代理想等"现代文化的基础"；依据自己对黑格尔和浪漫主义的自我理解，泰勒认为人是"自我理解和自我描述的动物"，在自身传统和社群里自我定位。

在自然科学与精神科学（或人文学科）分离、学科高度分化的条件下，哲学失去了"科学之科学"或"第一科学"的地位。伴随着哲学的失落是哲学理论的危机。哲学家不能参与科技创新活动，甚至不了解新的科技知识和前沿问题，哲学家按照自己专长的哲学史片段，以传统的人文知识或

12　R.Rorty, *Philosophy and the Mirror of Nature*, Princeton University Press,1979, p.264.

近代机械论为标准，对科技创新指手画脚，先验地裁判这也不可能，那也有危害。

面对哲学危机，是墨守成规，满足于哲学的专业历史知识和现有认识水平，还是以科技创新、智能工业革命的新问题为导向，开拓哲学与其他学科的跨学科、交叉科学和新学科的探索？这对哲学家是一个 to be or not to be 的生死抉择。跨学科、交叉学科的哲学研究和教学已在不少领域方兴未艾，如实验哲学，神经科学与意识具身化，生命医学伦理学，机器人和人工智能伦理，逻辑－自然语言－计算机跨学科研究，科技美学和工业设计，科技－工程－人文－数学（STEAM）教育，等等。哲学新的研究方向并不意味着形而上学必定消亡，而需要在新旧学科研究的基础上，针对新的问题和对象，破旧立新，推陈出新，改造形而上学体系。形而上学的改造实为哲学与科学结盟的终极问题，在此问题上，西方哲学和中国哲学都没有先验的优势，没有捷径可走，只有经过中外哲学家世世代代的努力，才能取得进展和成功。让我们用踏踏实实的工作迎接新哲学的诞生吧！

迎着朝霞　面向未来

跋

在完成这本书稿之后，我向在 70 年时间的亲朋好友、同事学生表示衷心感谢，包括曾经热心帮助或潜移默化影响我的人！出于种种原因，我无法用文字和图片表达对所有这些人的思念之情。这本书只是一个简洁版，如果我能活到 80、90 岁，也许能图记过去和未来更多的人和事。

本书用一些图片表达了与妻子江立怡的共同生活。我愿重复在过去一本书序言中对她几十年支持和默默无闻奉献的感谢，现在要补充说，她不仅是称职的医师，而且独自操持家务，照顾家庭和我的健康，使我得以专心于学问，正是：夫妻好似连理枝，历久弥坚常相持。

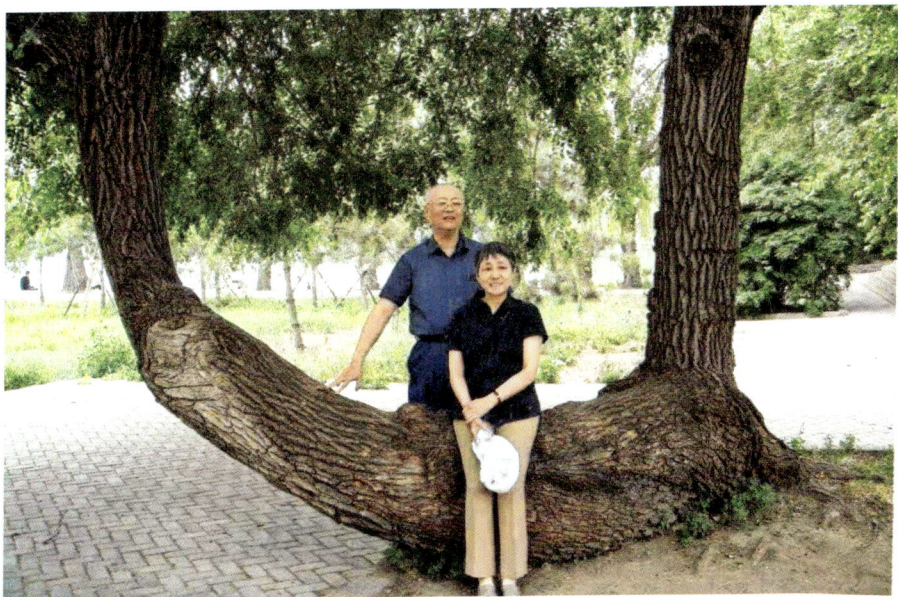

道

最后向本书责任编辑汪意云和府建明总编、杨建平副总编表示诚挚的谢意。这不是作者的惯用语，而有绵长的厚谊。我的三本不同主题和风格的作品，都有江苏人民出版社领导的大力支持和责任编辑汪意云的细致审阅，本人受益良多。正所谓：昔日苏小妹判诗上下品，文苑美谈；今朝苏人社刊行苏人书，世间称道。

作者庚子年春节于蓝旗营书斋